경영경제수학

Economics

Mathematics

Mathematics for Management and Economics

경영경제수학

천도정 · 홍성훈

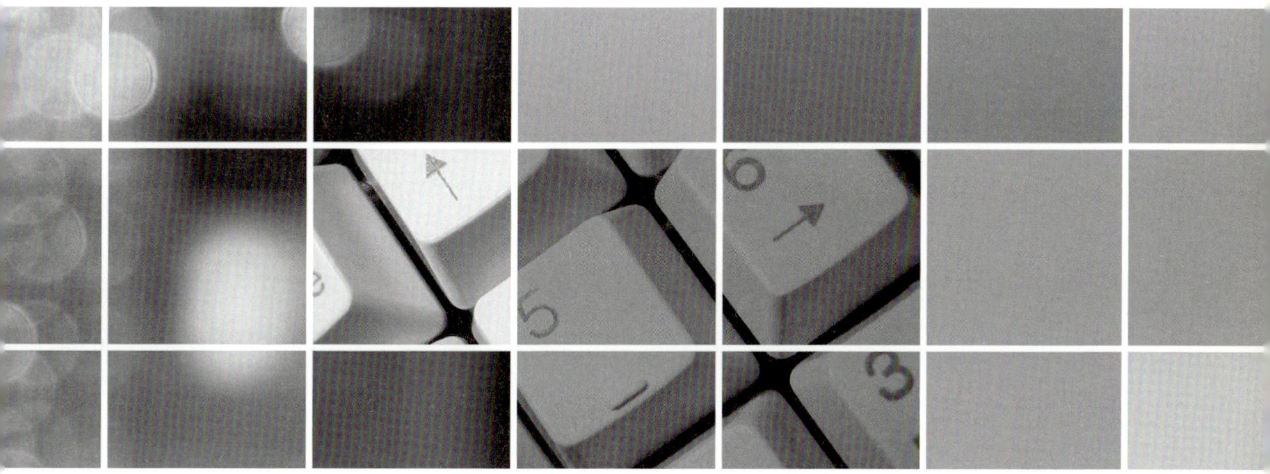

수학적 지식은 엄밀한 정의, 정리 및 증명을 필요로 하는 고도의 지식체계를 포함하는 광범위한 영역을 포함하고 있으나 극히 한정된 부분만을 이용하여 경영학과 경제학을 공부하는 학생들에게 꼭 필요하다고 생각되는 내용을 선택해서 설명하려고 노력하였다. 저자들의 부족한 지식과 표현능력의 한계로 인하여 목적을 달성할 수 있을지 모르나 하나의 입문서로서 경영학과 경제학을 공부하는 학생들에게 도움이 되기를 바라는 마음으로 저술하게 되었음을 밝힌다.

전북대학교출판문화원

머리말

경영학과 경제학의 대상이 되는 사회현상을 설명하기 위하여 직접 경험에 의한 검증이나 사례를 이용하는 등의 다양한 방법이 있을 수 있으나 직접 관찰되지 않는 현상에 대한 이론들은 논리적 추론에 의한 설명이 불가피하기 때문에 수학적 방법을 이용한다. 따라서 경영학과 경제학 분야의 많은 교과 내용이 계량적이고, 수리적인 방법을 이용하고 있으며, 일부에서는 오히려 수학적 방법에 의한 설명이 보다 우위를 점하는 것이 현실이다.

수리적 도구를 많이 사용함으로써 학생들이 경영학과 경제학을 어려워하고 학습에 대한 의욕을 떨어뜨리기도 하는데 수학적 표현과 개념을 정확히 이해할 수 있으면 경영 경제학에 대한 이해의 폭을 넓히고 학습의욕을 더욱 고취시킬 수 있을 것이라고 믿는다. 수학은 고도의 지적훈련이고 정교한 학문임에 틀림없으나 학부에서 이해해야 하는 수학의 기본 사고와 개념은 결코 어려운 내용이 아니며, 오히려 이를 잘 이해하면 경영학과 경제학의 여러 응용분야에 보다 쉽게 접근할 수 있을 것이다.

본서에서는 경영학과 경제학의 기본 내용을 이해하는데 필수도구로 사용되는 수학을 가능한 쉽게 설명하려고 시도하였다. 수학적 지식은 함부로 설명하기 어려운 엄밀한 정의, 정리 및 증명을 필요로 하는 고도의 지식체계를 포함하는 광대한 영역을 포함하고 있으나 극히 한정된 부분만을 이용하여 경영학과 경제학을 공부하는 학생들에게 꼭 필요하다고 생각되는 내용을 선택해서 간결하게 설명하려고 노력하였다. 개념을 이해하는데 도움이 되는 예시 문제를 본문에 다수 포함하였지만 분량을 한정하기 위해 별도의 연습문제는 포함하지 않았다.

저자들의 부족한 지식과 표현능력의 한계로 인하여 목적을 달성할 수 있을지 모르나 하나의 입문서로서 경영학과 경제학을 공부하는 학생들에게 도움이 되기를 바라는 마음으로 저술하게 되었음을 밝힌다. 아무쪼록 이 책을 읽는 독자들의 공부에 많은 도움이 되기를 바라며, 부족한 부분은 계속적으로 수정, 보완하여 보다 완전한 교재가 될 수 있도록 노력할 것임을 다짐한다.

2015년 12월 25일 저자 일동

경 영 경 제 수 학

MATHEMATICAL ECONOMICS

목 차

서론 수학의 체계와 수학적 모형 ······ 14
1. 수학의 체계 ······ 14
2. 수학적 모형 ······ 14

제1부 기초개념

제1장 집합, 관계 및 함수 ······ 22
1.1 집합의 개념과 연산 ······ 22
1.2 집합과 실수체계 ······ 29
1.3 순서쌍과 카티션 곱 ······ 31
1.4 관계와 함수 ······ 34
1.5 함수의 형태 ······ 37

제2장 수열, 급수 및 극한 ······ 48
2.1 수열 ······ 48
2.2 급수 ······ 50
2.3 현금흐름의 현재가치 ······ 52
2.4 함수의 극한과 극한 공식 ······ 58

제2부 선형대수

제3장 선형모형과 행렬 ······ 66
3.1 선형 연립방정식 ······ 66
3.2 행렬 ······ 72

제4장 역행렬, 행렬식과 연립방정식의 해 ······ 84
4.1 역행렬 ······ 84
4.2 3×3 행렬의 행렬식과 역행렬 ······ 90
4.3 $n\times n$ 행렬의 행렬식과 역행렬 ······ 94
4.4 크래머의 규칙 ······ 98

제5장 벡터공간, 고유값과 이차형식 ······ 104
5.1 벡터공간 ······ 104
5.2 고유값 문제 ······ 115
5.3 2차형식 ······ 121

제3부 미분과 적분

제6장 단일변수 함수의 도함수 ······ 130
6.1 함수의 연속 ······ 130
6.2 접선과 할선 ······ 132
6.3 도함수의 정의와 미분 ······ 134
6.4 미분가능성과 불가능성 ······ 137
6.5 미분의 규칙 ······ 139
6.6 2차도함수와 함수의 오목성 및 볼록성 ······ 141

제7장 다변수 함수의 미분 ······ 146
7.1 편미분 ······ 146
7.2 전미분 ······ 150
7.3 음함수 미분과 응용 ······ 154
7.4 함수의 오목성, 볼록성, 준오목성과 준볼록성 ······ 164

제8장 적분 ······ 178
8.1 부정적분 ······ 178
8.2 정적분 ······ 181
8.3 정적분의 특성 ······ 187
8.4 적분 방법 ······ 193

제4부 최적화

제9장 제약조건이 없는 최적화 ······ 206
9.1 극대와 극소를 위한 필요조건 ······ 206
9.2 2차충분조건 ······ 211
9.3 다변수 함수의 최적화 ······ 216

제10장 제약조건하의 최적화 ······ 228
10.1 구간에서의 최적화 ······ 228
10.2 등식제약조건하의 최적화 ······ 231
10.3 부등식제약조건하의 최적화 ······ 245

제11장 비교정태분석 ······ 252
11.1 단순 비교정태분석 ······ 252
11.2 일반 비교정태분석 ······ 255
11.3 포락 정리 ······ 261

제5부 동태분석

제12장 미분방정식과 차분방정식 ······ 272
12.1 동태분석 소개 ······ 272
12.2 미분방정식 ······ 276
12.3 차분방정식 ······ 285

제13장 최적제어이론 ······ 296
13.1 기본개념 ······ 296
13.2 극대화원리 ······ 298
13.3 할인이 포함된 동태최적화문제 ······ 302
13.4 부등식제약이 있는 동태최적화 문제 ······ 307

부록: 변분법과 오일러정리 ······ 310

참고문헌 ······ 314

찾아보기 ······ 319

그림목차

[그림 1.1] 진부분집합 ········ 24
[그림 1.2] 합집합 ········ 25
[그림 1.3] 교집합 ········ 25
[그림 1.4] 차집합 ········ 26
[그림 1.5] 여집합 ········ 27
[그림 1.6] 실수 집합, $\mathbb{R}$ ········ 29
[그림 1.7] 수의 관계 ········ 31
[그림 1.8] 순서쌍 ········ 32
[그림 1.9] 볼록집합 ········ 34
[그림 1.10] 관계 ········ 35
[그림 1.11] $y=x^2$의 그래프 ········ 36
[그림 1.12] 선형함수 ········ 38
[그림 1.13] 볼록결합 ········ 40
[그림 1.14] 2차 함수 그래프 ········ 41
[그림 1.15] 멱함수 $y = ax^b,\ x > 0$: $\mathbb{R}+ \rightarrow \mathbb{R}+$ ········ 43
[그림 1.16] 로그함수 $y = \log_b x$: $\mathbb{R}+ \rightarrow \mathbb{R}$ ········ 44
[그림 5.1] 카티션 좌표 점과 벡터 ········ 105
[그림 5.2] 벡터의 덧셈 ········ 107
[그림 5.3] 벡터의 뺄셈 ········ 107
[그림 5.4] 벡터의 스칼라 곱 ········ 108
[그림 5.5] 벡터의 삼각비 ········ 113
[그림 5.6] 예산선과 가격벡터의 직교성 ········ 114
[그림 6.1] 함수의 연속과 불연속 ········ 130
[그림 6.2] 접선 ········ 133
[그림 6.3] 할선의 기울기 ········ 133
[그림 6.4] y변화에 대한 근사 값으로서의 $dy = f'(x)dx$ ········ 135
[그림 6.5] 미분이 y의 변화를 과대계산하는 경우 ········ 136
[그림 6.6] 미분이 y의 변화를 정확히 측정하는 경우 ········ 136
[그림 6.7] 미분불가능 함수의 경우 ········ 138

[그림 7.1] x변화에 대한 함수값 변화의 근사 값으로서 전미분 ············ 151
[그림 7.2] 레벨곡선과 기울기 ············ 158
[그림 7.3] 원점에 강볼록한 무차별곡선 ············ 159
[그림 7.4] 일직선의 무차별곡선 ············ 161
[그림 7.5] 원점에 강볼록한 등량선 ············ 164
[그림 7.6] 강오목함수 ············ 164
[그림 7.7] 강볼록함수 ············ 165
[그림 7.8] 미분가능 강오목함수 ············ 168
[그림 7.9] 준오목성과 준볼록성 ············ 173
[그림 8.1] 구간 $x \in [0,1]$에서 $f(x) = 3x^2$와 x축 사이의 면적 ············ 181
[그림 8.2] 최소 리만합과 최대 리만합의 예 ············ 182
[그림 8.3] 양과 음의 사각형면적을 가지는 경우 ············ 185
[그림 8.4] 소비자잉여의 측정 ············ 188
[그림 8.5] 두 곡선사이의 면적 ············ 189
[그림 8.6] 일반적인 경우의 두 곡선사이의 면적 ············ 189
[그림 8.7] $\int_1^e ln\,x\,dx$의 기하학적 의미 ············ 199
[그림 9.1] (a) 극대나 극소 없음, (b) 극대 존재, (c) 극소 존재,
(d) 극대와 극소 존재 ············ 206
[그림 9.2] 극대값, 극소값, 변곡점 ············ 208
[그림 9.3] $y = 4x^2 - 10x + 20$의 극값 ············ 209
[그림 9.4] 독점기업의 이윤극대화 ············ 210
[그림 9.5] Rolle의 정리 ············ 211
[그림 9.6] 2차충분조건의 기하학적 의미 ············ 212
[그림 9.7] 변곡점 ············ 213
[그림 9.8] $y = f(x_1, x_2)$의 가능한 정류값 ············ 217
[그림 9.9] 꾸르노 균형 ············ 220
[그림 10.1] $y = 3 - 2x$의 그래프 ············ 230
[그림 10.2] $y = 3x^2$의 그래프 ············ 230
[그림 10.3] 함수 $2x_1x_2 + 3x_1$의 레벨곡선 ············ 232
[그림 10.4] $x_1 + 2x_2 = 100$의 제약식 ············ 232
[그림 10.5] 제약하의 정류점과 극대값 ············ 232

[그림 10.6] 국지적 극대이나 전역적 극대가 아닌 경우 ······ 244
[그림 10.7] 다수의 극대값과 하나의 극대값 경우 ······ 245
[그림 10.8] 효용극대화의 내부해와 구석해 ······ 248
[그림 11.1] 소득변화에 따른 균형가격의 변화 ······ 253
[그림 11.2] 케인즈의 균형국민소득 결정모형 ······ 254
[그림 11.3] 투자지출 변화에 따른 균형국민소득의 변화 ······ 255
[그림 12.1] 거미집모형에서 가격조정(수렴하는 경우) ······ 291

서론 수학의 체계와 수학적 모형

1. 수학의 체계
2. 수학적 모형

서론 | 수학의 체계와 수학적 모형

1. 수학의 체계

수학적 체계는 논리적 추론에 의하여 도출된 결과에 대한 주장들을 모아 놓은 것이다. 이러한 주장들을 일반적으로 공리(axiom)나 공준(postulates)이라 한다. 공리나 공준은 정의되지 않은 기초적 용어(무정의용어; undefined terms)를 포함하고 있으며, 수학적 체계 안에서는 의미를 갖지 않는다.

예를 들어, 무정의용어가 이용된 가장 잘 알려진 수학적 체계는 평면기하학이다. 평면기하학에서 기초적인 두 가지 무정의 용어는 '점'(point)과 '선'(line)이다. 평면기하학에서 공리의 예는 다음과 같다.

[공리 1.1] 두 개의 구별되는 점이 주어진 경우 두 점을 포함하는 유일한 직선이 존재한다.

[공리 1.2] 직선 L과 직선 L에 포함되지 않는 점 p가 주어진 경우 직선 L에 평행(parallel)이고 점 p를 포함하는 유일한 직선이 존재한다.

공리체계에서 모든 용어에 대하여 기본적 의미가 필요한 것은 아니다. 예를 들어, [공리 1.2]에서 평행의 개념은 그 자체로 기본적인 것은 아니지만 기본적 용어를 이용하여 정의할 수 있다. 즉, 두 개의 구별되는 직선에 포함되는 점이 존재하지 않으면 평행이라고 할 수 있다. 따라서 수학을 이용하여 논리를 전개하는 경우에는 많은 중요한 결과를 의미하는 일관된 공리의 집합만이 필요하다.

2. 수학적 모형

2.1 모형화의 과정

수학적 모형은 실제 세계의 현상에 대한 한 부분을 모형화하기 위한 여러 방법

중의 하나로서 수학적 체계를 구성하게 되면 수학적 모형이 된다. 예를 들어, 어느 지역에 대한 도로 지도에서 운전자가 지도에 사용한 기호를 이해할 수 있으면 운전자는 지도를 이용해서 특정 지역에서 다른 지역으로 이동하는데 필요한 도로에 대한 계획을 수립하는 등의 자동차 운행과 관련된 중요한 정보를 활용할 수 있다.

그러나 도로 지도는 어떤 지역의 많은 중요한 특성을 표현하는 하나의 방법일 뿐 의사결정에 필요한 다른 많은 정보들이 생략되어 있다. 예를 들어, 지도에는 도로의 특성, 제한 속도, 교통이 혼잡한 시간 등은 나타나 있지 않다. 또한 판매 영업사원에게 필요한 판매기회를 나타내는 사회경제적 특성들이 표시되어 있지 않기 때문에 이들에게 도로 지도는 별 쓸모가 없게 된다. 이러한 목적을 위해서는 다른 형태의 모형이 필요하게 된다.

어느 분야에 대한 수학적 모형에 중요 요인으로 강조되고 있는 것들이 다른 분야에 대한 모형에서는 생략되거나 무시될 수 있다. 따라서 수학적 체계를 이용하여 모형을 설정하는 경우에는 원하는 정보의 형태가 무엇인지를 반드시 알아야 한다.

수학적 모형화의 과정은 아래 그림에서 보는 바와 같다. 과학자들은 실제 세계를 관찰하여 현상을 설명하고 어떠한 결론을 도출하거나 예측하기를 원한다. 이를 위해서는 두 가지 방식을 사용할 수 있는데 하나는 실험(experiment: E)을 통하여 결론을 도출하는 것이고, 다른 하나는 실제 현상의 기본적 특징을 추상화 과정(abstraction: A)을 통하여 수학적 모형으로 나타내고 논리적 추론(logical argument: L)을 통하여 설명한다. 두 번째 방식은 논리적 추론에 의하여 수학적 결론을 도출하고 결론을 해석(interpretation: I)하여 실제 현상에 대한 예측을 하는 것이라 할 수 있다.

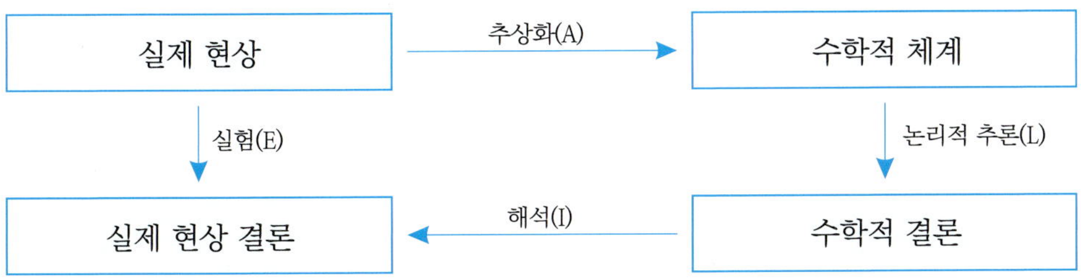

수학적 체계가 유용하기 위해서는 적절한 실험이 이루어지고 실제 관찰된 현상에 대한 결론이 예측 가능하여야 한다. 관찰된 현상과 모형이 예측한 현상과 일치된다면 수학적 체계가 실제 현상의 중요한 측면을 올바로 나타내고 있다고 믿을 수 있다. 그러나 모형을 이용한 예측이 실제 발생한 현상을 설명하지 못하면 모형은 잘못된 것이라고 할 수 있다. 올바르지 않은 예측이 도출된 경우에는 수학적 체계에서 이용한 가정에 대하여 다시 생각하여야 한다.

수학적 모형에 의한 예측이 관찰된 사건과 일치한다 해도 다른 현상과는 일치하지 않는 경우도 존재한다. 그러한 경우에는 모형의 정확성을 위하여 모형을 수정할 수 있다. 수정된 모형은 최초 모형의 올바른 예측을 유지할 뿐만 아니라 보다 바람직한 예측을 할 수 있어야 한다. 그러나 어떠한 경우에는 수정된 모형에 의한 부정확한 추론이 최초 모형을 보다 정교한 모형으로 도출할 수 있게 하는 경우도 있다. 따라서 단계별로 과거의 모형보다 정확한 모형이 되도록 지속적인 모형의 설계가 필요하게 된다.

2.2 수학적 모형의 용도와 한계

수학을 이용하면 어떠한 장점이 있는가를 예상할 수 있어야 하며, 그 한계가 무엇인가도 인식하여야 한다. 인간이 생각하고 있는 것을 수학적 모형으로 표현한다는 것은 많은 장점이 있으나 수학을 이용한 모형은 여러 요인들을 직관적 방법으로 표현하여야 하기 때문에 매우 어렵다.

수학은 정확하고 분명한 기호 언어이다. 수학적 모형은 인간의 생각을 보다 체계적인 방법으로 표현하는 강력한 도구이자 인간의 사고를 분명히 하는데 공헌할 수 있다. 수학을 이용하기 위해서는 인간이 파악하고자 하는 기본가정이 무엇인가를 명확히 하여야 한다.

기본가정 하에 모형이 설정되면 보다 직관적인 방법으로 모형으로부터 새로운 관찰과 결론을 도출하는데 있어서 수학적 도구를 이용하는 것이 가능하게 된다. 이러한 결론은 연구대상이 되는 현상에 대한 가정에 하나의 빛이 될 뿐만 아니라 현상에 대한 보다 완전한 지식에 이르는 실험과 관찰이 이루어질 수 있도록 한다.

수학적 모형을 설정할 때 어느 문제에 대한 수학적 표현이 전혀 다른 현상에서 나타나는 문제를 동일하게 표현을 할 수 있게 되는 경우도 발생한다. 따라서 수학적 모형을 이용한다는 것은 피상적으로 전혀 다른 현상을 동일한 기본적 구조를 갖는 분명한 관계로 표현할 수 있게 된다는 것을 의미한다.

단순한 수학적 모형은 실제 현상의 움직임을 정확하게 모방하여 나타낼 수는 없다. 실제 세계의 어떤 변수들은 중요하게 표현할 수 있으나 다른 변수가 생략되거나 무시될 수 있다. 따라서 수학이 실제 세계의 현상에 대한 이해를 얻는데 이용되는 도구이지만 반드시 다른 접근방법에 의하여 보완되는 것이 필요하다.

수학적 모형에서 강조하는 것은 추상화(abstraction), 논증(logical argument) 및 해석(interpretation)에 관한 것이다. 추상화 과정에 필요한 규칙을 기술한다는 것은 매우 어려울 뿐만 아니라 불가능한 경우가 많이 존재한다. 수학적 모형을 설정하거나 이용하는 연구자들이 수학을 과학이 아닌 기술로서 인식하는 것은 선택된 예에 대한 주의 깊은 연구가 이미 이루어져 있고, 이미 존재하는 모형에 대한 반복된 훈련을 통하여 익숙해져 있기 때문이다. 논증은 수학에서 필수적 사항이며, 해석과정도 모형의 최초 설정과정에 대한 이해를 필요로 하게 된다.

마지막으로 수학적 모형화에 필요한 것은 실제 현상에서 직접적인 상호관계로부터 관찰된 결과와 모형으로부터 해석한 결과를 비교하는 것이다. 이러한 비교를 통하여 모형이 복잡한 실제 현상을 얼마나 정확하고 적합하게 표현하는지를 판단할 수 있고 단순한 모형을 보다 세련되게 만들 수 있다.

경 영 경 제 수 학

MATHEMATICAL ECONOMICS

PART 1 기초개념

제1장 집합, 관계 및 함수
제2장 수열, 급수 및 극한

경 영 경 제 수 학

MATHEMATICAL ECONOMICS

제 1 장 집합, 관계 및 함수

1.1 집합의 개념과 연산
1.2 집합과 실수체계
1.3 순서쌍과 카티션 곱
1.4 관계와 함수
1.5 함수의 형태

제1장 | 집합, 관계 및 함수

1.1 집합의 개념과 연산

집합(set)이란 각각의 개체를 명확히 구분하여 식별할 수 있는 대상물(objects)을 모아 놓은 것으로서 물리적 형상이 있는 것, 개념적인 것과 추상적인 것을 모두 포함하는 개념이다. 집합의 중요성을 이해하기 위해서는 집합에 관한 이론이 왜 필요한가를 생각하여야 한다. 다양하고 복잡한 현상을 엄격하고 모순되지 않도록 표현하여야 하는 수학의 세계에서 잘 정의된 용어와 기호 없이는 수학적 표현이 불가능한데 집합에 관한 이론이 없다면 수학적 기본 개념의 정의나 서술이 불가능하게 된다. 예를 들어, 수의 체계를 구성하는 자연수, 정수, 유리수, 무리수 및 실수를 정의하고 표현하는데 집합에서 이용하는 기호가 없다면 개념을 정의하고 표현한다는 것은 거의 불가능하게 된다.

집합론은 '집합'과 '… 에 속하다'(belong to) 또는 '… 의 구성원소가 된다'(is an element of)는 두 가지 용어와 네 개의 논리 기본단어인 아니다(not), 또는(or), 존재한다(there exists), … 이면 … 이다(if…, then…)를 기본으로 하여 이루어지며, 이 여섯 개의 정의되지 않은 기본단어에 의하여 정의하고 전개할 수 있다.

여섯 개의 기본 단어와 표현 방법은 다음과 같다.

(i) 집합을 나타내는 A, B, C… 등과 각각의 원소인 a, b, c… 등

(ii) … 의 원소/… 에 속하다(is an element of/belong to)를 나타내는 $\in$

(iii) … 이 아니다(not)를 나타내는 $\sim$

(iv) 또는(or)을 나타내는 $\vee$

(v) … 이 존재한다(there exists)를 나타내는 $\exists$

(vi) … 이면 … 이다(if…, then…)

수학의 세계에서는 기호화된 표현을 사용하는데 위에 열거된 여섯 가지 기호

를 이용하여 구성되는 언어체계인 집합론이 기호화의 출발점이 된다. 따라서 집합론은 현대 수학의 가장 중요하고 기본적인 도구이며, 언어라고 할 수 있다.

집합을 정의하기 위해서는 대상으로 하는 대상물의 범위를 한정하는 전체집합이 정의되어야 한다. 우리가 고려하고 있는 모든 범위를 나타내는 집합을 전체집합(universal set: U)이라고 하는데 전체집합은 항상 동일한 것은 아니며, 고려 대상이 되는 집합에 한정한다. 예를 들어, 검토 대상이 실수체계의 성질에 대한 것이라면 실수전체의 집합이 전체집합이 된다.

집합의 대상물을 원소(element)라 하며, 만일 a가 집합 S의 원소라면 $a \in S$ 또는 $S \ni a$로 표시하고 'a가 S에 속한다'(belong to)고 하며 a가 S에 속하지 않으면 $a \not\in S$로 나타낸다. 집합은 그 집합에 속한 원소에 의하여 결정되므로 집합을 나타내는 기호 { } 안에는 그 집합에 속한 모든 원소를 나열하거나 그 집합에 속하기 위하여 필요한 조건을 서술내용(predicate)이나 문장 및 기호로 명시함으로서 집합을 나타낼 수 있다.

예를 들어, 1과 10 사이의 홀수의 집합은 다음과 같이 쓸 수 있다.

$$S = \{x : x\text{는 1과 10사이의 홀수이다}\}$$

또는

$$S = \{1, 3, 5, 7, 9\}$$

원소의 개수가 무한개인 경우에는 전부 열거하는 것이 불가능하기 때문에 서술문을 사용하여 집합을 나타내야 한다. 예를 들어, $C = \{x : x > 3\text{인 실수}\}$이라는 집합은 3보다 큰 모든 실수의 집합이라는 의미가 된다.

[정의 1.1]

$x \in A$이고 $x \in B$이거나 $x \in B$이고 $x \in A$인 성질을 만족하면 $A = B$이다.

정의 1.1은 두 집합 A와 B가 동일한 원소를 갖고 있으면 동일한 집합이라는 의미이다.

[정의 1.2]

집합 B의 모든 원소가 집합 A의 원소이면 B는 A의 부분집합(subset)이라 하고, $B \subseteq A$로 나타낸다.

여기서 $A \subseteq B$와 $B \subseteq A$가 동시에 성립하면 $A = B$가 된다.

[정의 1.3]

집합 C의 원소가 집합 A의 원소의 일부분인 경우 집합 C를 진부분집합(proper subset)이라 하고, $C \subset A$로 나타낸다.

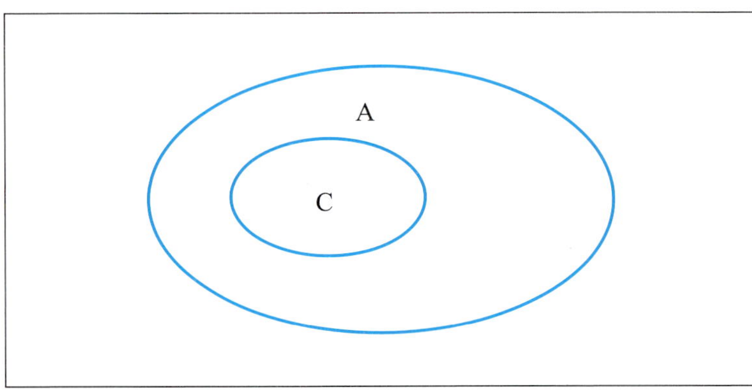

[그림 1.1] 진부분집합

수에 대해 덧셈, 뺄셈, 곱셈, 나눗셈의 연산을 하는 것과 유사하게 이제 집합에 대한 연산에 대해 알아보자. 전체 집합(universal set)을 U라고 할 때 U의 부분집합들을 가지고 집합의 연산을 정의한다.

[정의 1.4]

두 집합 A와 B의 합집합(union)은 집합 A 또는 집합 B에 속해있는 원소들의 집합으로 다음과 같이 나타낸다.

$$A \cup B = \{x : x \in A \text{ 또는 } x \in B\}$$

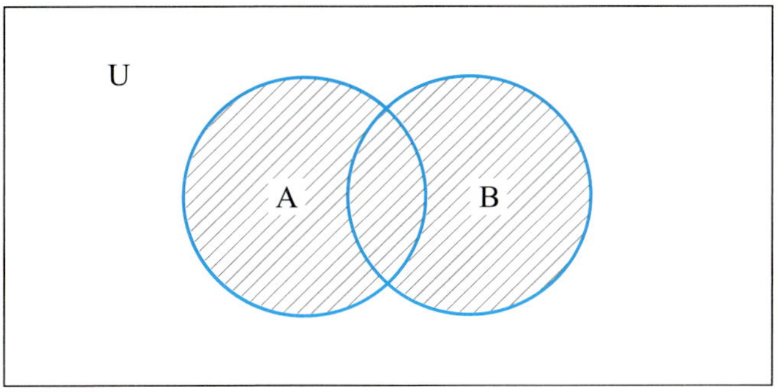

[그림 1.2] 합집합

예를 들어, 집합 $A=\{a,b,c,d\}$, $B=\{f,b,d,g\}$이면 $A\cup B=\{a,b,c,d,f,g\}$이다. 합집합을 벤 다이어그램으로 나타내면 [그림 1.2]에서 빗금 친 부분이 된다.

[정의 1.5]

두 집합 A와 B의 교집합(intersection)은 집합 A와 B 양쪽에 속해있는 원소들의 집합으로 다음과 같이 나타낸다.

$$A\cap B=\{y: y\in A \text{ 이고 } y\in B\}$$

예를 들어, 집합 $A=\{a,b,c,d\}$, $B=\{f,b,d,g\}$라 하면 $A\cap B=\{b,d\}$가 된다. 교집합에서 공통인 원소가 없으면 서로소(disjoint)인 집합이 된다. 즉, $A\cap B=\varnothing$ ($\varnothing$는 공집합)이 된다. 교집합을 벤 다이어그램으로 나타내면 [그림 1.3]의 빗금 친 부분이 된다.

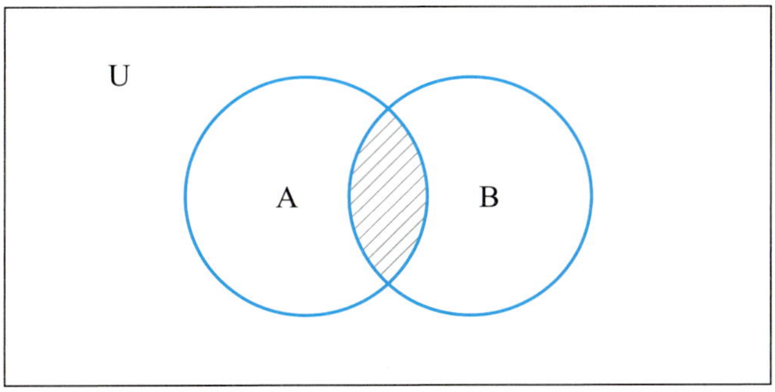

[그림 1.3] 교집합

[정의 1.6]

공집합(empty set or null set)은 원소가 없는 집합으로 $\varnothing$로 표시한다.

공집합은 모든 집합의 부분집합으로 해석된다. 집합 A와 B가 공통 원소를 가지지 않을 경우 두 집합은 서로소(disjoint)라 하며 다음과 같이 나타낸다.

$$A \cap B = \varnothing$$

예를 들어, 집합 $S = \{x, y, z\}$, $T = \{p, q, r\}$이면 두 집합은 공통인 원소가 없는 서로소인 집합이다.

[정의 1.7]

두 집합 A와 B의 차집합(difference)은 집합 B에 속하지 않는 A의 원소들의 집합으로 다음과 같이 나타낸다.

$$A - B = \{z : z \in A, z \notin B\}$$

예를 들어, 집합 $A = \{a, b, c, d\}$, $B = \{f, b, d, g\}$이면 $A - B = \{a, c\}$가 된다. 차집합을 벤 다이어그램으로 나타내면 [그림 1.4]의 빗금 친 부분이 된다.

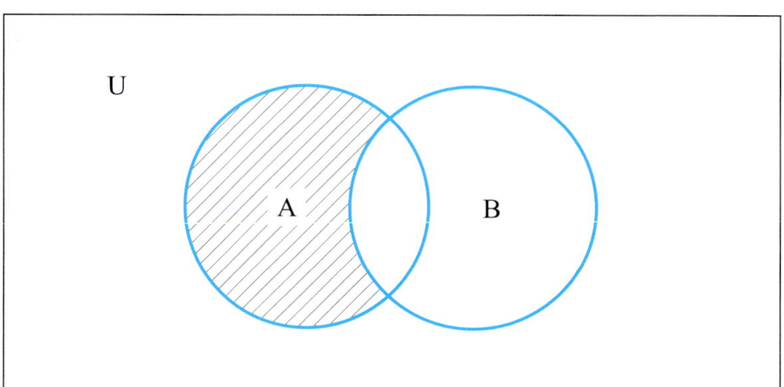

[그림 1.4] 차집합

[정의 1.8]

집합 A의 여집합(complement) A^c은 집합 A에 속하지 않는 전체집합 U의 원소들의 집합으로 다음과 같이 나타낸다.

$$A^c = \{w : w \notin A\}$$

예를 들어, 전체집합 U를 영문자 알파벳이라 하고 집합 $T = \{a, b, c\}$라 하면 여집합은 $T^c = \{d, e, f, \cdots, y, z\}$. 여집합을 벤 다이어그램으로 나타내면 [그림 1.5]의 회색 부분이 된다.

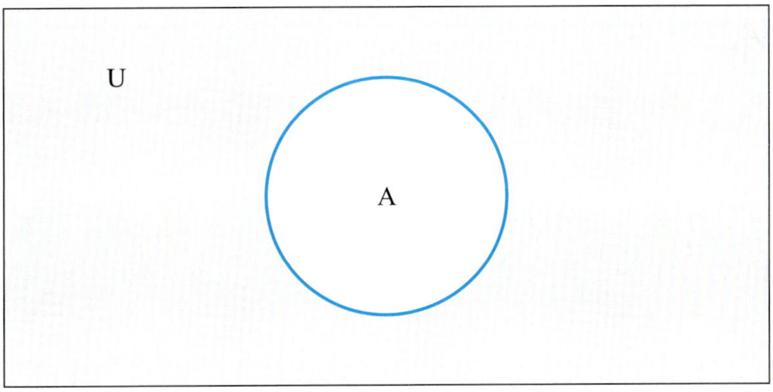

[그림 1.5] 여집합

[정의 1.9]

전체집합 U의 분할(partition)은 U의 서로소인 부분집합의 모임으로 그것들의 합집합은 전체집합 U가 된다.

만일 n개의 부분집합 Z_i, $i = 1, 2, \ldots, n$에 대해 다음 두 조건이 성립하면 이들 n개의 부분집합은 전체집합 U의 분할을 형성한다.

(i) $Z_i \cap Z_j = \varnothing, \quad i, j = 1, 2, \ldots, n$

(ii) $Z_1 \cup Z_2 \cup Z_3 \cup \ldots \cup Z_n = U$

[정의 1.10]

한 집합 X의 부분집합 전체로 구성되는 집합을 X의 멱집합(power set)이라 하고 $P(X)$로 표시한다.

$$P(X) = \{A : A \subseteq X\}$$

예를 들어, $X = \{1, 2, 3\}$의 멱집합은 다음과 같다.

$$P(X) = \{\{\varnothing\}, \{1\}, \{2\}, \{3\}, \{1, 2\}, \{1, 3\}, \{2, 3\}, \{1, 2, 3\}\}$$

일반적으로 집합 X의 원소의 개수가 n개이면 $P(X)$의 원소 개수는 2^n이 된다.

[정의 1.11]

집합 X의 멱집합의 부분집합을 장집합(field set)이라 하며 $F(X)$로 표시한다.

예를 들어, $X = \{1, 2, 3\}$이면 장집합 $F(X) = \{\{\varnothing\}, \{1\}, \{2\}\}$, $\{\{2\}, \{2, 3\}\}$ 또는 $\{\{1\}, \{2\}, \{1,2\}\}$ 등이 된다.

위에 열거한 집합에 대한 정의로부터 다음과 같이 5개의 집합에 대한 연산법칙이 성립한다.

(i) 교환법칙(commutative law)
$A \cup B = B \cup A$, $A \cap B = B \cap A$

(ii) 결합법칙(associative law)
$A \cup (B \cup C) = (A \cup B) \cup C$, $A \cap (B \cap C) = (A \cap B) \cap C$

(iii) 분배법칙(distributive law)
$A \cup (B \cap C) = (A \cup B) \cap (A \cup C)$
$A \cap (B \cup C) = (A \cap B) \cup (A \cap C)$

(iv) 상보성(complementarity)
$A \cap A^c = \varnothing$, $A \cup A^c = U$

(v) 쌍대성(duality, 드모르간의 법칙)
$(A \cap B)^c = A^c \cup B^c$, $(A \cup B)^c = A^c \cap B^c$

〈예시 1.1〉

집합 $A=\{1,2,3,4,5\}$, $B=\{3,4,5,6,7\}$, $C=\{1,5,7,8\}$이라 할 때 집합연산의 교환법칙, 결합법칙, 분배법칙의 성립은 다음과 같이 보일 수 있다.

교환법칙: $A\cup B=\{1,2,3,4,5,6,7\}$, $B\cup A=\{1,2,3,4,5,6,7\}$

$A\cap B=\{3,4,5\}$, $B\cap A=\{3,4,5\}$

결합법칙: $A\cup(B\cup C)=\{1,2,3,4,5\}\cup\{1,3,4,5,6,7,8\}$

$=\{1,2,3,4,5,6,7,8\}$

$(A\cup B)\cup C=\{1,2,3,4,5,6,7\}\cup\{1,5,7,8\}$

$=\{1,2,3,4,5,6,7,8\}$

$A\cap(B\cap C)=\{1,2,3,4,5\}\cap\{5,7\}=\{5\}$

$(A\cap B)\cap C=\{3,4,5\}\cap\{1,5,7,8\}=\{5\}$

분배법칙: $A\cup(B\cap C)=\{1,2,3,4,5\}\cup\{5,7\}=\{1,2,3,4,5,7\}$

$(A\cup B)\cap(A\cup C)=\{1,2,3,4,5,6,7\}\cap\{1,2,3,4,5,7,8\}$

$=\{1,2,3,4,5,7\}$

1.2 집합과 실수체계

집합의 원래 의미는 수의 체계와는 무관하게 생성되었고 집합론에서는 실수 하나 하나의 성질을 연구하는 것보다는 실수집합 전체의 성질을 규명하는 것에 중점을 두고 있다. 기초적인 수학에서 가장 중요한 집합은 수(number)의 집합이며, 수의 집합 중 주요 집합은 실수(real number)집합이다. 따라서 실수집합의 기본 성질과 실수집합이 갖는 성질인 실수체계(real number system)는 매우 중요한 의미를 갖는다.

실수의 가장 중요한 성질 중 하나는 직선 위의 점으로 나타낼 수 있다는 것이다. [그림 1.6]에서처럼 원점(origin)이 되는 한 점(0)으로부터 유일한 실수들을 직선 위에 하나의 점으로 나타낼 수 있으며, 그러한 직선을 실수선(real line)이라 한다.

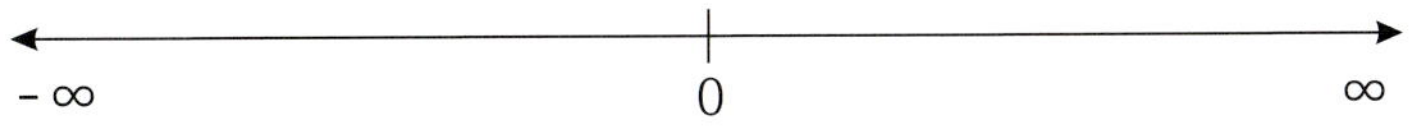

[그림 1.6] 실수 집합 $\mathbb{R}$

[그림 1.6]에서 원점(0)의 오른쪽 수를 양수(positive number)라 하고, 왼쪽 수를 음수(negative number)라 하며, 0은 양수도 음수도 아니다.

정수(integers)는 다음과 같은 실수를 말한다.

$$\cdots, -3, -2, -1, 0, 1, 2, 3, \cdots$$

정수를 집합으로 나타내면 다음과 같다.

$$Z = \{\cdots, -2, -1, 0, 1, 2, \cdots\}$$

정수의 중요한 성질은 덧셈, 곱셈 및 뺄셈의 연산 하에서 닫혀있다(closed)는 점이다. 즉, 두 개의 정수에 대한 합, 곱 및 차이는 다시 정수가 된다. 그러나 두 정수의 나누기는 정수가 아니기 때문에 나눗셈에서는 닫혀있지 않다.

유리수(rational number)는 두 정수의 비율(ratio)로 나타낸다. 유리수의 집합 Q는 다음과 같이 정의된다.

$$Q = \left\{\frac{p}{q}: p \in Z, q \in Z, \ \sim \{0\}\right\}$$

정수는 유리수의 부분집합이 된다. 유리수는 덧셈, 곱셈, 뺄셈 및 나눗셈(0은 제외)의 연산 하에서 닫혀있다. 즉, 두 유리수의 합, 곱, 차이 및 비율은 다시 유리수가 된다.

자연수(natural number)는 양의 정수를 의미하며, 자연수의 집합 N은 다음과 같이 정의된다.

$$N = \{1, 2, 3, \cdots\}$$

자연수는 셈을 위한 첫 번째 수체계로서 수와 다음의 관계를 갖는다.

$$N \subset Z \subset Q \subset \mathbb{R}$$

자연수는 덧셈과 곱셈의 연산에서 닫혀있다. 그러나 뺄셈과 나눗셈에서는 닫혀있지 않다.

소수(prime number)는 1과 자신 이외의 수로 나누어서 자연수가 되지 않는 자연수를 말한다. 소수의 예를 들면 다음과 같다.

$$2,\ 3,\ 5,\ 7,\ 11,\ 13,\ 17,\ 19,\ \cdots$$

무리수(irrational number)란 유리수가 아닌 실수를 말하며, 실수에 대하여 유리수의 여집합이 무리수가 된다. 따라서 유리수를 Q라 하면 무리수는 유리수에 대한 여집합 Q^c가 된다. 예를 들어, $\sqrt{2}, \pi, e$와 같은 수는 무리수이다.

이러한 수의 관계를 도표로 나타내면 [그림 1.7]과 같다. 아래 그림에서 알 수 있는 바와 같이 유리수 집합과 무리수 집합의 합집합(∪)은 실수 집합이 된다.

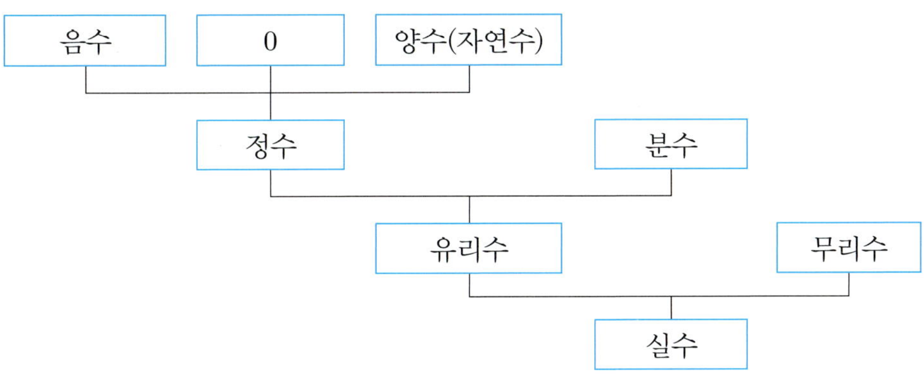

[그림 1.7] 수의 관계

1.3 순서쌍과 카티션 곱

집합 $\{a, b\}$는 집합 $\{b, a\}$와 동일하기 때문에 원소 a와 b의 배열 순서에 아무런 의미를 부여할 필요가 없다. 그러나 a와 b의 순서(order)가 어떤 중요한 의미를 가지는 경우 순서쌍(ordered pair) (a, b)는 $a = b$가 아닌 이상 (b, a)와는 다르다.

1.2절에서 실수선 위의 한 점이 항상 실수가 된다는 것을 알았다. [그림 1.8]과 같이 이제 숫자 0에서 직각으로 교차하는 두 개의 실수선을 사용하면 이들에 의해 형성되는 좌표상의 임의의 점을 숫자의 순서쌍으로 정의할 수 있다.

[그림 1.8]의 xy평면은 무수한 점의 집합으로 되어 있는데 (a, b), (c, d)와 같은 점들은 x축의 실수 중에서 하나의 숫자를 뽑아서 첫 번째 원소로 하고 y축의 실수 중에서 하나의 숫자를 뽑아서 두 번째 원소로 해서 구성되는 순서쌍을 나타낸다. 평면상의 $(3, 4)$의 점과 $(4, 3)$의 점은 명백히 다르게 정의되며, 여기에서는 순서가 매우 중요하게 된다.

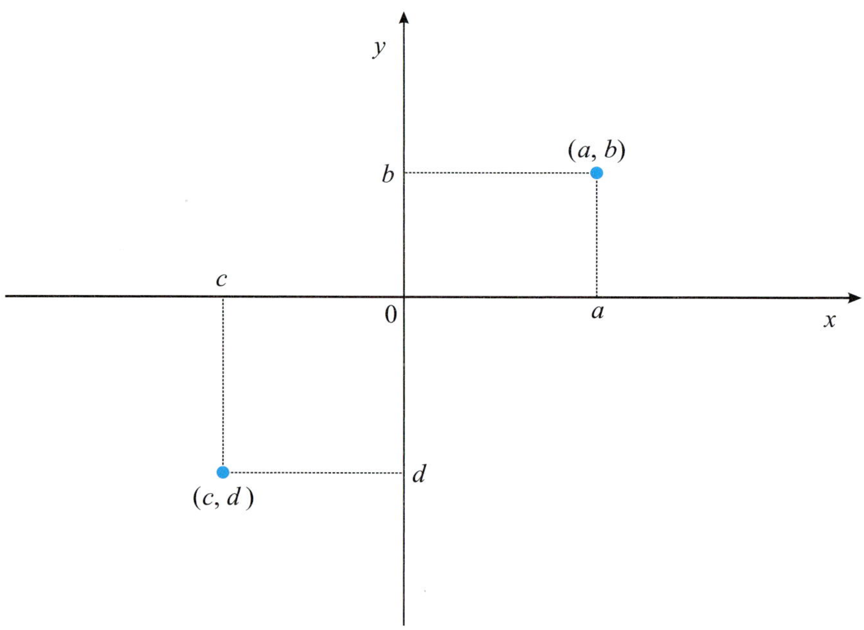

[그림 1.8] 순서쌍

두 개의 집합 $A=\{2, 3\}$와 $B=\{5, 6\}$가 주어졌을 때 집합 A의 원소를 첫 번째 원소로 하고, 집합 B의 원소를 두 번째 원소로 하는 모든 가능한 순서쌍은 (2, 5), (2, 6), (3, 5), (3, 6)이 되며 이러한 집합을 카티션 곱(Cartesian products 또는 곱집합)이라 하고 $A \times B$로 나타낸다. 즉,

$$A \times B = \{(2, 5), (2, 6), (3, 5), (3, 6)\}$$

집합 A의 원소 개수가 3개이고, 집합 B의 원소가 4개인 경우 $A\times B$의 원소의 개수는 3에 4를 곱한 12개가 된다. 일반적으로 2개의 집합 A, B와 3개의 집합 A, B, C의 카티션 곱은 다음과 같이 나타낼 수 있다.

$$A\times B = \{(a,b) : a\in A, b\in B\}$$
$$A\times B\times C = \{(a,b,c) : a\in A, b\in B, c\in C\}$$

〈예시 1.2〉

집합 $A=\{1,2\}$, $B=\{3\}$, $C=\{4,5\}$일 때, 카티션 곱 $A\times B=\{(1,3),(2,3)\}$이고 $A\times B\times C=\{(1,3,4),(1,3,5),(2,3,4),(2,3,5)\}$이다.

[그림 1.6]에서 본 바와 같이 수평의 실수선 x는 실수의 집합이고, 수직의 실수선 y도 실수의 집합이기 때문에 카티션 곱 $x\times y$는 $\mathbb{R}\times\mathbb{R} = \mathbb{R}^2$가 되어 평면을 나타내며 다음과 같이 표시된다.

$$\mathbb{R}\times\mathbb{R} = \{(x,y) : x\in\mathbb{R},\ y\in\mathbb{R}\} = \mathbb{R}^2$$

또한 세 개의 실수집합 x, y, z에 대해 카티션 곱 $\mathbb{R}\times\mathbb{R}\times\mathbb{R} = \mathbb{R}^3$은 3차원 공간을 나타낸다. 일반화하면 n개의 실수집합의 카티션 곱 $\mathbb{R}^n$은 n차원 공간을 나타낸다.

집합 A를 2차원 또는 3차원의 점들의 집합이라고 할 때 기하학적으로 집합 S 내의 임의의 두 점에 대해 두 점을 연결하는 직선이 집합 A안에 포함되면 집합 A를 볼록집합(convex set)이라 하고 다음과 같이 정의된다.

[정의 1.12]

집합 X의 임의의 두개의 점 x_1, $x_2 \in X$가 스칼라 $t \in [0, 1]$에 대해 나타나는 점 $x_3 = tx_1 + (1-t)x_2$가 집합 X에 속하면 집합 $X \subset \mathbb{R}^n$는 볼록(convex)하다.

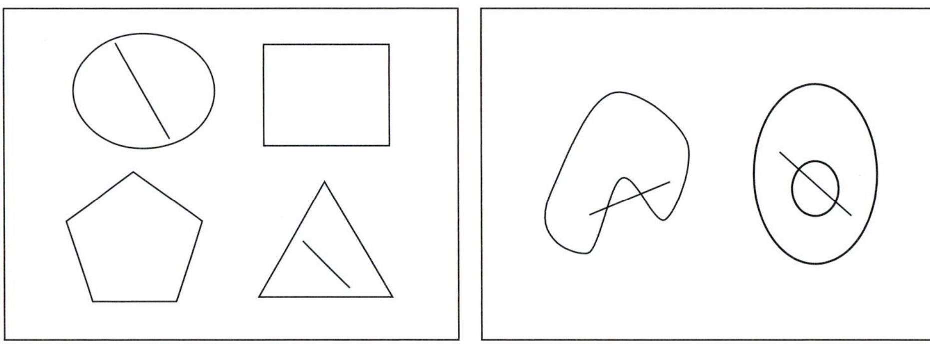

(a) 볼록집합　　(b) 볼록집합 아님

[그림 1.9] 볼록집합

[그림 1.9]의 (a)는 모두 볼록집합이고 (b)는 볼록집합이 아니다. 일반적으로 한 점으로 구성되는 집합과 공집합도 볼록집합으로 구분된다. 4차원 이상의 공간의 경우에는 기하학적으로 볼록집합의 해석은 불분명해지는데 제5장에서 벡터의 개념을 설명한 다음에 볼록집합을 대수적으로 다시 정의하면 공간의 차원과는 관계없이 볼록집합의 개념을 적용할 수 있다.

1.4 관계와 함수

집합 A와 B의 순서쌍은 집합 A의 임의의 값을 집합 B의 임의의 값과 관련되도록 하기 때문에 순서쌍을 모아놓은 것이면 어느 것이든 A와 B 사이에 관계 $\mathbf{R}$(relation)이 성립한다. [그림 1.10]에서 보는 바와 같이 카티션 곱 $A \times B$의 임의의 부분집합 $\mathbf{R}$을 집합 A와 B의 관계라고 정의한다. 만일 $(a, b) \in \mathbf{R}$이라면 a와 b사이에 관계 $\mathbf{R}$이 성립하며 $a\mathbf{R}b$와 같이 나타낸다.

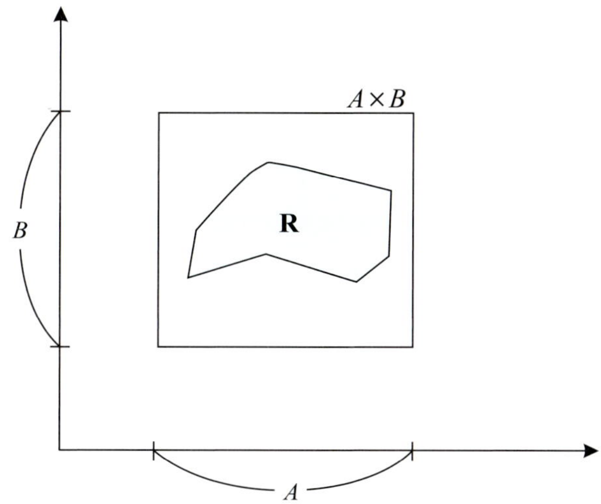

[그림 1.10] 관계

〈예시 1.3〉

집합 $A=\{1,2,3\}$, $B=\{a,b\}$ 일 때 관계 $\mathbf{R}=\{(1,a),(1,b),(3,a)\}$이라고 정의하면 $1\,\mathbf{R}\,a$, $3\,\mathbf{R}\,a$는 성립하지만 $2\,\mathbf{R}\,b$나 $3\,\mathbf{R}\,b$는 성립하지 않는다.

x와 y가 어느 실수 값이나 가질 수 있는 변수(variables)라고 할 때 편의상 x와 y의 카티션 곱의 원소를 (x,y)로 쓰면 $\mathbf{R}=\{(x,y)\colon y<x\}$는 $(4,3)$, $(4,2)$, $(4,1)$, $(4,-2)$ 등과 같은 실수의 순서쌍으로 구성되는 관계를 나타낸다. 이 경우 주어진 x의 값에 대해 유일한 y의 값을 결정하는 것은 불가능하다. 4개의 순서쌍 예에서 보는 바와 같이 서술된 관계를 만족하면서도 $x=4$에 대해 y는 $3, 2, 1, -2$ 등과 같이 여러 값을 가질 수 있다.

반면 두 개의 실수집합 x와 y에 대해 관계가 $\mathbf{R}=\{(x,y)\colon y=x\}$로 정의되는 경우에는 주어진 x의 값에 대응하는 y값이 하나만 존재한다. 이렇게 두 집합 x와 y에 대해 x의 각 원소와 오직 y의 원소 하나만 대응되는 관계를 x에서 y로의 함수(function)라고 하며 다음과 같이 나타낸다.

$$y=f(x) \text{ 또는 } f: x \rightarrow y$$

따라서 함수는 반드시 관계가 되어야 하지만 관계는 함수가 아닐 수 있다.

집합 x를 함수의 정의역(domain)이라고 하고, 집합 y를 공역(codomain)이라 하며, 함수에 의해 x의 원소와 대응되는 y의 원소들의 집합을 함수의 치역(range)이라 부른다. 함수 $y=f(x)$에서 x를 독립변수(independent variable)라 하고 y를 종속변수(dependent variable)라고 하며, y를 x에 대한 함수 f의 값(value) 또는 x의 상(image)이라고 한다.

특정 y의 값이 여러 x값들의 치역이 될 수 있으며, 극단적으로 $f(x)=y_0$와 같이 y의 하나의 원소(y_0)가 정의역의 모든 x값들의 치역이 될 수 있다. 한편 x의 각 원소에 대하여 y의 각각 다른 원소를 상(image)으로 하는 경우에 1대1 대응이라고 한다.

주어진 함수 $y=f(x)$에 대해 x를 y의 함수인 역함수로 나타낼 수 있으며, 다음과 같이 나타낸다.

$$x = f^{-1}(y)$$

함수 f가 1대1 대응인 경우 명백히 역함수가 존재하며, 그렇지 않을 경우에는 일부 y에 대해 하나 이상의 x를 상으로 가지기 때문에 함수의 정의에 어긋나게 된다.

〈예시 1.4〉

방정식 $y=x^2$, $x\in\mathbb{R}$은 [그림 1.11]에서 보는 바와 같이 이를 만족하는 유일한 값 $y\in\mathbb{R}$이 존재하므로 함수이다.

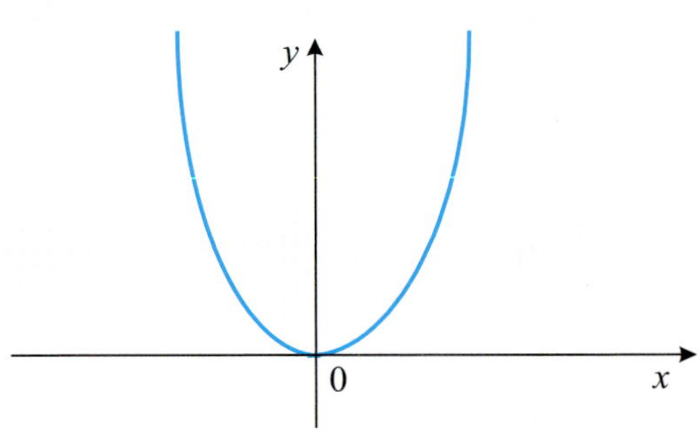

[그림 1.11] $y=x^2$의 그래프

〈예시 1.5〉

$y=x^2$, $x \in \mathbb{R}$은 0을 제외한 모든 y에 대해 두 개의 x의 값(음과 양의 제곱근)이 존재하기 때문에 역함수를 가지지 않는다. 그러나 $y=x^2$, $x \geq 0$은 1대1 대응인 함수이기 때문에 역함수 $x=\sqrt{y}$가 존재한다. $y=x^2$, $x<0$ 역시 1대1 대응인 함수로 역함수 $x=-\sqrt{y}$가 존재한다.

함수 f가 $f: X \to Y$이고, 함수 g가 $g: Y \to Z$라 할 때 두 함수의 합성함수(composite function)는 다음과 같이 정의된다.

$$g \circ f: X \to Z$$

또는

$$z = g[f(x)]$$

〈예시 1.6〉

함수 f가 $f(x)=x^3$ $(x \in \mathbb{R})$, 함수 g가 $g(x)=\dfrac{x^2-1}{x^2+1}$ $(x \in \mathbb{R})$일 때 합성함수는 $g \circ f(x)=\dfrac{\{f(x)\}^2-1}{\{f(x)\}^2+1}=\dfrac{x^6-1}{x^6+1}$이 된다.

1.5 함수의 형태

1.5.1 선형함수

선형함수는 직선으로 나타낼 수 있는 함수로 다음과 같이 정의된다.

$$y = a + bx, \quad x \in \mathbb{R}$$

여기서 a, b는 특정 실수의 값을 나타낸다. $x=0$일 때 $y=a$이므로 직선은 y축의 a를 지나며 a를 절편(intercept term)이라 한다. b가 0보다 크면 직선은 우상향하고, 0보다 작으면 우하향하며, 0이면 $y=a$에서 수평인 직선이 된다.

[그림 1.12]의 (a)는 $a>0$, $b>0$일 때의 선형함수에 대한 그래프이며 (b)는 $a=0$, $b<0$일 때의 선형함수의 그래프이다.

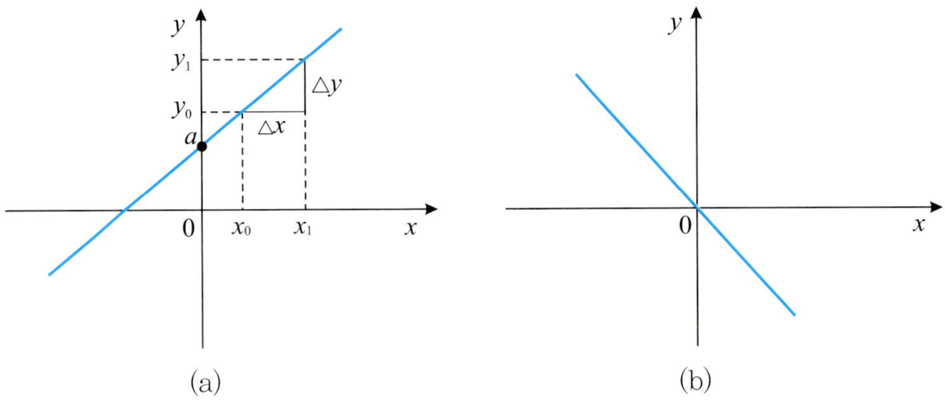

[그림 1.12] 선형함수

[그림 1.12]에서 보는 바와 같이 x축에서 두 개의 값 x_0와 x_1을 취할 때 다음 식이 성립한다.

$$y_0 = a + bx_0, \quad y_1 = a + bx_1$$

두 식의 차이를 구하면 다음과 같다.

$$y_1 - y_0 = b(x_1 - x_0)$$

또는

$$b = \frac{y_1 - y_0}{x_1 - x_0} = \frac{\triangle y}{\triangle x}$$

여기서 $\triangle x = x_1 - x_0$는 'x의 변화량', $\triangle y = y_1 - y_0$는 'y의 변화량'을 나타낸다. [그림 1.12]에서 보는 바와 같이 $\triangle y / \triangle x$는 직선의 기울기를 의미하므로 b는 직선의 가파른 정도를 나타내는 기울기계수(slope coefficient)이다.

〈예시 1.7〉 선형의 수요함수

어느 재화에 대한 수요함수는 재화의 가격에 대해 재화를 얼마만큼 구매하고자 하는지를 나타내는 함수이다. 예를 들어, 어느 재화에 대한 수요함수가 다음과 같다고 하면

$$Q = 60 - 2P \ (Q = \text{수요량},\ P = \text{가격})$$

(1) 정의역과 치역: 가격과 수요량은 0보다 작을 수가 없기 때문에 이 수요함수의 정의역은 $0 \leq P \leq 30$이고, 치역은 $0 \leq Q \leq 60$이다.

(2) 절편과 기울기: 이 수요함수의 절편은 60, 수요함수의 기울기계수는 -2가 된다.

(3) 역(수요)함수: 가격과 수요량이 1대1 대응이기 때문에 역(수요)함수가 존재하며, 역수요함수는 $P = 30 - 0.5Q$가 된다. 경제학에서는 x축을 수량, y축을 가격으로 하여 그래프로 나타내며 수요함수도 주로 역수요함수로 나타낸다.

2차원 실수 공간에서 두 개의 구분되는 점 (x_1, y_1)과 (x_2, y_2)를 스칼라 $t \in [0,\ 1]$로 결합한 점들은 [그림 1.13]에서 보는 바와 같이 두 점 사이를 잇는 직선이 되며, 이를 볼록결합(convex combination)이라고 한다. 즉, 두 점의 볼록결합은 다음과 같이 정의된다.

$$\begin{aligned}(x_3, y_3) &= t(x_1, y_1) + (1-t)(x_2, y_2) \\ &= [tx_1 + (1-t)x_2,\ ty_1 + (1-t)y_2],\ \ t \in [0,\ 1]\end{aligned}$$

두 점을 볼록결합한 점들이 두 점 사이를 잇는 직선에 위치하게 됨은 다음과 같이 보여줄 수 있다. 두 점을 잇는 직선의 식을 $y = a + bx$라고 하면

$$y_1 = a + bx_1 \ \cdots\cdots\cdots\cdots (A)$$

$$y_2 = a + bx_2 \ \cdots\cdots\cdots\cdots (B)$$

식 (A)의 양변에 t를 곱하고, 식 (B)의 양변에 $(1-t)$를 곱해서 더하면

$$\begin{aligned}y_3 = ty_1 + (1-t)y_2 &= t(a + bx_1) + (1-t)(a + bx_2) \\ &= a + b[tx_1 + (1-t)x_2] \\ &= a + bx_3\end{aligned}$$

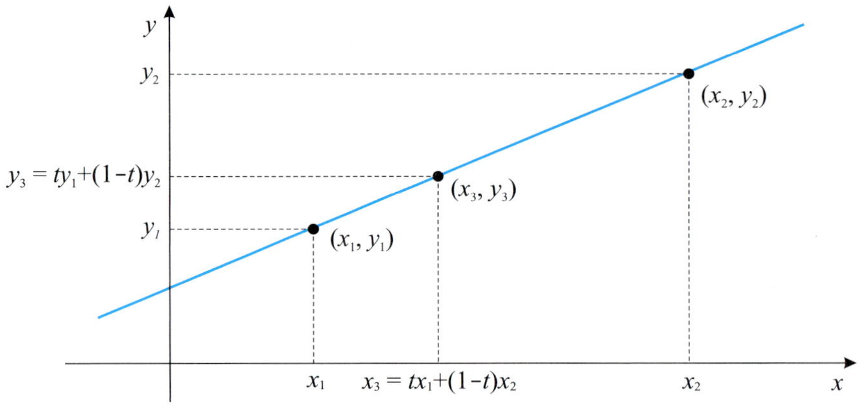

[그림 1.13] 볼록결합

1.5.2 다항함수

선형함수를 일반화해서 만일 $a_0, a_1, ..., a_n$이 특정 실수 값일 때 다음 방정식은 실수($\mathbb{R}$)에서 실수로 대응하는 다항함수(polynomial)로 정의할 수 있다.

$$y = a_0 + a_1x^1 + a_2x^2 + \ ... \ + a_nx^n$$

다항식의 우변에 임의의 x값을 대입하면 대응하는 유일한 y값을 구할 수 있다.
 상기 식은 a_i의 값에 따라 다음과 같이 1차, 2차, ..., n차 함수로 정의된다.

만일 $a_1 \neq 0$이고 $a_i = 0$, $i = 2, 3, ..., n$ 이면 선형함수(또는 1차함수)
만일 $a_1 \neq 0$, $a_2 \neq 0$이고 $a_i = 0$, $i = 3, 4, ..., n$ 이면 2차함수
만일 $a_1 \neq 0$, $a_2 \neq 0$, $a_3 \neq 0$이고 $a_i = 0$, $i = 4, 5, ..., n$ 이면 3차함수
....
만일 $a_n \neq 0$이면 n차함수(polynomial of degree n)

다음과 같이 2차 함수(quadratic function)가 주어졌다고 하자.

$$y = c + bx + ax^2, \ x \in \mathbb{R}, \ a \neq 0$$

이를 다시 정리하면 다음과 같이 쓸 수 있다.

$$
\begin{aligned}
y &= c + a(x^2 + \frac{b}{a}x) \\
&= a(x + \frac{b}{2a})^2 + (\frac{4ac - b^2}{4a})
\end{aligned}
$$

위 식의 우변의 첫째 항은 $x = -b/2a$이면 0이고, $x \neq -b/2a$이면 a의 부호와 같은 부호를 갖는다. 우변의 둘째 항은 x값과는 관계없이 정해진 상수항이다. 따라서 $a > 0$일 경우 위 2차함수는 U자형의 그래프에 $x = -b/2a$에서 y는 최소값을 갖는다. $a < 0$인 경우에는 역U자형 그래프에 $x = -b/2a$에서 y는 최대값을 갖는다.

[그림 1.14]의 (a)는 $a > 0$인 경우의 2차함수 그래프, (b)는 $a < 0$인 경우의 2차 함수 그래프를 보여준다. [그림 1.14]에서와 같이 $x > 0$인 지점에서 최소값 또는 최대값을 가지기 위해서는 $a > 0$인 경우 $b < 0$이 되어야 하고, $a < 0$인 경우 $b > 0$이 되어야 한다.

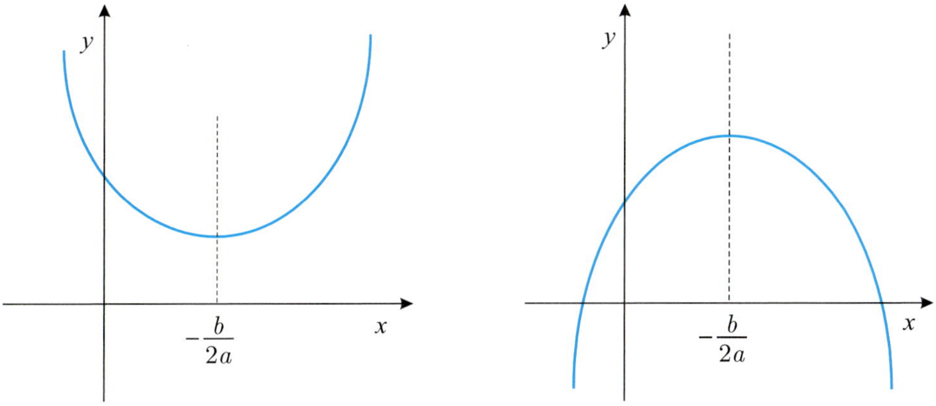

[그림 1.14] 2차 함수 그래프

1.5.3 멱함수

어느 숫자 a를 m번 곱했을 때 a^m으로 나타내며, 이 때 m을 지수(exponent)라 한다. 이로부터 다음과 같은 지수법칙을 유도할 수 있다.

$$a^m \cdot a^n = a^{m+n}$$

$$(a^m)^n = a^{mn}$$

$$\frac{a^m}{a^n} = a^{m-n}$$

$$\frac{a^m}{a^m} = a^0 = 1$$

〈예시 1.8〉 지수법칙의 예

(1) $2^3 \cdot 2^5 = 2^{3+5} = 2^8$

(2) $(2^3)^4 = 2^{12}$

(3) $\frac{2^6}{2^3} = 2^{6-3} = 2^3$

(4) $\frac{2^3}{2^3} = 2^0 = 1$

멱함수(power function)는 다음의 형태를 취한다.

$$y = ax^b,\ x \in \mathbb{R},\quad a > 0$$

여기서 임의의 실수인 b는 지수를 나타내며, 선형함수는 $b=1$인 멱함수의 특수한 경우이며, 2차함수는 $b=1$인 멱함수와 $b=2$인 멱함수를 합한 것이라고 볼 수 있다.

$x > 0$인 구간에서 [그림 1.15]의 (a)는 $b > 1$인 경우 (b)는 $0 < b < 1$인 경우 (c)는 $b < 0$인 경우의 멱함수의 그래프를 나타낸다.

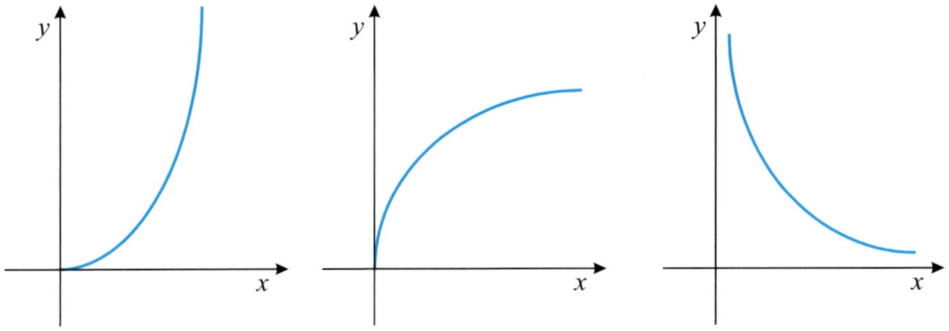

[그림 1.15] 멱함수 $y = ax^b,\ x > 0 : \mathbb{R}_+ \rightarrow \mathbb{R}_+$

임의의 실수인 지수 p와 q, 양(+)의 값을 갖는 변수 x와 y에 대해 다음과 같이 지수법칙이 성립한다.

(i) $x^p \cdot x^q = x^{p+q}$

(ii) $(x^p)^q = x^{pq}$

(iii) $\dfrac{x^p}{x^q} = x^{p-q}$

(iv) $(xy)^p = x^p y^p$

(v) $\left(\dfrac{x}{y}\right)^p = \dfrac{x^p}{y^p}$

(vi) $x^{-p} = \dfrac{1}{x^p}$

(vii) $x^{\frac{1}{p}} = \sqrt[p]{x}$

1.5.4 지수함수와 로그함수

지수를 함수의 변수로 취하는 경우에는 다음과 같은 지수함수(exponential function)의 형태가 된다.

$$y = ab^x$$

여기서 b는 함수의 밑(base)이라 하고, 밑은 $e \simeq 2.71828\cdots$를 자주 사용한다.

만일 $x = b^y$이면 y는 b를 밑으로 하는 함수 x에 로그를 취한 것으로 로그함수(logarithmic function) y는 다음과 같이 정의된다.

$$y = \log_b x$$

로그함수의 정의역은 0보다 큰 실수 즉, $\mathbb{R}_+$로 정의되며 밑 b는 1을 제외한 양수를 선택한다(b가 1일 때는 1의 어느 배수를 취해도 1이 되기 때문에 제외). [그림 1.16]에서 보는 바와 같이 $b < 1$이면 로그함수는 감소하고 볼록한 형태를 보이며, $b > 1$이면 증가하고 오목한 형태를 보인다.

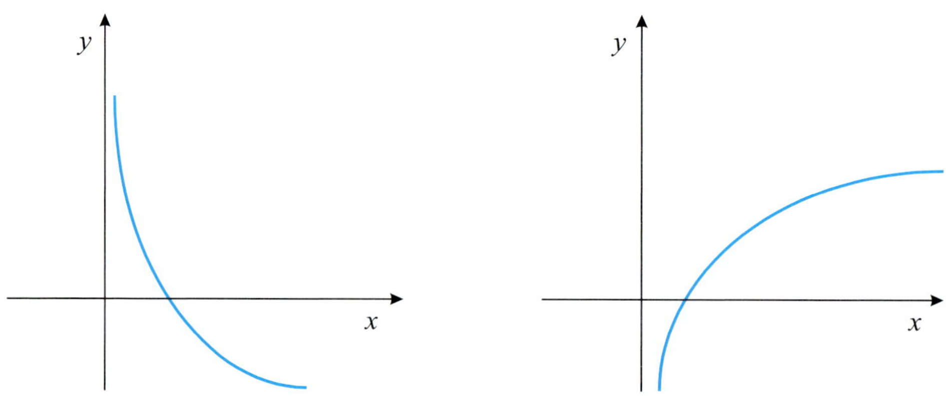

(a) $b < 1$ (b) $b > 1$

[그림 1.16] **로그함수** $y = \log_b x : \mathbb{R}_+ \rightarrow \mathbb{R}$

로그의 정의와 지수법칙을 결합하면 x와 z를 다음과 같이 나타낼 수 있다.

$$x = b^{\log_b x}$$
$$z = b^{\log_b z}$$

x와 z를 곱하면 다음이 성립한다.

$$xz = b^{\log_b x} b^{\log_b z} = b^{\log_b x + \log_b z}$$

그러므로

$$\log_b(xz) = \log_b x + \log_b z$$

x를 z로 나누면 다음이 성립한다.

$$\frac{x}{z} = \frac{b^{\log_b x}}{b^{\log_b z}} = b^{\log_b x - \log_b z}$$

따라서

$$\log_b(\frac{x}{z}) = \log_b x - \log_b z$$

x를 p번 곱하면 다음과 같이 된다.

$$x^p = (b^{\log_b x})^p = b^{p \log_b x}$$

그러므로

$$\log_b(x^p) = p \log_b x$$

$\log_b a = k$라고 하면 $a = b^k$이며 이 때 양변의 밑을 c로 하여 로그를 취하면 다음이 된다.

$$\log_c a = \log_c b^k$$

따라서

$$k = \frac{\log_c a}{\log_c b} \quad \text{또는} \quad \log_b a = \frac{\log_c a}{\log_c b}$$

〈예시 1.9〉

임의의 밑 $a, b > 0, a \neq 1, b \neq 1$에 대해 $\log_a b \cdot \log_b a = 1$임을 보여라.

[풀이]

$\log_b a = \dfrac{\log_c a}{\log_c b}$이고, $\log_a b = \dfrac{\log_c b}{\log_c a}$이므로 $\log_a b \cdot \log_b a = \dfrac{\log_c b}{\log_c a} \cdot \dfrac{\log_c a}{\log_c b} = 1$이 된다.

밑을 e로 하고, $e^y = x$가 되도록 하는 경우 이에 상응하는 로그를 자연로그(natural logarithm)라고 하며 자연로그함수는 다음과 같이 쓴다.

$$y = \log_e x$$

또는

$$y = ln\,x$$

제 2 장 수열, 급수 및 극한

2.1 수열
2.2 급수
2.3 현금흐름의 현재가치
2.4 함수의 극한과 극한 공식

제2장 | 수열, 급수 및 극한

2.1 수열

2.1.1 수열의 정의

수열(sequence)은 단순히 수의 연속으로 정의역이 양수인 함수라고 할 수 있다. 예를 들어, 1, 4, 9, 16, 25, …의 수열은 자연수의 제곱으로 구성된 것으로 이 수열의 공식은 다음과 같이 나타낼 수 있다.

$$f(n) = n^2, \quad n = 1, 2, 3, 4, 5.....$$

그러므로 위 수열의 다음 항은 $6^2 = 36$이 된다.

〈예시 2.1〉 수열의 예

(1) $f(n) = 3n - 2$ 또는 1, 4, 7, 10, 13, ⋯

(2) $f(n) = -\dfrac{1}{n}$ 또는 $-1, -\dfrac{1}{2}, -\dfrac{1}{3}, -\dfrac{1}{4}, -\dfrac{1}{5}, \cdots$

(3) $f(n) = \dfrac{1}{n^2}$ 또는 $1, \dfrac{1}{4}, \dfrac{1}{9}, \dfrac{1}{16}, \dfrac{1}{25}, \cdots$

2.1.2 수열의 극한

수열의 각 항을 a_n이라고 하면 수열은 $f(n) = a_n,\ n = 1, 2, 3, ...$로 나타낼 수 있다. 함수의 극한(limit)은 n이 커짐에 따라 a_n이 유일한 하나의 고정된 값으로 접근하게 됨을 의미한다. 수열이 극한을 가지면 수열이 수렴(convergent)한다고 하고 극한을 가지지 않으면 발산(divergent)한다고 한다.

[정의 2.1]

아주 작은 임의의 값 $\epsilon > 0$에 대해 임의의 값 N이 $n > N$일 때 $|a_n - L| < \epsilon$이 되도록 존재하면 수열은 극한 L을 갖는다고 한다. 극한을 갖는 수열을 수렴한다고 하며, 수열의 극한을 $\lim_{n\to\infty} a_n = L$로 쓴다.

예를 들어, 극한 $L = 0$을 가지는 수열 $a_n = 1/n^2$을 생각해보자. $N > 100$이면 $|a_n - 0| < 0.0001$이며, $N > 200$이면 $|a_n - 0| < 0.000025$이다. 일반적으로 $|1/n^2 - 0| < \epsilon$은 $N > 1/\epsilon^2$를 선택하도록 하기 때문에 N을 ϵ의 함수로 $N(\epsilon)$라 쓸 수 있으며, 0에 수렴하게 된다.

a_n과 b_n이 각각 극한 L^a와 L^b를 가진 수렴하는 수열이라고 하면 다음이 성립한다.

(i) $\lim_{n\to\infty} c\, a_n = c \lim_{n\to\infty} a_n = cL^a$, c는 임의의 상수

(ii) $\lim_{n\to\infty}(a_n \pm b_n) = \lim_{n\to\infty} a_n \pm \lim_{n\to\infty} b_n = L^a \pm L^b$

(iii) $\lim_{n\to\infty}(a_n \cdot b_n) = \lim_{n\to\infty} a_n \cdot \lim_{n\to\infty} b_n = L^a L^b$

(iv) $\lim_{n\to\infty}\left(\frac{a_n}{b_n}\right) = \frac{\lim_{n\to\infty} a_n}{\lim_{n\to\infty} b_n} = \frac{L^a}{L^b}$, 단 $L^b \neq 0$

〈예시 2.2〉

수열 $f(n) = \frac{1}{n}$의 극한은 0 즉, $\lim_{n\to\infty}\frac{1}{n} = 0$임은 다음과 같이 보일 수 있다. 수열의 정의에 따라 임의의 $\epsilon > 0$과 모든 $n > N$에 대해 $|\frac{1}{n} - 0| < \epsilon$, 또는 $\frac{1}{n} < \epsilon$인 N이 존재함을 보이면 된다. $\frac{1}{n} < \epsilon$의 조건은 $n > \frac{1}{\epsilon}$로 쓸 수 있으므로 $\frac{1}{\epsilon}$보다 바로 다음으로 큰 정수로 N을 선택하면 이 조건을 만족한다.

〈예시 2.3〉

수열 $f(n) = \frac{n}{n+1}$, $f(n) = 10 + \frac{1}{n}$, $f(n) = \frac{2n+1}{n^2+n}$의 극한을 각각 구하라.

[풀이]

(1) $\lim_{n\to\infty}\frac{n}{n+1} = \lim_{n\to\infty}\frac{1}{1+\frac{1}{n}} = \frac{1}{1+\lim_{n\to\infty}\frac{1}{n}} = \frac{1}{1+0} = 1$

(2) $\lim_{n\to\infty}(10+\frac{1}{n}) = 10 + \lim_{n\to\infty}\frac{1}{n} = 10 + 0 = 10$

(3) $\lim_{n\to\infty}\frac{2n+1}{n^2+n} = \lim_{n\to\infty}\frac{\frac{2}{n}+\frac{1}{n^2}}{1+\frac{1}{n}} = \frac{\lim_{n\to\infty}\frac{2}{n} + \lim_{n\to\infty}\frac{1}{n^2}}{1 + \lim_{n\to\infty}\frac{1}{n}} = \frac{0}{1} = 0$

2.2 급수

급수(series)는 임의의 수열의 초항부터 n개 항을 더한 것으로 수열의 특수한 형태이다.

[정의 2.2]

만일 a_i, $i = 1, 2, 3, \ldots$인 수열이라면 이 때 $s_n = \sum_{i=1}^{n} a_i$, $n = 1, 2, 3, \ldots$을 급수라 한다.

예를 들어, 수열 $a_i = 1/i(1+i)$, $i = 1,2,3,\ldots$의 초항부터 n개 항을 더하면 다음 식이 된다.

$$s_n = \sum_{i=1}^{n} a_i = \sum_{i=1}^{n} \frac{1}{i(i+1)}$$

수열 a_i는 다음과 같이 쓸 수 있다.

$$a_i = \frac{1}{i(i+1)} = \frac{1}{i} - \frac{1}{(i+1)}$$

따라서 급수 s_n은 다음과 같이 쓸 수 있으며, 급수 s_n도 수열임을 알 수 있다.

$$
\begin{aligned}
s_n &= \sum_{i=1}^{n}\left(\frac{1}{i}-\frac{1}{i+1}\right) \\
&= \left(1-\frac{1}{2}\right)+\left(\frac{1}{2}-\frac{1}{3}\right)+\left(\frac{1}{3}-\frac{1}{4}\right)+\ldots\ldots+\left(\frac{1}{n-1}-\frac{1}{n}\right)+\left(\frac{1}{n}-\frac{1}{n+1}\right) \\
&= 1-\frac{1}{n+1} \\
&= \frac{n}{n+1}
\end{aligned}
$$

경영학과 경제학에서 많이 이용되는 급수 중의 하나가 등비급수(또는 기하급수)이다. 등비급수는 수열 $a_i = a\rho^{i-1}$ (a는 초항, ρ는 공비)로 이루어진 급수로 다음과 같이 나타낼 수 있다.

$$s_n = \sum_{i=1}^{n} a\rho^{i-1} = a + a\rho + a\rho^2 + \ldots\ldots + a\rho^{n-1}$$

양변에 공비 ρ를 곱하면

$$\rho s_n = a\rho + a\rho^2 + a\rho^3 + \ldots\ldots + a\rho^n$$

두 식의 차이를 구하면 다음과 같다.

$$s_n - \rho s_n = a - a\rho^n$$

이를 다시 정리하면

$$s_n = a\left(\frac{1-\rho^n}{1-\rho}\right)$$

만일 $|\rho| < 1$이면 $n \to \infty$일 때 $\rho^n \to 0$이 되어 극한은 다음과 같다.

$$\lim_{n \to \infty} s_n = \frac{a}{1-\rho}$$

2.3 현금흐름의 현재가치

2.3.1 복리와 현재가치

수열과 급수가 널리 이용되는 분야 중의 하나가 미래에 예상되는 현금흐름의 현재가치(present value)를 구하는 것이다. 예를 들어, 어떤 사람이 100만원을 연 이자율 10%에 은행에 1년간 저금한다고 가정하면 1년 후에 받는 금액은 $100(1+0.1) = 110$만원이 된다. 일반화하면 오늘 X를 연 이자율 r로 저축하면 1년 후에는 $V = X(1+r)$을 받는다. 따라서 1년 후에 받는 V에 대한 현재가치는 $X = V/(1+r)$이 된다. 이자율을 10%라 하면 1년 후 110만원의 현재가치는 100만원이 된다.

오늘 Y를 연 이자율 r에 1년 저축한 뒤 동일한 이자율로 1년 더 저축하면 1년의 이자가 추가로 가산되는 복리가 되어 2년 후에는 $V = Y(1+r)^2$이 된다. 따라서 2년 후 V의 현재가치는 $V/(1+r)^2$이 된다. 이러한 방법으로 계속해서 연 이자율 r로 t년 간 저축하는 경우 얻게 되는 V의 현재가치는 다음과 같이 산출된다.

$$PV = \frac{V}{(1+r)^t}$$

위 식에서 $r > 0$이면 t가 커질수록 현재가치는 작아지게 된다. 미래에 일정한 금액 V를 받기 위해서는 기간이 길어질수록 현재에는 적게 투자해도 되기 때문에 V를 지불받기 위한 기간이 길어질수록 현재가치는 작아지게 된다. 또한 동일한 기간 t에 대해 r이 클수록 현재가치는 작아지게 된다. $1/(1+r)^t$를 할인계수(discount factor)라 하고, r을 할인율(discount rate)이라고 한다.

〈예시 2.4〉

12% 이자율에 향후 3년간 200만원씩을 지불하는 경우 현재가치를 계산하면

$$1\text{년 후 200만원의 현재가치} = \frac{200}{(1+0.12)} = 178.57\text{만원}$$

$$2\text{년 후 200만원의 현재가치} = \frac{200}{(1+0.12)^2} = 159.44\text{만원}$$

$$3\text{년 후 200만원의 현재가치} = \frac{200}{(1+0.12)^3} = 142.36\text{만원}$$

현재가치 합계 = 178.57 + 159.44 + 142.36 = 480.37만원

연 이자율로 표시하는 것이 보통이지만 월, 분기 등의 1년보다 짧은 기간을 사용하여 원금에 대한 총 이자를 복리(compounding)로 산출하기도 한다. 이렇게 하는 것이 1년 동안에 한번만 이자를 산출하는 것보다는 금액이 더 많게 된다.

예를 들어, 100만원을 연 이자율 12%에 은행에 1년간 저축하는 경우 1년 동안 원금이나 이자를 전혀 인출하지 않는다고 가정하고, 은행이 이자를 연 이자율로 계산하면 1년 후 원금과 이자 합계액은 $100(1+0.12)=112$만원이 된다. 그러나 은행이 반년마다 이자를 복리로 계산하면 반기 이자율은 6%가 되고, 1년 뒤 원금과 이자 합계액은 $100(1+0.06)^2 = 112.36$만원이 된다. 만일 은행이 매달 이자를 복리로 계산한다면 월 이자율은 1%가 되고, 1년이 경과하면 원금과 이자 합계액은 $100(1+0.01)^{12} = 112.68$만원이 된다.

일반화해서 P원을 투자했을 때 연 이자율이 r인 경우 이자를 연간 n번 복리로 계산한다면 1년 후 금액은 다음과 같다.

$$V = P(1+\frac{r}{n})^n$$

$n \to \infty$가 되어 이자를 순간변화에 대한 복리로 계산하면 연속복리(continuous compounding)라고 한다. 원금 P에 곱해진 $(1+r/n)^n$은 수열이 되며, 이것의 극한은 다음과 같다.

$$\lim_{n\to\infty}(1+\frac{r}{n})^n$$

만일 $r=1(100\%)$이라고 가정하면 극한은 다음과 같다.

$$\lim_{n\to\infty}(1+\frac{1}{n})^n$$

n이 1, 2, 3, 4, …로 증가함에 $(1+\frac{1}{n})^n$의 값은 다음과 같이 된다.

$$n=1\text{이면 } (1+\frac{1}{1})^1 = 2$$

$$n=2\text{이면 } (1+\frac{1}{2})^2 = 2.25$$

$$n=3\text{이면 } (1+\frac{1}{3})^3 = 2.37037\ldots$$

……………………………

n이 무한대로 커지면 $(1+\frac{1}{n})^n$은 무리수 $e\simeq 2.71828\cdots$로 수렴하게 된다.

$$\lim_{n\to\infty}(1+\frac{1}{n})^n = e$$

현실적으로 $r<1$인 경우에 극한을 구하기 위해 $k\equiv\frac{n}{r}(n=kr)$이라 하면 연속복리에 대한 극한은 다음과 같다.

$$\begin{aligned}\lim_{n\to\infty}(1+\frac{r}{n})^n &= \lim_{k\to\infty}(1+\frac{1}{k})^{kr}\\ &= \lim_{k\to\infty}\left[(1+\frac{1}{k})^k\right]^r\\ &= e^r\end{aligned}$$

따라서 P원을 투자하고, 연 이자율 r로 연속복리의 이자를 계산하면 1년 후 원금과 이자에 대한 합계액은 다음과 같다.

$$V = P(1+\frac{r}{n})^n = Pe^r$$

만일 P원을 1년이 아니라 t년 간 투자한다고 하면 t년 후의 가치는 다음과 같다.

$$V = P\left[(1+\frac{r}{n})^n\right]^t = P\left(1+\frac{r}{n}\right)^{nt}$$

또한 연 이자율 r에 t년 간 연속복리로 이자를 지급한다면 t년 후의 가치는 다음과 같다.

$$V = P(e^r)^t = Pe^{rt}$$

역으로 이자를 연 이자율 r에 연간 n번을 복리로 계산하는 경우 t년 후에 V원의 미래가치를 얻기 위해서는 현재 P원이 필요하게 된다.

$$P = \frac{V}{\left[1+\frac{r}{n}\right]^{nt}}$$

따라서 연간 n번 할인을 할 때 미래가치 V원에 대한 현재가치를 구하기 위한 할인 공식은 다음과 같다.

$$PV = \frac{V}{\left[1+\frac{r}{n}\right]^{nt}}$$

또한 연속복리로 이자를 지급하는 것과 같이 연속 할인을 적용하는 경우 현재가치는 다음과 같이 계산된다.

$$PV = \frac{V}{e^{rt}} = Ve^{-rt}$$

〈예시 2.5〉

1,000만원을 연 6%의 이자율로 투자했을 때 다음 각각의 경우에 얼마인가를 계산하라.

(1) 반기마다 이자를 복리로 계산할 때 1년 후 금액

(2) 매달 이자를 복리로 계산할 때 3년 후 금액

(3) 연속복리로 이자를 계산할 때 2년 후 금액

[풀이]

(1) $V = P(1+\frac{r}{n})^n = (1{,}000)(1+\frac{0.06}{2})^2 = 1{,}060.90$만원

(2) $V = P(1+\frac{r}{n})^{nt} = (1{,}000)(1+\frac{0.06}{12})^{36} = 1{,}196.68$만원

(3) $V = Pe^{rt} = 1{,}000e^{0.12} = 1{,}127.50$만원

〈예시 2.6〉

8%의 이자율(또는 할인율)을 적용하여 5,000만원을 미래에 받는 경우 다음 각각에 대한 현재가치를 계산하라.

(1) 10년간 연 이자율을 복리로 이자를 계산하는 경우

(2) 20년간 분기별 복리로 이자를 계산하는 경우

(3) 5년간 연속복리로 이자를 계산하는 경우

[풀이]

(1) $PV = \frac{V}{(1+\frac{r}{n})^{nt}} = \frac{5{,}000}{(1+0.08)^{10}} = 2{,}315.97$만원

(2) $PV = \frac{V}{(1+\frac{r}{n})^{nt}} = \frac{5{,}000}{(1+\frac{0.08}{4})^{80}} = 1{,}025.55$만원

(3) $PV = Pe^{-rt} = 5{,}000e^{-0.4} = 3{,}351.60$만원

2.3.2 현금흐름의 현재가치

만일 어떠한 자산이 매년 말에 수익 R원을 T년 간 창출해 준다면 현금흐름의 현재가치 합계액은 다음과 같다.

$$PV=\sum_{t=1}^{T}\frac{R}{(1+r)^t}=\frac{R}{(1+r)}+\frac{R}{(1+r)^2}+......+\frac{R}{(1+r)^T}$$

위 식은 등비급수와 동일한 형태로 $R/(1+r)$을 등비급수의 초항 a, $1/(1+r)$를 등비 ρ로 놓고 정리하면 다음과 같이 된다.

$$PV=\frac{R}{(1+r)}\left[\frac{1-\left(\frac{1}{1+r}\right)^T}{1-\left(\frac{1}{1+r}\right)}\right]$$

$1-(1/(1+r))=r/(1+r)$ 이기 때문에 현재가치는 다음과 같이 단순화 할 수 있다.

$$PV=\frac{R}{r}\left[1-\left(\frac{1}{1+r}\right)^T\right]$$

만일 $T\to\infty$ 이면 이 자산은 매년 말에 R원씩을 영구적으로 지급하는 것을 의미하며, 이 때 현재가치는 무한급수의 합이 되어 다음과 같다.

$$PV=\frac{R}{r}\qquad [\because (\frac{1}{1+r})^T\to 0]$$

채권(bond)은 채무자가 채권자에게 채무기간동안 매년 일정액의 이자를 지급하기로 약속한 증서를 의미하며, 영구채권(perpetuities)은 채권자에게 매년 일정액을 영구적으로 지급하기로 약정하는 것을 말한다. 따라서 영구채권의 매년 지급액을 R이라 하면 영구채권의 현재가치는 위 식을 이용하여 계산할 수 있다.

〈예시 2.7〉

매년 말에 1,000원씩 지급하는 영구채권이 있다고 하자. 연 이자율이 5%인 경우 다음을 산출하라.

(1) 전체 현금흐름의 현재가치

(2) 31년째 말에서 시작하는 현금흐름의 현재가치

(3) 처음 30년간의 현금흐름의 현재가치

[풀이]

(1) 영구채권의 전체 현금흐름의 현재가치는

$$PV = \frac{R}{r} = \frac{1{,}000}{0.05} = 20{,}000\text{원}$$

(2) 31년째 말에서 시작하는 현금흐름이 영구히 계속되기 때문에 30년째를 기준으로 산출한 현금흐름의 현재가치는 (1)에서와 같이 20,000원이다. 따라서 현재 시점을 기준으로 산출한 현재가치는

$$PV = \frac{20{,}000}{(1+0.05)^{30}} = 4{,}627.55\text{원}$$

(3) 처음 30년간의 현금흐름은 전체 현금흐름에서 31년째 말에서 시작하는 현금흐름을 빼면 된다. 따라서 처음 30년간의 현금흐름의 현재가치는

$$20{,}000 - 4{,}627.55 = 15{,}372.45\text{원이다.}$$

2.4 함수의 극한과 극한 공식

함수의 극한을 이해하기 위하여 극한의 개념을 적용해서 함수 $y = f(x)$에서 x가 특정 값에 접근함에 따라 함수의 값 y가 어떤 값에 접근하는지를 알아보자.

[정의 2.3]

$x \to a^-$는 변수 x가 a의 왼쪽에서 접근하여 $x \to a$와 $x < a$임을 의미하며 $\lim_{x \to a^-} f(x) = L$일 때, L을 좌극한(left hand limit)이라 한다.

$x \to a^+$는 변수 x가 a의 오른쪽에서 접근하여 $x \to a$와 $x > a$임을 의미하며 $\lim_{x \to a^+} f(x) = L$일 때, L을 우극한(right hand limit)이라 한다.

한쪽 방향(one-sided)의 극한이 정의되지 않으면 극한은 정의될 수 없으며 항상 양쪽 방향의(two- sided) 극한을 취하는 것으로 가정된다. 한쪽 방향의 극한과 양쪽 방향의 극한과는 다음과 같이 중요한 관계가 성립한다.

[정리 2.1]

극한이 존재하기 위해서는 좌극한과 우극한이 존재하고 같아야 한다.

즉, $\lim_{x \to a} f(x) = L \Leftrightarrow \lim_{x \to a^-} f(x) = \lim_{x \to a^+} f(x) = L$

[정리 2.2]

함수 f와 g가 극한을 가지며 각각의 극한이 $\lim_{x \to a} f(x) = L$, $\lim_{x \to a} g(x) = M$ 이라고 하면 다음의 극한 공식이 성립한다.

(i) $\lim_{x \to a} c = c$, c = 상수

(ii) $\lim_{x \to a} x = a$

(iii) $\lim_{x \to a} [f(x) \pm g(x)] = \lim_{x \to a} f(x) \pm \lim_{x \to a} g(x) = L \pm M$

(iv) $\lim_{x \to a} cf(x) = c \lim_{x \to a} f(x) = cL$, c = 상수

(v) $\lim_{x \to a} [f(x) \cdot g(x)] = [\lim_{x \to a} f(x)] \cdot [\lim_{x \to a} g(x)] = LM$

(vi) $\lim_{x \to a} \dfrac{f(x)}{g(x)} = \dfrac{\lim_{x \to a} f(x)}{\lim_{x \to a} g(x)} = \dfrac{L}{M}$

〈예시 2.8〉

함수 $f(x) = \dfrac{|x|}{x}$가 $x = 0$에서 극한이 존재하는지 여부를 검증하라.

[풀이]

$\lim_{x \to 0^-} \dfrac{|x|}{x} = -1$이고 $\lim_{x \to 0^+} \dfrac{|x|}{x} = 1$로 좌극한과 우극한이 같지 않기 때문에 $\lim_{x \to 0} \dfrac{|x|}{x}$는 존재하지 않는다.

〈예시 2.9〉

다음 각각에 대해 극한을 구하라

(1) $\lim_{x\to 2}(x^2+2x+1) = \lim_{x\to 2}x^2 + \lim_{x\to 2}2x + \lim_{x\to 2}1 = 9$

(2) $\lim_{x\to 3}\dfrac{x^2-9}{x-3} = \lim_{x\to 3}\dfrac{(x+3)(x-3)}{(x-3)} = \lim_{x\to 3}(x+3) = 6$ (단, $x \neq 3$)

이제 x가 무한대인 경우 함수에 대한 극한을 알아보자. 두 다항식의 비율로 이루어진 유리함수에 대한 극한은 분자와 분모의 다항식의 차수에 따라 다르게 나타난다. 다음과 같이 분자의 차수가 분모의 차수보다 큰 경우에는 무한극한을 가진다.

$$\begin{aligned}\lim_{x\to\infty}\frac{3x^5-2x^3+1}{4x^3+x^2+3} &= \lim_{x\to\infty}\frac{3x^5}{4x^3}\cdot\lim_{x\to\infty}\frac{1-\dfrac{2}{3x^2}+\dfrac{1}{3x^5}}{1+\dfrac{1}{4x}+\dfrac{3}{4x^3}}\\ &= \lim_{x\to\infty}\frac{3}{4}x^2\\ &= \infty\end{aligned}$$

분자와 분모의 다항식의 차수가 같으면 일정한 값으로 수렴한다.

$$\lim_{x\to\infty}\frac{5x^3-3x^2+2x}{3x^3+2x^2+3} = \lim_{x\to\infty}\frac{5x^3}{3x^3} = \frac{5}{3}$$

분자의 차수보다 분모의 차수가 크면 0으로 수렴한다.

$$\lim_{x\to\infty}\frac{2x^3-4x^2+2}{4x^5+3x^2+x} = \lim_{x\to\infty}\frac{2x^3}{4x^5} = \lim_{x\to\infty}\frac{1}{2x^2} = 0$$

[정리 2.3]

지수 및 로그함수에 대한 극한을 정리하면 다음과 같다

(i) $\lim_{x \to \infty} (1 + \frac{1}{x})^x = e = 2.71828 \cdots$

(ii) $\lim_{x \to 0} \frac{ln(1+x)}{x} = 1$

(iii) $\lim_{x \to 0} \frac{e^x - 1}{x} = 1$

(iv) $\lim_{x \to 0} \frac{a^x - 1}{x} = ln\,a, \ a > 0$

경 영 경 제 수 학

MATHEMATICAL ECONOMICS

PART 2 선형대수

제3장 선형모형과 행렬
제4장 역행렬, 행렬식과 연립방정식의 해
제5장 벡터공간, 고유값과 이차형식

경영경제수학

MATHEMATICAL ECONOMICS

제 3 장 선형모형과 행렬

3.1 선형 연립방정식
3.2 행렬

제3장 | 선형모형과 행렬

3.1 선형 연립방정식

3.1.1 대입과 소거에 의한 연립방정식의 해

다음과 같이 두 개의 식으로 이루어진 선형 연립방정식을 생각해보자.

$$2x + 3y = 14$$
$$x - y = 2$$

두 식을 동시에 만족시키는 x와 y의 해는 대입(substitution)과 소거(elimination)에 의해 쉽게 산출할 수 있다. 두 번째 식에서 $y = x - 2$이고 첫 번째 식의 y대신 $x-2$를 대입하면 $2x + 3(x-2) = 14$이 되고, $x = 4$를 얻는다. 이를 다시 두 번째 식에 대입하면 $y = 2$를 얻는다.

〈예시 3.1〉 시장균형 가격과 거래량 산출

어느 재화에 대한 시장 수요함수 q^d와 공급함수 q^s가 다음과 같다고 하자.

$$q^d = a - bp$$
$$q^s = c + dp$$

$q^d = q^s$일 때 시장균형이 이루어지기 때문에

$$a - bp = c + dp$$

시장균형가격은

$$p^* = \frac{a-c}{b+d}$$

이를 수요함수에 대입하면

$$\begin{aligned} q^* &= a - b(\frac{a-c}{b+d}) \\ &= \frac{ab+ad-ab+bc}{b+d} \\ &= \frac{ad+bc}{b+d} \end{aligned}$$

3.1.2 기본행연산에 의한 연립방정식의 해

앞에서와 같이 두 변수만 가진 선형 연립방정식의 해는 단순한 대입 방법으로 쉽게 구할 수 있으나 일반적인 선형 연립방정식의 해를 구하기 위해서는 다른 해결 방법을 필요로 한다. 기본행연산(elementary row operations)은 주어진 방정식 체계를 같은 수학적 특성과 같은 해를 가지는 다른 연립방정식으로 전환하는 것을 의미한다. 이러한 전환을 통해 해를 더욱 쉽게 구할 수 있는 단순한 형태로 만든다. 연립방정식을 전환하는 데에는 세 가지 형태의 연산작업이 이용된다.

(i) 방정식을 0이 아닌 상수로 곱함
(ii) 어느 방정식에 상수를 곱한 것을 다른 방정식에 더함
(iii) 두 방정식을 상호교환 함

〈예시 3.2〉

다음 연립방정식의 해를 구하라.

$$\begin{aligned} 3x - y + 2z &= 12 \\ x + 2y - 2z &= 0 \\ -x + y + z &= 3 \end{aligned}$$

[풀이]

1단계: 두 번째와 세 번째 식을 더하고 이것으로 세 번째 식을 대체한다.

$$\begin{aligned} 3x - y + 2z &= 12 \\ x + 2y - 2z &= 0 \\ 3y - z &= 3 \end{aligned}$$

2단계: 첫 번째와 두 번째 식을 더하고 이것으로 첫 번째 식을 대체한다.

$$\begin{aligned} 4x + y \quad &= 12 \\ x + 2y - 2z &= 0 \\ 3y - z &= 3 \end{aligned}$$

3단계: 두 번째 식에서 세 번째 식에 2를 곱한 것을 빼고 이것으로 두 번째 식을 대체한다.

$$\begin{aligned} 4x + y \quad &= 12 \\ x - 4y \quad &= -6 \\ 3y - z &= 3 \end{aligned}$$

4단계: 첫 번째 식에 4를 곱하고 두 번째 식에 더해 이것으로 첫 번째 식을 대체한다.

$$\begin{aligned} 17x \quad &= 42 \\ x - 4y \quad &= -6 \\ 3y - z &= 3 \end{aligned}$$

5단계: 첫 번째 식의 양변을 17로 나눈다.

$$\begin{aligned} x \quad &= \frac{42}{17} \\ x - 4y \quad &= -6 \\ 3y - z &= 3 \end{aligned}$$

6단계: 첫 번째 식에서 두 번째 식을 빼고 이것으로 두 번째 식을 대체한다.

$$\begin{aligned} x \quad &= \frac{42}{17} \\ 4y \quad &= \frac{144}{17} \\ 3y - z &= 3 \end{aligned}$$

7단계: 두 번째 식의 양변을 4로 나눈다.

$$\begin{aligned} x \quad &= \frac{42}{17} \\ y \quad &= \frac{36}{17} \\ 3y - z &= 3 \end{aligned}$$

8단계: 두 번째 식에 3을 곱해서 세 번째 식을 빼고 이것을 세 번째 식에 대체한다.

$$\begin{aligned} x \quad &= \frac{42}{17} \\ y \quad &= \frac{36}{17} \\ z &= \frac{57}{17} \end{aligned}$$

〈예시 3.2〉는 유일한 해를 가지는 것을 보여주고 있으나 선형방정식 해를 가지지 않거나 무수하게 많은 해를 가지는 경우도 존재한다. 다음의 〈예시 3.3〉은 무수히 많은 해를 가지는 것을 보여준다.

〈예시 3.3〉

다음 연립방정식의 해를 구하라.

$$\begin{aligned} x + y + z &= 5 \\ x - y - z &= 1 \\ 3x - y - z &= 7 \end{aligned}$$

[풀이]

1단계: 두 번째 식에 3을 곱해서 세 번째 식을 뺀 후 -2로 양변을 나눈 것으로 세 번째 식을 대체한다.

$$\begin{aligned} x + y + z &= 5 \\ x - y - z &= 1 \\ y + z &= 2 \end{aligned}$$

2단계: 첫 번째 식과 두 번째 식을 더한 다음 양변을 2로 나눈 것으로 첫 번째 식을 대체한다.

$$\begin{aligned} x &= 3 \\ x - y - z &= 1 \\ y + z &= 2 \end{aligned}$$

3단계: 첫 번째 식에서 두 번째 식을 뺀 것으로 두 번째 식을 대체한다.

$$\begin{aligned} x &= 3 \\ y + z &= 2 \\ y + z &= 2 \end{aligned}$$

3단계에서 보듯이 $y+z=2$를 만족하는 y와 z의 어느 값이든 해가 된다. 즉, $x=3$으로 유일한 해를 가지지만 연립방정식 전체적으로는 무수히 많은 해가 존재한다. 이러한 결과가 나타나는 원인은 3개의 식이 상호 독립적이지 않기 때문이다. 즉, 최초 연립방정식의 두 번째 식에 2를 곱한 것을 첫 번째 식에 더하면 세 번째 식이 되어 독립이 아니라 종속이 된다.

다음 〈예시 3.4〉는 연립방정식의 해가 존재하지 않음을 보여준다.

〈예시 3.4〉

다음 연립방정식의 해를 구하라.

$$\begin{aligned} x + y + z &= 5 \\ -x - y - z &= 1 \\ 3x - 2y \quad &= 0 \end{aligned}$$

[풀이]

두 번째 식에 -1을 곱하면

$$\begin{aligned} x + y + z &= 5 \\ x + y + z &= -1 \\ 3x - 2y \quad &= 0 \end{aligned}$$

첫 번째 식과 두 번째 식의 결과는 $5 = -1$을 의미하기 때문에 모순이 되며, 동시에 위 3개식을 만족시키는 x, y, z는 존재할 수 없다.

[정의 3.1]

선형 종속(linearly dependent)인 방정식은 일련의 선형변환에 의해 다른 선형독립인 방정식으로부터 유도될 수 있는 방정식을 말한다.

[정의 3.2]

해를 가지지 못하는 연립방정식을 일관성이 없다(inconsistent)고 한다.

[정의 3.3]

n개의 미지수를 가지고 있고 일관성이 있는 m개의 독립적인 선형 연립방정식이 $m > n$이면 과대 결정되었다(overdetermined)고 하고 $m < n$이면 과소 결정되었다(underdetermined)고 한다.

[정리 3.1]

일관성이 있고, 과소 결정된 선형연립방정식은 무수히 많은 해를 가진다.

3.1.3 행렬배열

행렬에 대해서는 다음 절에서 자세히 다루겠지만 여기에서는 행렬의 개념을 사용해서 연립방정식의 해를 구하는 기본행연산을 쉽게 나타내는 방법을 제시한다. 〈예시 3.2〉의 행렬에 계수를 첨가하여 행렬로 배열하면 다음과 같이 쓸 수 있다.

$$\begin{bmatrix} 3 & -1 & 2 & 12 \\ 1 & 2 & -2 & 0 \\ -1 & 1 & 1 & 3 \end{bmatrix}$$

행렬 배열(matrix arrays)에 대한 풀이 과정은 다음과 같다.

(i) 1단계: 3번째 행에 2번째 행을 더한다.

$$\begin{bmatrix} 3 & -1 & 2 & 12 \\ 1 & 2 & -2 & 0 \\ 0 & 3 & -1 & 3 \end{bmatrix}$$

(ii) 2단계: 1번째 행에 2번째 행을 더한다.

$$\begin{bmatrix} 4 & 1 & 0 & 12 \\ 1 & 2 & -2 & 0 \\ 0 & 3 & -1 & 3 \end{bmatrix}$$

(iii) 3단계: 2번째 행에 3번째 행에 -2를 곱해서 더한다.

$$\begin{bmatrix} 4 & 1 & 0 & 12 \\ 1 & -4 & 0 & -6 \\ 0 & 3 & -1 & 3 \end{bmatrix}$$

(iv) 4단계: 1번째 행에 2번째 행에 1/4을 곱해서 더한다.

$$\begin{bmatrix} \frac{17}{4} & 0 & 0 & \frac{42}{4} \\ 1 & -4 & 0 & -6 \\ 0 & 3 & -1 & 3 \end{bmatrix}$$

(v) 5단계: 1번째 행에 4/17를 곱한다.

$$\begin{bmatrix} 1 & 0 & 0 & \frac{42}{17} \\ 1 & -4 & 0 & -6 \\ 0 & 3 & -1 & 3 \end{bmatrix}$$

이러한 과정을 계속함으로써 다음을 얻는다. 처음 3열에 대해 대각선은 1, 비대각선은 0의 숫자를 가졌을 때 마지막 열에 있는 숫자가 연립방정식의 해가 된다. 이러한 마지막 단계의 행렬을 축약된 행 사다리꼴(reduced row-echelon form)이라 한다.

$$\begin{bmatrix} 1 & 0 & 0 & \frac{42}{17} \\ 0 & 1 & 0 & \frac{36}{17} \\ 0 & 0 & 1 & \frac{57}{17} \end{bmatrix}$$

[정리 3.2]

모든 행렬은 유일한 축약된 행 사다리꼴을 갖는다.

3.2 행렬

3.2.1 행렬의 정의

행렬은 다음과 같이 정의된다.

[정의 3.4]

행렬은 괄호로 둘러싼 숫자의 사각형 배열을 말하며 대문자로 쓴다.

행의 수와 열의 수가 행렬의 차원(dimension) 또는 차수(order)를 결정한다. 차수 $m \times n$ 행렬 A는 다음과 같이 쓸 수 있다.

$$A = \begin{bmatrix} a_{11} & a_{12} & \cdots\cdots a_{1n} \\ a_{21} & a_{22} & \cdots\cdots a_{2n} \\ \cdots\cdots & \cdots\cdots & \cdots\cdots\cdots\cdots \\ a_{m1} & a_{m2} & \cdots\cdots a_{mn} \end{bmatrix}$$

여기서 m은 행의 수, n은 열의 수를 나타낸다.

행렬의 첨자는 항상 행과 열의 순서로 읽고 행렬은 다음과 같이 간단하게 표현할 수 있다.

$$A = (a_{ij}),\ i = 1,2,\cdots,m,\ \ j = 1,2,\cdots,n$$

또는

$$A = (a_{ij})_{[m \times n]}$$

[정의 3.5]

하나의 행 또는 하나의 열로만 구성된 행렬을 벡터라고 한다.

하나의 행만 가지는 행렬을 행벡터(row vector), 하나의 열만 가지는 행렬을 열벡터(column vector)라 한다.

예를 들어, $m = 1$인 행벡터는

$$v = [v_1\ v_2\ \cdots\ v_n]$$

$n = 1$인 열벡터는

$$u = \begin{bmatrix} u_1 \\ u_2 \\ . \\ . \\ u_m \end{bmatrix}$$

벡터는 행렬의 특수한 경우로 행렬연산의 모든 규칙을 따른다. 일반적으로 행렬은 대문자로 쓰고, 벡터는 **a**, **b**와 같이 굵은 소문자로 쓴다.

[정의 3.6]

열과 행의 개수가 동일한 행렬을 정방행렬(square matrix)이라고 한다.

[정의 3.7]

주 대각선에만 0이 아닌 숫자를 가지고 나머지는 0을 가지는 정방행렬을 대각행렬(diagonal matrix)이라고 한다.

주대각선이 모두 1로 구성되어 있는 특수한 대각행렬을 항등행렬(identity matrix)이라 하며 보통 I_n(첨자 n은 차수를 나타냄)으로 나타낸다.

예를 들어, I_4는

$$I_4 = \begin{bmatrix} 1 & 0 & 0 & 0 \\ 0 & 1 & 0 & 0 \\ 0 & 0 & 1 & 0 \\ 0 & 0 & 0 & 1 \end{bmatrix}$$

[정의 3.8]

행렬의 모든 원소가 0으로 되어 있는 정방행렬을 영행렬(null matrix) 이라 한다.

예를 들어, 영행렬 O_3는

$$O_3 = \begin{bmatrix} 0 & 0 & 0 \\ 0 & 0 & 0 \\ 0 & 0 & 0 \end{bmatrix}$$

3.2.2 행렬의 기본 연산

행렬연산에 대한 규칙은 수학적 논리를 만족하는 행렬로 변환하도록 하는 것이다. 행렬연산 작업이 모든 행렬에 대해 잘 정의되지는 않으며, 행렬의 차수에 대한 기본적 조건을 만족할 필요가 있다.

1. 덧셈과 뺄셈

행렬의 덧셈과 뺄셈은 관련된 행렬들이 같은 차수를 가지는 경우에만 정의된다. 만일 행렬 $A=(a_{ij})_{[m \times n]}$이고 행렬 $B=(b_{ij})_{[m \times n]}$라면 덧셈과 뺄셈은 다음과 같다.

$$A \pm B = (a_{ij} \pm b_{ij})_{[m \times n]}$$

즉, 대응되는 각 원소들을 더하거나 빼면 된다. 예를 들어,

$$\begin{bmatrix} 1 & 2 \\ 3 & 4 \end{bmatrix} + \begin{bmatrix} 5 & 6 \\ 7 & 8 \end{bmatrix} = \begin{bmatrix} 6 & 8 \\ 10 & 12 \end{bmatrix}$$

2. 스칼라 곱

스칼라 곱은 행렬의 각 원소에 스칼라(실수)를 곱함으로써 연산이 이루어진다.

$$\lambda A = (\lambda a_{ij}), \quad \lambda \in \mathbb{R}$$

여기서 λ는 스칼라이다. 예를 들어, 행렬 A가 다음과 같으면

$$A = \begin{bmatrix} 1 & 2 \\ 3 & 4 \end{bmatrix}$$

$3A$는

$$3A = \begin{bmatrix} 3 & 6 \\ 9 & 12 \end{bmatrix}$$

3. 행렬의 곱

행렬의 곱은 같은 차수를 가지는 원소들의 덧셈과 뺄셈과는 다르다. 행렬의 곱에 대한 적절한 규칙을 알기 위해 다음의 연립방정식을 고려해보자.

$$\begin{aligned} a_{11}x_1 + a_{12}x_2 &= b_1 \\ a_{21}x_1 + a_{22}x_2 &= b_2 \end{aligned}$$

여기서 x_1, x_2는 결정되어야할 미지수이고, a_{ij}와 b_i는 알려진 상수이다. 연립방정식을 행렬 형태로 나타내기 위해 행렬을 다음과 같이 정의하자.

$$A \equiv \begin{bmatrix} a_{11} & a_{12} \\ a_{21} & a_{22} \end{bmatrix}, \quad x \equiv \begin{bmatrix} x_1 \\ x_2 \end{bmatrix}, \quad b \equiv \begin{bmatrix} b_1 \\ b_2 \end{bmatrix}$$

또한 행렬 방정식으로 나타내면 다음과 같다.

$$Ax = b$$

상기 연립방정식을 이러한 행렬 방정식으로 나타내려면 행렬 A의 첫 번째 행의 첫 원소를 열벡터 x의 첫 원소와 곱하고 행렬 A의 첫 번째 행의 두 번째 원소를 열벡터 x의 두 번째 원소와 곱해서 더해져야 하며, 행렬 A의 두 번째 행의 첫 원소를 열벡터 x의 첫 원소와 곱하고 행렬 A의 두 번째 행의 두 번째 원소를 열벡터 x의 두 번째 원소와 곱해서 더해져야 한다. 다시 말하면, 다음과 같이 되어야 한다.

$$\begin{matrix} a_{11}x_1 + a_{12}x_2 \\ a_{21}x_1 + a_{22}x_2 \end{matrix}$$

이렇게 행렬의 곱이 정의되는 경우 행렬 방정식 $Ax = b$는 다음의 연립방정식을 나타낸다.

$$\begin{aligned} Ax &= \begin{bmatrix} a_{11} & a_{12} \\ a_{21} & a_{22} \end{bmatrix} \begin{bmatrix} x_1 \\ x_2 \end{bmatrix} \\ &= \begin{bmatrix} a_{11}x_1 + a_{12}x_2 \\ a_{21}x_1 + a_{22}x_2 \end{bmatrix} = \begin{bmatrix} b_1 \\ b_2 \end{bmatrix} \end{aligned}$$

행렬의 곱은 상기 절차를 일반화한 것이다. 행렬 $A = (a_{ij})_{[m \times n]}$이고 $B = (b_{ij})_{[n \times k]}$라 하면 두 행렬의 곱 $C = (c_{ij})_{[m \times k]}$는 다음과 같이 표현된다.

$$C_{[m\times k]} = A_{[m\times n]}\,B_{[n\times k]}$$

$$c_{ij} = \sum_{l=1}^{n} a_{il} b_{lj}$$

〈예시 3.5〉

$$\begin{bmatrix}1&2\\3&4\\5&6\end{bmatrix}\begin{bmatrix}1&2\\3&4\end{bmatrix} = \begin{bmatrix}1(1)+2(3) & 1(2)+2(4)\\3(1)+4(3) & 3(2)+4(4)\\5(1)+6(3) & 5(2)+6(4)\end{bmatrix} = \begin{bmatrix}7&10\\15&22\\23&34\end{bmatrix}$$

행렬의 곱이 성립되기 위해서는 앞에 곱해지는 행렬의 열의 수와 뒤에 곱해지는 행렬의 행의 수가 같아야 한다. 즉, 행렬의 곱 $A_{[m\times n]}B_{[n\times k]}$은 행렬 A의 열의 수와 행렬 B의 행의 수가 n으로 같기 때문에 곱이 성립한다. 따라서 행렬의 곱 BA는 $m\neq k$이면 정의될 수 없다.

[정리 3.3]

행렬의 곱 AB와 BA는 행렬 A와 B가 같은 차수를 가지는 정방행렬이거나 행렬 A의 차수가 $m\times n$, B의 차수가 $n\times m$인 경우에만 정의된다.

그러나 AB와 BA가 잘 정의된다고 하더라도 일반적으로 $AB\neq BA$이다.

〈예시 3.6〉

행렬 $A=\begin{bmatrix}1&2\\3&4\end{bmatrix}$, $B=\begin{bmatrix}1&0\\1&2\end{bmatrix}$ 일 때 행렬의 곱 AB와 BA를 구하면

$$AB = \begin{bmatrix}1&2\\3&4\end{bmatrix}\begin{bmatrix}1&0\\1&2\end{bmatrix} = \begin{bmatrix}1(1)+2(1) & 1(0)+2(2)\\3(1)+4(1) & 3(0)+4(2)\end{bmatrix} = \begin{bmatrix}3&4\\7&8\end{bmatrix}$$

$$BA = \begin{bmatrix}1&0\\1&2\end{bmatrix}\begin{bmatrix}1&2\\3&4\end{bmatrix} = \begin{bmatrix}1(1)+0(3) & 1(2)+0(4)\\1(1)+2(3) & 1(2)+2(4)\end{bmatrix} = \begin{bmatrix}1&2\\7&10\end{bmatrix}$$

따라서 $AB\neq BA$.

4. 행렬연산의 법칙

덧셈과 곱셈의 행렬연산에 대해서는 다음의 법칙이 성립한다.

(i) 덧셈의 교환법칙 : $A+B=B+A$
(ii) 덧셈의 결합법칙 : $(A+B)+C=A+(B+C)$
(iii) 곱셈의 결합법칙 : $A(BC)=(AB)C$
(iv) 곱셈의 분배법칙 : $A(B+C)=AB+BC$, $(B+C)A=BA+CA$

행벡터를 열벡터의 앞에 곱하면 스칼라(두 벡터의 스칼라 곱)가 되고, 열벡터를 행벡터의 앞에 곱하면 열벡터의 열의 수와 행벡터의 행의 수로 이루어진 행렬(두 벡터의 벡터 곱)이 된다. 예를 들어, 다음의 열벡터 u와 행벡터 v에 대해

$$u=\begin{bmatrix} u_1 \\ u_2 \\ \cdot \\ \cdot \\ u_n \end{bmatrix}$$

$$v=[v_1 \ \ v_2 \ \cdots \ \ v_n]$$

두 벡터의 스칼라 곱은

$$vu=v_1u_1+v_2u_2+\ \cdots\ +v_nu_n$$

두 벡터의 곱은

$$uv=\ (c_{ij})_{[n\times n]},\ \ c_{ij}=u_iv_{j,}\ i,\ j=1,\ \cdots,\ n$$

항등행렬은 다음의 성질을 갖는다.

$$AI=IA=A$$
$$AIB=AB$$

이러한 의미에서 항등행렬은 스칼라가 1인 행렬과 같다.

영행렬은 다음의 성질을 갖는다.

$$A + 0 = A$$
$$A + (-A) = 0$$

3.2.3 행렬의 전치

[정의 3.9]

전치행렬(transpose matrix) A^T는 원래의 행렬 A에서 행과 열을 바꾼 것을 말한다.

즉, 모든 $i = 1, \cdots, n$과 $j = 1, \cdots, m$에 대하여 $a_{ji} = b_{ij}$이면 행렬 $A^T = (b_{ij})_{[n \times m]}$를 행렬 $A = (a_{ji})_{[m \times n]}$의 전치(transpose)라 한다.

〈예시 3.7〉

행렬 $A = \begin{bmatrix} 1 & 2 & 3 \\ 4 & 5 & 6 \end{bmatrix}$의 전치행렬은 $A^T = \begin{bmatrix} 1 & 4 \\ 2 & 5 \\ 3 & 6 \end{bmatrix}$

[정의 3.10]

- $A^T = A$이면 A를 대칭행렬(symmetric)이라고 한다.
- $A^T = -A$이면 A는 반대칭(anti-symmetric)이라 한다.
- $A^T A = I$이면 A는 직교(orthogonal)한다고 한다.
- $A = A^T$이고 $AA = A$이면 멱등(idempotent)이라 한다.

전치행렬의 성질은 다음과 같이 정리할 수 있다.

[정리 3.4]

전치행렬의 전치는 원래의 행렬이다.

$$(A^T)^T = A$$

〈예시 3.8〉

행렬 $A=\begin{bmatrix}1&2&3\\4&5&6\end{bmatrix}$의 $(A^T)^T$를 구하라.

[풀이]

$A^T=\begin{bmatrix}1&4\\2&5\\3&6\end{bmatrix}$ 이므로 $(A^T)^T=\begin{bmatrix}1&2&3\\4&5&6\end{bmatrix}=A$

[정리 3.5]

행렬 합의 전치는 전치행렬의 합과 같다.

$$(A+B)^T=A^T+B^T$$

〈예시 3.9〉

행렬 $A=\begin{bmatrix}1&2\\3&4\end{bmatrix}$, $B=\begin{bmatrix}1&-1\\2&3\end{bmatrix}$일 때 $(A+B)^T=A^T+B^T$임을 보여라.

[풀이]

$A^T=\begin{bmatrix}1&3\\2&4\end{bmatrix}$, $B^T=\begin{bmatrix}1&2\\-1&3\end{bmatrix}$, $A+B=\begin{bmatrix}1&2\\3&4\end{bmatrix}+\begin{bmatrix}1&-1\\2&3\end{bmatrix}=\begin{bmatrix}2&1\\5&7\end{bmatrix}$

따라서 $(A+B)^T=\begin{bmatrix}2&5\\1&7\end{bmatrix}$

그러나 $A^T+B^T=\begin{bmatrix}1&3\\2&4\end{bmatrix}+\begin{bmatrix}1&2\\-1&3\end{bmatrix}=\begin{bmatrix}2&5\\1&7\end{bmatrix}=(A+B)^T$

[정리 3.6]

행렬 곱의 전치는 순서가 바뀐 전치행렬의 곱과 같다.

$$(AB)^T=B^TA^T$$

정리 3.6을 확장하면 $(ABC)^T$를 다음과 같이 나타낼 수 있다.

$$(ABC)^T=C^T(AB)^T=C^TB^TA^T$$

〈예시 3.10〉

행렬 $A=\begin{bmatrix}1&0&1\\0&0&1\end{bmatrix}$, $B=\begin{bmatrix}1&2\\3&4\\5&6\end{bmatrix}$일 때 $(AB)^T=B^TA^T$임을 보여라.

[풀이]

$$A^T=\begin{bmatrix}1&0\\0&0\\1&1\end{bmatrix},\ B^T=\begin{bmatrix}1&3&5\\2&4&6\end{bmatrix}$$

$$\begin{aligned}AB&=\begin{bmatrix}1(1)+0(3)+1(5)&1(2)+0(4)+1(6)\\0(1)+0(3)+1(5)&0(2)+0(4)+1(6)\end{bmatrix}\\&=\begin{bmatrix}6&8\\5&6\end{bmatrix}\end{aligned}$$

따라서 $(AB)^T=\begin{bmatrix}6&5\\8&6\end{bmatrix}$

그러나 $B^TA^T=\begin{bmatrix}1&3&5\\2&4&6\end{bmatrix}\begin{bmatrix}1&0\\0&0\\1&1\end{bmatrix}$

$$\begin{aligned}&=\begin{bmatrix}1(1)+3(0)+5(1)&1(0)+3(0)+5(1)\\2(1)+4(0)+6(1)&2(0)+4(0)+6(1)\end{bmatrix}\\&=\begin{bmatrix}6&5\\8&6\end{bmatrix}=(AB)^T\end{aligned}$$

경 영 경 제 수 학

MATHEMATICAL ECONOMICS

제 4 장 역행렬, 행렬식과 연립방정식의 해

4.1 역행렬

4.2 3×3 행렬의 행렬식과 역행렬

4.3 $n \times n$ 행렬의 행렬식과 역행렬

4.4 크래머의 규칙

제4장 | 역행렬, 행렬식과 연립방정식의 해

4.1 역행렬

4.1.1 역행렬의 정의

숫자 3의 역(inverse)은 1/3 또는 3^{-1}으로 쓰는데 역수란 어느 숫자와 그것의 역수를 곱하면 1이 되도록 하는 성질을 의미한다.

$$3(\frac{1}{3}) = 1$$

이러한 사실은 역행렬에 대해서도 동일하게 적용된다.

[정의 4.1]

n차원의 정방행렬 A의 역행렬(inverse matrix) A^{-1}는 다음 조건을 만족하는 행렬을 말한다.

$$AA^{-1} = A^{-1}A = I_n$$

역행렬 A^{-1}은 정방행렬에 대해서만 정의된다는 점에 주의해야 한다. 그러나 모든 정방행렬이 역행렬을 가지는 것은 아니다.

[정의 4.2]

역행렬 A^{-1}가 존재하지 않는 행렬 A를 특이행렬(singular matrix)이라 하고, 역행렬 A^{-1}이 존재하는 행렬 A를 비특이행렬 또는 정칙행렬(nonsingular matrix)이라고 한다.

4.1.2 2×2 행렬의 역행렬 구하기

2×2 행렬 A의 역행렬 A^{-1}가 존재하고 행렬 A와 그것의 역행렬 A^{-1}이 다음과 같이 주어졌다고 하자.

$$A = \begin{bmatrix} a_{11} & a_{12} \\ a_{21} & a_{22} \end{bmatrix}$$
$$A^{-1} = \begin{bmatrix} \gamma_{11} & \gamma_{12} \\ \gamma_{21} & \gamma_{22} \end{bmatrix}$$

이 경우 역행렬의 정의에 의해 다음이 성립한다.

$$\begin{bmatrix} a_{11} & a_{12} \\ a_{21} & a_{22} \end{bmatrix}\begin{bmatrix} \gamma_{11} & \gamma_{12} \\ \gamma_{21} & \gamma_{22} \end{bmatrix} = \begin{bmatrix} 1 & 0 \\ 0 & 1 \end{bmatrix}$$

이제 주어진 A의 원소 a_{11}, a_{12}, a_{21}, a_{22}로부터 A^{-1}의 모르는 원소 γ_{11}, γ_{12}, γ_{21}, γ_{22}를 구해보자. 먼저 γ_{11}과 γ_{21}은 다음으로부터 얻을 수 있다.

$$\begin{bmatrix} a_{11} & a_{12} \\ a_{21} & a_{22} \end{bmatrix}\begin{bmatrix} \gamma_{11} \\ \gamma_{21} \end{bmatrix} = \begin{bmatrix} 1 \\ 0 \end{bmatrix}$$

상기 행렬을 두 개의 연립방정식 체계로 쓰면

$$\begin{aligned} a_{11}\gamma_{11} + a_{12}\gamma_{21} &= 1 \\ a_{21}\gamma_{11} + a_{22}\gamma_{21} &= 0 \end{aligned}$$

첫 번째 식에서

$$\gamma_{11} = \frac{1 - a_{12}\gamma_{21}}{a_{11}}$$

위 결과를 두 번째 식에 대입해서 정리하면

$$\gamma_{21} = \frac{-a_{21}}{a_{22}a_{11} - a_{21}a_{12}}$$

이것을 γ_{11} 식에 대입하면

$$\gamma_{11} = \frac{a_{22}}{a_{22}a_{11} - a_{21}a_{12}}$$

γ_{12}과 γ_{22}는 다음으로부터 얻을 수 있다.

$$\begin{bmatrix} a_{11} & a_{12} \\ a_{21} & a_{22} \end{bmatrix} \begin{bmatrix} \gamma_{12} \\ \gamma_{22} \end{bmatrix} = \begin{bmatrix} 0 \\ 1 \end{bmatrix}$$

동일한 방법으로 γ_{12}와 γ_{22}의 해는 다음과 같이 구해진다.

$$\gamma_{12} = \frac{-a_{12}}{a_{22}a_{11} - a_{21}a_{12}}$$

$$\gamma_{22} = \frac{a_{11}}{a_{22}a_{11} - a_{21}a_{12}}$$

위와 같이 구한 A^{-1}의 원소들을 하나로 정리하면 역행렬 A^{-1}는

$$A^{-1} = \frac{1}{(a_{22}a_{11} - a_{21}a_{12})} \begin{bmatrix} a_{22} & -a_{12} \\ -a_{21} & a_{11} \end{bmatrix}$$

따라서 역행렬 A^{-1}의 각 원소는 행렬 A의 원소들의 함수로 A^{-1}가 존재하려면 $a_{22}a_{11} - a_{21}a_{12} \neq 0$이어야 한다. 이렇게 구한 역행렬이 맞는지를 검증하려면 곱이 항등행렬이 되는지를 확인하면 된다.

$$AA^{-1} = A^{-1}A = I_2$$

4.1.3 2×2 행렬의 행렬식과 행렬식의 특성

[정의 4.3]

$a_{22}a_{11}-a_{21}a_{12}$를 2×2행렬 A의 행렬식(determinant)이라하며 $|A|$ 또는 $det\ A$로 나타낸다.

만일 $|A|=0$이면 A^{-1}가 존재하지 않기 때문에 A는 특이행렬이며, $|A|\neq 0$이면 A는 정칙행렬이다. 행렬식으로 표현된 $a_{22}a_{11}-a_{21}a_{12}$는 A^{-1}의 각 원소에 대한 분모를 형성한다. A^{-1}의 각 원소의 분자는 다음과 같은 절차로 얻는다.

(i) 1단계: A의 각 원소에 대해 그 원소를 포함하는 행과 열을 제거하고 남은 원소를 이용하되 행과 열을 더한 값이 짝수면 + 부호, 홀수면 − 부호를 붙인다.

$$\begin{bmatrix} a_{22} & -a_{21} \\ -a_{12} & a_{11} \end{bmatrix}$$

(ii) 2단계: 1단계에서 얻은 행렬을 전치한다.

$$\begin{bmatrix} a_{22} & -a_{12} \\ -a_{21} & a_{11} \end{bmatrix}$$

〈예시 4.1〉

행렬 $A=\begin{bmatrix}1\ 2\\3\ 4\end{bmatrix}$의 A^{-1}를 구하라.

[풀이]

$|A|=1(4)-2(3)=-2$

$$\begin{bmatrix} a_{22} & -a_{12} \\ -a_{21} & a_{11} \end{bmatrix}=\begin{bmatrix} 4 & -2 \\ -3 & 1 \end{bmatrix}$$

따라서 $A^{-1}=\dfrac{1}{-2}\begin{bmatrix} 4 & -2 \\ -3 & 1 \end{bmatrix}=\begin{bmatrix} -2 & 1 \\ \dfrac{3}{2} & -\dfrac{1}{2} \end{bmatrix}$

역행렬이 맞는지 검증: $AA^{-1}=\begin{bmatrix}1\ 2\\3\ 4\end{bmatrix}\begin{bmatrix} -2 & 1 \\ \dfrac{3}{2} & -\dfrac{1}{2} \end{bmatrix}=\begin{bmatrix}1\ 0\\0\ 1\end{bmatrix}=I_2$

[정리 4.1]

행렬 A의 전치행렬 A^T의 행렬식은 A의 행렬식과 같다. 이는 A가 대칭행렬이 아닌 경우에도 성립한다.

〈예시 4.2〉

행렬 $A = \begin{bmatrix} 1 & 2 \\ 3 & 4 \end{bmatrix}$일 때 A와 A^T의 행렬식이 같음을 보여라.

[풀이]

$A^T = \begin{bmatrix} 1 & 3 \\ 2 & 4 \end{bmatrix}$

$|A^T| = 1(4) - 2(3) = -2$로 $|A|$와 같다.

[정리 4.2]

만일 행렬 C가 행렬 A의 행 또는 열을 상호교환해서 얻어진 행렬이라면 $|C| = -|A|$ 이다.

〈예시 4.3〉

행렬 $A = \begin{bmatrix} 1 & 2 \\ 3 & 4 \end{bmatrix}$ 일 때 정리 4.2가 성립함을 보여라.

[풀이]

(1) C가 A의 행을 상호교환해서 얻어진 행렬일 때

$C = \begin{bmatrix} 3 & 4 \\ 1 & 2 \end{bmatrix}$, 따라서 $|C| = 3(2) - 4(1) = 2 = -|A|$

(2) C가 A의 열을 상호교환해서 얻어진 행렬일 때

$C = \begin{bmatrix} 2 & 1 \\ 4 & 3 \end{bmatrix}$, 따라서 $|C| = 2(3) - 1(4) = 2 = -|A|$

[정리 4.3]

만일 행렬이 두 개의 행 또는 열이 같은 숫자를 가질 때 그것의 행렬식은 0이다.

〈예시 4.4〉

행렬 $A = \begin{bmatrix} 1 & 3 \\ 1 & 3 \end{bmatrix}$, $B = \begin{bmatrix} 1 & 1 \\ 3 & 3 \end{bmatrix}$일 때 정리 4.3가 성립함을 보여라.

[풀이]

$|A| = 1(3) - 3(1) = 0, \quad |B| = 1(3) - 1(3) = 0$

[정리 4.4]

만일 행렬 A의 두 행 중의 하나가 다른 행의 배수이거나 두 열 중의 하나가 다른 열의 배수일 때 $|A| = 0$이다.

〈예시 4.5〉

행렬 $A = \begin{bmatrix} 1 & 4 \\ 2 & 8 \end{bmatrix}$, $B = \begin{bmatrix} 1 & 2 \\ 3 & 6 \end{bmatrix}$일 때 정리 4.4가 성립함을 보여라.

[풀이]

$|A| = 1(8) - 4(2) = 0, \quad |B| = 1(6) - 2(3) = 0$

[정리 4.5]

행렬의 어느 행에 스칼라 λ를 곱하면 행렬식은 λ배수가 되고, $n \times n$ 행렬의 모든 원소에 스칼라 λ를 곱하면 행렬식은 λ^n배수가 된다.

〈예시 4.6〉

행렬 $A = \begin{bmatrix} 1 & 2 \\ 3 & 4 \end{bmatrix}$일 때 정리 4.5가 성립함을 보여라.

[풀이]

(1) A의 첫 행에 스칼라 λ를 곱했을 때

$$B = \begin{bmatrix} \lambda & 2\lambda \\ 3 & 4 \end{bmatrix} \Rightarrow |B| = \lambda(4) - 2\lambda(3) = -2\lambda = \lambda|A|$$

(2) A의 모든 원소에 스칼라 λ를 곱했을 때

$$C = \begin{bmatrix} \lambda & 2\lambda \\ 3\lambda & 4\lambda \end{bmatrix} \Rightarrow |C| = \lambda(4\lambda) - 2\lambda(3\lambda) = -2\lambda^2 = \lambda^2|A|$$

[정리 4.6]

같은 차수를 가진 두 개의 정방행렬 A와 B를 곱한 것의 행렬식은 각 행렬식의 곱과 같다. $|AB| = |A||B|$

〈예시 4.7〉

행렬 $A = \begin{bmatrix} 1 & 2 \\ 3 & 4 \end{bmatrix}$, $B = \begin{bmatrix} 5 & 6 \\ 7 & 8 \end{bmatrix}$라 할 때 정리 4.6가 성립함을 보여라.

[풀이]

$$AB = \begin{bmatrix} 1 & 2 \\ 3 & 4 \end{bmatrix}\begin{bmatrix} 5 & 6 \\ 7 & 8 \end{bmatrix} = \begin{bmatrix} 1(5)+2(7) & 1(6)+2(8) \\ 3(5)+4(7) & 3(6)+4(8) \end{bmatrix} = \begin{bmatrix} 19 & 22 \\ 43 & 50 \end{bmatrix}$$

$|A| = -2$, $|B| = -2$, $|AB| = 4$

따라서 $|AB| = |A||B|$

4.2 3×3 행렬의 행렬식과 역행렬

4.1절에서는 차수가 2×2인 행렬에 대한 행렬식을 구했다. 여기에서는 3×3 행렬의 행렬식을 계산하는 절차에 대해 살펴보고, 다음 절에서는 $n\times n$인 정방행렬의 행렬식을 구하는 과정을 설명할 것이다.

임의의 3×3 행렬 A의 행렬식은 A의 모든 원소의 가능한 곱으로 구성되는데 3×3 행렬의 곱의 개수는 3! 즉, 6개의 곱으로 구성된다. 행렬 A의 원소가 다음과 같을 때

$$A = \begin{bmatrix} a_{11} & a_{12} & a_{13} \\ a_{21} & a_{22} & a_{23} \\ a_{31} & a_{32} & a_{33} \end{bmatrix}$$

우측 대각선 방향으로 3개의 곱과 좌측 대각선 방향으로 3개의 곱을 합해서 총 6개의 곱이 얻어진다.

① $a_{11}a_{22}a_{33}$ ② $a_{12}a_{23}a_{31}$ ③ $a_{13}a_{21}a_{32}$

④ $a_{13}a_{22}a_{31}$ ⑤ $a_{11}a_{23}a_{32}$ ⑥ $a_{12}a_{21}a_{33}$

우측 대각선 방향의 곱에는 양(+)의 부호, 좌측 대각선 방향의 곱에는 음(−)의 부호를 붙여서 더하면 3×3 행렬 A의 행렬식을 구할 수 있다.

$$|A| = a_{11}a_{22}a_{33} + a_{12}a_{23}a_{31} + a_{13}a_{21}a_{32} - a_{13}a_{22}a_{31} - a_{11}a_{23}a_{32} - a_{12}a_{21}a_{33}$$

이제 2×2 행렬의 행렬식을 계산하는 방법을 확장하여 3×3 행렬 A의 행렬식을 구하는 절차에 대해 알아보자.

(i) 1단계: 행렬 A의 i번째 행과 j번째 열을 소거하고 얻어진 2×2 하위행렬(submatrix)의 행렬식을 소행렬식(minor) M_{ij}라고 하자. 예를 들어,

$$M_{11} = \begin{vmatrix} a_{22} & a_{23} \\ a_{32} & a_{33} \end{vmatrix} = a_{22}a_{33} - a_{23}a_{32}$$

$$M_{23} = \begin{vmatrix} a_{11} & a_{12} \\ a_{31} & a_{32} \end{vmatrix} = a_{11}a_{32} - a_{12}a_{31}$$

(ii) 2단계: 소행렬식에 부호를 붙여 여인수(cofactor) C_{ij}를 다음과 같이 정의한다.

$$C_{ij} = (-1)^{i+j}M_{ij}, \quad i = 1,2,3; \; j = 1,2,3$$

$i+j$가 짝수면 M_{ij}의 부호가 변하지 않고, $i+j$가 홀수면 M_{ij}의 부호가 바뀐다.

(iii) 3단계: A의 행렬식을 구하기 위해서는 A의 어느 행이나 열에 각 원소와 그것의 여인수를 곱한 다음 이들을 더하면 된다. 이를 여인수 전개(cofactor expansion)라 한다. 3×3 행렬 A의 첫 번째 행으로 여인수 전개를 하면

$$
\begin{aligned}
|A| &= a_{11}C_{11} + a_{12}C_{12} + a_{13}C_{13} \\
&= a_{11}\begin{vmatrix} a_{22} & a_{23} \\ a_{32} & a_{33} \end{vmatrix} - a_{12}\begin{vmatrix} a_{21} & a_{23} \\ a_{31} & a_{33} \end{vmatrix} + a_{13}\begin{vmatrix} a_{21} & a_{22} \\ a_{31} & a_{32} \end{vmatrix} \\
&= a_{11}a_{22}a_{33} - a_{11}a_{23}a_{32} - a_{12}a_{21}a_{33} \\
&\quad + a_{12}a_{23}a_{31} + a_{13}a_{21}a_{32} - a_{13}a_{22}a_{31} \\
&= a_{11}a_{22}a_{33} + a_{12}a_{23}a_{31} + a_{13}a_{21}a_{32} \\
&\quad - a_{11}a_{23}a_{32} - a_{12}a_{21}a_{33} - a_{13}a_{22}a_{31}
\end{aligned}
$$

동일하게 두 번째 열로 여인수 전개를 하면

$$
\begin{aligned}
|A| &= a_{12}C_{12} + a_{22}C_{22} + a_{32}C_{32} \\
&= -a_{12}\begin{vmatrix} a_{21} & a_{23} \\ a_{31} & a_{33} \end{vmatrix} + a_{22}\begin{vmatrix} a_{11} & a_{13} \\ a_{31} & a_{33} \end{vmatrix} - a_{32}\begin{vmatrix} a_{11} & a_{13} \\ a_{21} & a_{23} \end{vmatrix} \\
&= -a_{12}a_{21}a_{33} + a_{12}a_{23}a_{31} + a_{22}a_{11}a_{33} \\
&\quad - a_{22}a_{13}a_{31} - a_{32}a_{11}a_{23} + a_{32}a_{13}a_{21} \\
&= a_{11}a_{22}a_{33} + a_{12}a_{23}a_{31} + a_{13}a_{21}a_{32} \\
&\quad - a_{11}a_{23}a_{32} - a_{12}a_{21}a_{33} - a_{13}a_{22}a_{31}
\end{aligned}
$$

어느 행이나 열로 여인수 전개를 하든 동일한 행렬식 $|A|$를 얻을 수 있다.

따라서 3×3 행렬 A의 역행렬을 구하는 절차는 다음과 같다.

(i) 1단계: A의 원소 a_{ij}에 상응하는 여인수 C_{ij}, $i=1,2,3; j=1,2,3$를 구해서 각 원소 a_{ij}에 상응하는 여인수 C_{ij}로 대체한 행렬을 구성한다.

$$
\begin{bmatrix} C_{11} & C_{12} & C_{13} \\ C_{21} & C_{22} & C_{23} \\ C_{31} & C_{32} & C_{33} \end{bmatrix}
$$

(ii) 2단계: A의 행렬식 $|A|$를 구한다.

(iii) 3단계: 1단계에서 구한 행렬을 전치하여 A의 수반행렬(adjoint matrix) $adj(A)$이라 부르는 행렬을 구한다.

$$adj(A) = \begin{bmatrix} C_{11} & C_{21} & C_{31} \\ C_{12} & C_{22} & C_{32} \\ C_{13} & C_{23} & C_{33} \end{bmatrix}$$

(iv) 4단계: 수반행렬 $adj(A)$의 각 원소를 $|A|$로 나누어 역행렬 A^{-1}을 구한다.

$$A^{-1} = \frac{1}{|A|}\begin{bmatrix} C_{11} & C_{21} & C_{31} \\ C_{12} & C_{22} & C_{32} \\ C_{13} & C_{23} & C_{33} \end{bmatrix}$$

〈예시 4.8〉

행렬 $A = \begin{bmatrix} 1 & -1 & 3 \\ 2 & 4 & 0 \\ -3 & 2 & 1 \end{bmatrix}$의 역행렬을 구하라.

[풀이]

$$\begin{aligned} |A| &= (1)(4)(1)+(-1)(0)(-3)+3(2)(2)-(3)(4)(-3)-(-1)(2)(1)-(1)(0)(2) \\ &= 4+12+36+2 = 54 \end{aligned}$$

$$adj(A) = \begin{bmatrix} 4 & 7 & -12 \\ -2 & 10 & 6 \\ 16 & 1 & 6 \end{bmatrix}$$

따라서 $A^{-1} = \frac{1}{54}\begin{bmatrix} 4 & 7 & -12 \\ -2 & 10 & 6 \\ 16 & 1 & 6 \end{bmatrix} = \begin{bmatrix} \frac{2}{27} & \frac{7}{54} & -\frac{2}{9} \\ -\frac{1}{27} & \frac{5}{27} & \frac{1}{9} \\ \frac{8}{27} & \frac{1}{54} & \frac{1}{9} \end{bmatrix}$

A^{-1}이 $AA^{-1} = I$를 만족함을 다음과 같이 증명할 수 있다.

$$AA^{-1} = \begin{bmatrix} 1 & -1 & 3 \\ 2 & 4 & 0 \\ -3 & 2 & 1 \end{bmatrix}\begin{bmatrix} \frac{2}{27} & \frac{7}{54} & -\frac{2}{9} \\ -\frac{1}{27} & \frac{5}{27} & \frac{1}{9} \\ \frac{8}{27} & \frac{1}{54} & \frac{1}{9} \end{bmatrix}$$

$$= \begin{bmatrix} \frac{2}{27}+\frac{1}{27}+\frac{24}{27} & \frac{7}{54}-\frac{5}{27}+\frac{3}{54} & -\frac{2}{9}-\frac{1}{9}+\frac{3}{9} \\ \frac{4}{27}-\frac{4}{27} & \frac{14}{54}+\frac{20}{27} & -\frac{4}{9}+\frac{4}{9} \\ -\frac{6}{27}-\frac{2}{27}+\frac{8}{27} & -\frac{21}{54}+\frac{10}{27}+\frac{1}{54} & \frac{6}{9}+\frac{2}{9}+\frac{1}{9} \end{bmatrix}$$

$$= \begin{bmatrix} 1 & 0 & 0 \\ 0 & 1 & 0 \\ 0 & 0 & 1 \end{bmatrix}$$

4.3 $n \times n$ 행렬의 행렬식과 역행렬

3×3 행렬의 역행렬을 구했던 것과 같은 절차로 $n \times n$ 행렬의 역행렬을 얻을 수 있다. 다만 여인수를 얻는 과정이 복잡하게 된다. 예를 들어, 다음과 같은 4×4행렬이 주어졌다고 하자.

$$A = \begin{bmatrix} a_{11} & a_{12} & a_{13} & a_{14} \\ a_{21} & a_{22} & a_{23} & a_{24} \\ a_{31} & a_{32} & a_{33} & a_{34} \\ a_{41} & a_{42} & a_{43} & a_{44} \end{bmatrix}$$

M_{23}와 같은 임의의 소행렬식을 얻는 데에는 다음과 같이 3×3 행렬의 행렬식을 구하는 것을 포함하게 된다.

$$M_{23} = \begin{vmatrix} a_{11} & a_{12} & a_{14} \\ a_{31} & a_{32} & a_{34} \\ a_{41} & a_{42} & a_{44} \end{vmatrix}$$

3×3 행렬의 행렬식을 구하기 위해서는 4.2절에서 제시된 것과 같이 소행렬식과 여인수를 구하는 절차와 여인수 전개를 이용하면 된다.

$n \times n$ 행렬의 경우 여인수를 구하는 것은 여인수들을 계속적으로 대체하여 2×2 행렬들의 행렬식을 포함하는 표현으로 축약하는 과정을 포함하게 되며, 이러한 과정은 매우 복잡하다. 4.4절에서는 수반행렬과 행렬식을 산출하지 않고 역함수를 구하는 방법에 대해 설명하겠지만 여기에서는 여인수와 수반행렬에 대한 일반적 정의에 대해서만 설명할 것이다.

[정의 4.4]

임의의 원소 a_{ij}를 가지는 $n \times n$ 행렬 A에 대해 a_{ij}의 여인수는 $(-1)^{i+j}$를 곱한 그 원소의 소행렬식이다.

$$C_{ij} = (-1)^{i+j} M_{ij,} \;\; i,j = 1,2,....,n$$

[정리 4.7]

$n \times n$ 행렬 A의 행렬식은 임의의 행 또는 열을 따라 각 원소 a_{ij}와 그것에 해당하는 여인수를 곱해서 구해진다. 임의의 하나의 열 $j = 1,2,...,n$에 대해

$$|A| = \sum_{i=1}^{n} a_{ij} C_{ij}$$

또는 임의의 하나의 행 $i = 1,2,...,n$에 대해

$$|A| = \sum_{j=1}^{n} a_{ij} C_{ij}$$

[정의 4.5]

$n \times n$행렬 A의 수반행렬 $adj(A)$는 A의 여인수 행렬의 전치이다.

[정리 4.8]

$n \times n$행렬 A의 역행렬은 $adj(A)$를 A의 행렬식으로 나눈 것이다.

$$A^{-1} = \frac{1}{|A|} adj(A)$$

역행렬의 중요한 성질은 다음과 같이 요약할 수 있다.

(i) 역행렬의 역은 원래의 행렬이 된다.

$$(A^{-1})^{-1} = A$$

역행렬의 정의에 의해

$$(A^{-1})(A^{-1})^{-1} = I$$

양변에 행렬 A를 앞에 곱하면

$$AA^{-1}(A^{-1})^{-1} = AI$$
$$I(A^{-1})^{-1} = A$$
$$(A^{-1})^{-1} = A$$

(ii) 행렬 A와 B가 같은 차수를 가지고 각각 A^{-1}과 B^{-1}의 역행렬을 가질 때

$$(AB)^{-1} = B^{-1}A^{-1}$$

$B^{-1}A^{-1}$의 뒤에 AB를 곱하면

$$B^{-1}A^{-1}AB = B^{-1}IB = B^{-1}B = I$$

따라서 $B^{-1}A^{-1} = (AB)^{-1}$이다.

(iii) 역행렬의 역은 다시 원 행렬이 된다.

$$(A^{-1})^{-1} = A$$

역행렬의 정의에 의해

$$(A^{-1})(A^{-1})^{-1} = I$$

양변에 행렬 A를 앞에 곱하면

$$AA^{-1}(A^{-1})^{-1} = AI$$
$$I(A^{-1})^{-1} = A$$
$$(A^{-1})^{-1} = A$$

(iv) 전치행렬의 역은 역행렬의 전치와 같다.

$$(A^{T})^{-1} = (A^{T})^{-1}$$

$AA^{-1} = I$에 대해 전치행렬을 구하면

$$(A^{-1})^{T}A^{T} = I$$

양변에 $(A^T)^{-1}$를 뒤에 곱하면

$$(A^{-1})^T A^T (A^T)^{-1} = I(A^T)^{-1}$$
$$(A^{-1})^T I = (A^T)^{-1}$$
$$(A^{-1})^T = (A^T)^{-1}$$

(v) 역행렬의 행렬식은 1을 원 행렬의 행렬식으로 나눈 것과 같다.

$$|A^{-1}| = \frac{1}{|A|}$$

역행렬의 정의로부터

$$AA^{-1} = I$$

양변에 행렬식을 구하면 정리 4.6에 의해

$$|A||A^{-1}| = |I|$$

$|I| = 1$이기 때문에

$$|A||A^{-1}| = 1$$
$$\Rightarrow |A^{-1}| = \frac{1}{|A|}$$

(vi) 주 대각선에 원소 a_{ii}, $i = 1, 2, \ldots n$를 가지는 대각행렬 A의 역은 대각원소로 $1/a_{ii}$를 가지는 대각행렬이 된다. 다시 말하면 만일 A가 다음과 같으면

$$A = \begin{bmatrix} a_{11} & & \\ & \cdot & \\ & & \cdot \\ & & a_{nn} \end{bmatrix}, \quad A^{-1} = \begin{bmatrix} 1/a_{11} & & \\ & \cdot & \\ & & \cdot \\ & & 1/a_{nn} \end{bmatrix}$$

따라서 다음이 성립한다.

$$AA^{-1} = \begin{bmatrix} a_{11} & & \\ & \cdot & \\ & & \cdot \\ & & a_{nn} \end{bmatrix} \cdot \begin{bmatrix} 1/a_{11} & & \\ & \cdot & \\ & & \cdot \\ & & 1/a_{nn} \end{bmatrix} = I_n$$

4.4 크래머의 규칙

이 절에서는 역행렬 방식과는 다른 방법으로 n개의 연립방정식에 대한 미지수 n개를 찾는 크래머의 규칙(Cramer's rule)에 대해 설명한다. 다음의 연립방정식에 대해

$$\begin{aligned} a_{11}x_1 &+ a_{12}x_2 + \ldots + a_{1n}x_n = b_1 \\ a_{21}x_1 &+ a_{22}x_2 + \ldots + a_{2n}x_n = b_2 \\ &\cdots\cdots\cdots\cdots\cdots\cdots\cdots\cdots \\ a_{n1}x_1 &+ a_{n2}x_2 + \ldots + a_{nn}x_n = b_n \end{aligned}$$

행렬 형태로 나타내면

$$Ax = b$$

여기서 A는 차수 n의 정방행렬, x는 n개의 미지수를 가진 $n \times 1$ 열벡터, b는 알려진 n개의 상수를 가진 $n \times 1$ 열벡터이다. 즉,

$$A = \begin{bmatrix} a_{11} & a_{12} & \cdots\cdots a_{1n} \\ a_{21} & a_{22} & \cdots\cdots a_{2n} \\ \cdots & \cdots & \cdots\cdots\cdots \\ a_{n1} & a_{n2} & \cdots\cdots a_{nn} \end{bmatrix}, \quad x = \begin{bmatrix} x_1 \\ x_2 \\ \cdot \\ \cdot \\ x_n \end{bmatrix}, \quad b = \begin{bmatrix} b_1 \\ b_2 \\ \cdot \\ \cdot \\ b_n \end{bmatrix}$$

$Ax = b$의 양변에 A^{-1}를 앞에 곱함으로써 x에 대한 해는 다음과 같이 주어진다.

$$x = A^{-1}b$$

다시 말하면 C_{ij}, $i = 1, 2, \ldots, n$, $j = 1, 2, \ldots, n$가 관련 여인수라 하면

$$\begin{bmatrix} x_1 \\ \cdot \\ \cdot \\ x_n \end{bmatrix} = \frac{1}{|A|} \begin{bmatrix} C_{11} & C_{21} & \ldots & C_{n1} \\ \cdot & \cdot & \cdot & \cdot \\ \cdot & \cdot & \cdot & \cdot \\ C_{1n} & C_{2n} & \ldots & C_{nn} \end{bmatrix} \begin{bmatrix} b_1 \\ \cdot \\ \cdot \\ b_n \end{bmatrix}$$

위 결과로부터 x_1은

$$x_1 = \frac{1}{|A|}(b_1C_{11} + b_2C_{21} + \dots + b_nC_{n1})$$

그러나 괄호 안은 행렬 A의 첫 열을 열벡터 b로 대체한 행렬의 행렬식과 같다.

$$b_1C_{11} + b_2C_{21} + \dots + b_nC_{n1} = \begin{vmatrix} b_1 & a_{12} & \dots & a_{1n} \\ b_2 & a_{22} & \dots & a_{2n} \\ \cdot & \cdot & \cdot & \cdot \\ \cdot & \cdot & & \cdot\,\cdot \\ b_n & a_{n2} & \dots & a_{nn} \end{vmatrix}$$

마찬가지로 x_2는 행렬 A의 두 번째 열을 열벡터 b로 대체한 행렬의 행렬식을 $|A|$로 나눈 것과 같다. 일반적으로 x_j는 A의 j번째 열을 열벡터 b로 대체한 행렬의 행렬식을 $|A|$로 나누어 산출한다.

〈예시 4.9〉

크래머의 규칙을 이용하여 다음 연립방정식의 해를 구하시오.

$$\begin{aligned} 2x_1 + 3x_2 &= 12 \\ 4x_1 - \ x_2 &= 10 \end{aligned}$$

[풀이]

$$A = \begin{bmatrix} 2 & 3 \\ 4 & -1 \end{bmatrix}, \quad x = \begin{bmatrix} x_1 \\ x_2 \end{bmatrix}, \quad b = \begin{bmatrix} 12 \\ 10 \end{bmatrix}$$

$$|A| = 2(-1) - 3(4) = -14$$

$$x_1 = \frac{1}{|A|}\begin{vmatrix} 12 & 3 \\ 10 & -1 \end{vmatrix} = \frac{-42}{-14} = 3, \ x_2 = \frac{1}{|A|}\begin{vmatrix} 2 & 12 \\ 4 & 10 \end{vmatrix} = \frac{-28}{-14} = 2$$

〈예시 4.10〉 **일반시장균형**(general market equilibrium)

3개의 재화 시장에서 각 재화의 수요와 공급이 다음과 같을 때 시장균형 가격은 얼마인가?

$$\begin{cases} D_1 = \quad 5 - 2p_1 + p_2 + p_3 \\ S_1 = -4 + 3p_1 + 2p_2 \end{cases}$$

$$\begin{cases} D_2 = 6 + 2p_1 - 3p_2 + p_3 \\ S_2 = 3 \qquad\; + 2p_2 \end{cases}$$

$$\begin{cases} D_3 = 20 + p_1 + 2p_2 - 4p_3 \\ S_3 = \;\; 3 \qquad + \; p_2 + 3p_3 \end{cases}$$

단, P_i는 재화 i의 가격, $i=1,2,3$.

[풀이]

균형조건은 $D_i = S_i, i=1,2,3$ 이므로

$$\begin{cases} 5p_1 + \; p_2 - \; p_3 = 9 \\ -2p_1 + 5p_2 - \; p_3 = 3 \\ -p_1 - \; p_2 + 7p_3 = 17 \end{cases}$$

$$A = \begin{bmatrix} 5 & 1 & -1 \\ -2 & 5 & -1 \\ -1 & -1 & 7 \end{bmatrix}, \qquad |A| = \begin{vmatrix} 5 & 1 & -1 \\ -2 & 5 & -1 \\ -1 & -1 & 7 \end{vmatrix} = 178$$

크래머의 규칙을 사용해서

$$P_1 = \frac{1}{|A|}\begin{vmatrix} 9 & 1 & -1 \\ 3 & 5 & -1 \\ 17 & -1 & 7 \end{vmatrix} = \frac{356}{178} = 2$$

$$P_2 = \frac{1}{|A|}\begin{vmatrix} 5 & 9 & -1 \\ -2 & 3 & -1 \\ -1 & 17 & 7 \end{vmatrix} = \frac{356}{178} = 2$$

$$P_3 = \frac{1}{|A|}\begin{vmatrix} 5 & 1 & 9 \\ -2 & 5 & 3 \\ -1 & -1 & 17 \end{vmatrix} = \frac{534}{178} = 3$$

〈예시 4.11〉 레온티에프 투입산출모형(Leontief Input-Output Model)

n개의 산업이 n개의 재화를 생산한다고 가정하자(각 산업은 오로지 하나의 재화만을 생산한다고 가정). 생산된 재화는 다른 재화를 생산하는데 중간재로 투입되거나 소비자에 의해 최종 소비된다. 효율적인 생산 문제는 산업과 소비자로부터의 수요와 공급을 일치시키는 각 산업의 재화 생산량 수준을 결정하는 것이다.

모든 산출과 수요는 화폐액으로 나타내며 가격은 고정되어 있다고 가정한다. 따라서 단위당 가격으로 나눔으로써 항상 물리적 양을 산출할 수 있다. x_i를 i산업의 생산량이라면 화폐액으로 이 경제의 생산 벡터는 다음과 같이 주어진다.

$$x = \begin{bmatrix} x_1 \\ x_2 \\ \cdot \\ \cdot \\ x_n \end{bmatrix}, \quad x \geq 0$$

i산업 재화에 대한 소비자의 최종수요는 화폐액 d_i로 고정되어 있다고 가정한다. 이 때 경제 내의 최종 수요벡터는

$$\boldsymbol{d} = \begin{bmatrix} d_1 \\ d_2 \\ \cdot \\ \cdot \\ d_n \end{bmatrix}, d \geq 0$$

j산업의 재화 한 단위를 생산하는데 요구되는 i산업 재화의 화폐액을 a_{ij}라고 하면 경제 전체의 요소 투입행렬은 다음과 같이 주어진다.

$$A = \begin{bmatrix} a_{11}\ a_{12} \ldots\ldots a_{1n} \\ a_{21}\ a_{22} \ldots\ldots a_{2n} \\ \ldots\ \ldots\ldots\ldots\ldots \\ a_{n1}\ a_{n2} \ldots\ldots a_{nn} \end{bmatrix}$$

A를 생산계수(production coefficients) 행렬이라 한다.
따라서 j산업의 재화 x_j 단위를 생산하는데 요구되는 i산업 재화의 화폐액은 $a_{ij}x_j$이며 모든 산업에 의해 요구되는 i산업 재화의 총화폐액은

$$\sum_{j=1}^{n} a_{ij}x_j = a_{i1}x_1 + a_{i2}x_2 + \ldots\ldots + a_{in}x_n,\ \ i = 1, 2, \ldots, n$$

소비자에 의한 i산업 재화에 대한 수요를 더하면 이 경제에서 i산업 재화에 대한 총수요는

$$\sum_{j=1}^{n} a_{ij}x_j + d_i, \quad i = 1, 2, \ldots, n$$

i산업 재화에 대한 공급과 수요가 같으려면

$$x_i = \sum_{j=1}^{n} a_{ij}x_j + d_i,\ i = 1, 2,\ \cdots, n$$

경제 내의 모든 수요와 공급이 같으려면 모든 n산업에 대해 위 조건이 성립해야 하므로

$$x = Ax + d$$

이를 다시 정리하면

$$x - Ax = d$$

또는

$$(I - A)x = d$$

$(I-A)^{-1}$이 존재한다면

$$x = (I - A)^{-1}d$$

〈예시 4.12〉

다음 3부문 레온티에프 모형의 해를 구하라.

$$A = \begin{bmatrix} 0.2 & 0.2 & 0.1 \\ 0.3 & 0.3 & 0.1 \\ 0.1 & 0.2 & 0.4 \end{bmatrix}, \quad d = \begin{bmatrix} 8 \\ 4 \\ 5 \end{bmatrix}$$

[풀이]

먼저 $(I-A)$를 구하면

$$(I - A) = \begin{bmatrix} 0.8 & -0.2 & -0.1 \\ -0.3 & 0.7 & -0.1 \\ -0.1 & -0.2 & 0.6 \end{bmatrix}$$

위 결과의 역행렬은 다음과 같이 구해진다.

$$(I - A)^{-1} = \begin{bmatrix} 1.4869 & 0.5204 & 0.3345 \\ 0.7063 & 1.7472 & 0.4089 \\ 0.4832 & 0.6691 & 1.8587 \end{bmatrix}$$

따라서

$$\begin{aligned} x &= (I - A)^{-1}d \\ &= \begin{bmatrix} 1.4869 & 0.5204 & 0.3345 \\ 0.7063 & 1.7472 & 0.4089 \\ 0.4832 & 0.6691 & 1.8587 \end{bmatrix} \begin{bmatrix} 8 \\ 4 \\ 5 \end{bmatrix} \\ &= \begin{bmatrix} 15.65 \\ 14.68 \\ 15.84 \end{bmatrix} \end{aligned}$$

제 5 장 벡터공간, 고유값과 이차형식

5.1 벡터공간
5.2 고유값 문제
5.3 2차형식

제5장 | 벡터공간, 고유값과 이차형식

5.1 벡터공간

5.1.1 벡터와 벡터연산

벡터는 n개의 행과 1개의 열로 구성된 행렬의 특수한 경우로 생각할 수 있다. 따라서 벡터 u는 다음과 같이 쓸 수 있으며 이를 열벡터(column vector)라 한다.

$$u = \begin{bmatrix} u_1 \\ u_2 \\ \cdot \\ \cdot \\ \cdot \\ u_n \end{bmatrix}$$

열벡터의 전치는 행벡터(row vector)로

$$u^T = [u_1,\ u_2,\ \ldots,\ u_n]$$

따라서 벡터의 덧셈, 뺄셈, 곱에 대한 연산규칙은 제3장의 행렬에서 정의된 것과 같다. 같은 차원을 가진 두 벡터 u와 v의 덧셈(뺄셈)은 다음과 같이 정의된다.

$$u \pm v = \begin{bmatrix} u_1 \\ u_2 \\ \cdot \\ \cdot \\ \cdot \\ u_n \end{bmatrix} \pm \begin{bmatrix} v_1 \\ v_2 \\ \cdot \\ \cdot \\ \cdot \\ v_n \end{bmatrix} = \begin{bmatrix} u_1 \pm v_1 \\ u_2 \pm v_2 \\ \cdot \\ \cdot \\ \cdot \\ u_n \pm v_n \end{bmatrix}$$

두 벡터의 곱을 내적(inner product)이라 하며 $u \cdot v$로 나타내고, 벡터의 내적은 같은 차원의 두 벡터에 대해 정의된다.

$$u \cdot v = u^T v = [u_1 \, u_2 \, \ldots \, u_n] \begin{bmatrix} v_1 \\ v_2 \\ \cdot \\ \cdot \\ \cdot \\ v_n \end{bmatrix}$$

$$= \sum_{i=1}^{n} u_i v_i$$

$u^T v = v^T u$임은 쉽게 알 수 있다.

벡터의 개념과 연산은 좌표(coordinate)를 이용하여 설명할 수 있다.

[정의 5.1]

일반적인 실수의 크기만을 나타내는 것을 스칼라(scalar)라 하고, 실수가 좌표 상에 위치를 갖게 되어 크기(magnitude)와 방향(direction)을 갖게 되면 벡터(vector)라 한다.

이와 같은 정의를 이해하기 위해서 $n=2$인 경우의 기하학적 의미를 살펴보기로 한다. $\mathbb{R}^2$의 한 점 v는 카티션 축에서는 평면상의 점이 되지만 원점에서 v의 두 성분 v_1과 v_2에 의해 원점에서부터 좌표상의 점에 대한 화살표로 나타내면 크기와 방향을 갖는 벡터가 된다. 첫 번째 성분은 수평 축 v_1의 좌표, 두 번째 성분은 수직축 v_2의 좌표가 된다.

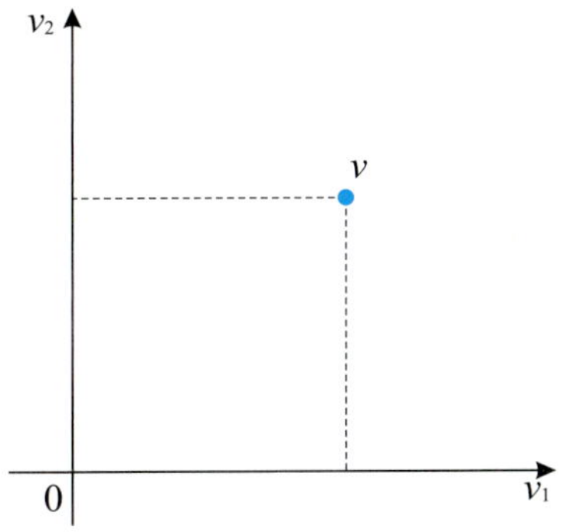

(a) 점으로서의 v

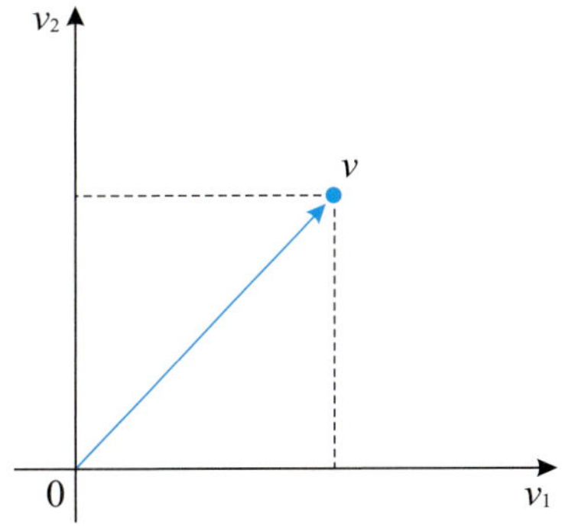

(b) 화살표로서의 v

[그림 5.1] 카티션 좌표 점과 벡터

n차원 공간에서 실수집합은 n개의 성분으로 나타낼 수 있으므로 각 성분 $v_1, v_2, \ldots, v_n$을 실수라 하면 하나의 벡터 기호 v 즉, $v^T = [v_1\ v_2\ \ldots\ v_n]$로 나타낼 수 있다.

[그림 5.1] (b)의 벡터에 피타고라스 정리를 적용하면 이 벡터의 크기는 두 개의 좌표 값의 제곱을 합계한 것의 제곱근으로 정의할 수 있다.

[정의 5.2]

n차원 벡터 v의 크기는 $\| v \| = \sqrt{v_1^2 + v_2^2 + \ldots + v_n^2}$

벡터의 크기를 유클리드 놈(Euclidean norm)이라고도 부른다.

〈예시 5.1〉

벡터 $v^T = [3\ 4\ -2]$의 크기를 구하라.

[풀이]

$\| v \| = \sqrt{3^2 + 4^2 + (-2)^2} = \sqrt{29}$

이제 벡터의 덧셈에 대한 기하학적인 의미를 살펴보자. 벡터 u와 v가 다음과 같이 주어졌을 때

$$u = \begin{bmatrix} 1 \\ 3 \end{bmatrix}, \quad v = \begin{bmatrix} 3 \\ 2 \end{bmatrix}$$

두 벡터의 덧셈은

$$v = \begin{bmatrix} 1 \\ 3 \end{bmatrix} + \begin{bmatrix} 3 \\ 2 \end{bmatrix} = \begin{bmatrix} 4 \\ 5 \end{bmatrix}$$

[그림 5.2]는 벡터의 덧셈을 보여준다. 기하학적으로 두 벡터의 덧셈은 평행사변형(parallelogram)이 된다는 것을 알 수 있으며, 이 예에서 $u+v$와 $v+u$는 동일하다는 것을 알 수 있다.

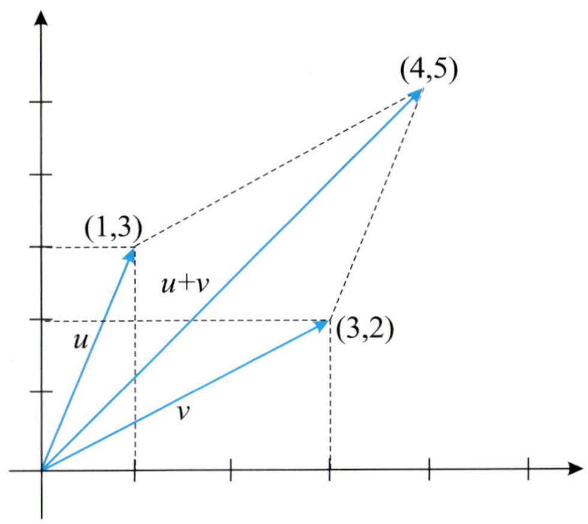

[그림 5.2] 벡터의 덧셈

벡터의 뺄셈도 유사하게 그림으로 나타낼 수 있다.

$$v-u=\begin{bmatrix}3\\2\end{bmatrix}-\begin{bmatrix}1\\3\end{bmatrix}=\begin{bmatrix}2\\-1\end{bmatrix}$$

[그림 5.3]에서 보는 바와 같이 뺄셈의 결과로 나타나는 벡터는 원 벡터의 두 끝점을 연결하는 것이 된다. 벡터는 크기와 방향에 의해 정의되기 때문에 평행이면서 같은 길이를 가지는 벡터는 동일하며 $v-u$로 얻어지는 벡터는 원점에서 $(2, -1)$로 가는 점선의 벡터와 같다.

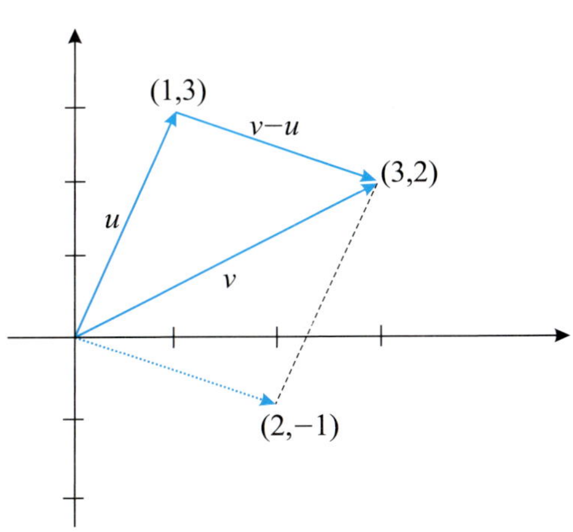

[그림 5.3] 벡터의 뺄셈

스칼라 곱은 방향은 바꾸지 않고 벡터의 크기만 변화시킨다. 스칼라가 1보다 작으면 스칼라 곱에 의한 벡터는 원 벡터에 비해 길이가 짧으며, 스칼라가 1보다 크면 스칼라 곱에 의한 벡터는 원 벡터를 확장한 것이 된다. [그림 5.4]에서 보는 바와 같이 v와 $-v$는 크기는 같고 방향은 반대가 되는 벡터가 된다.

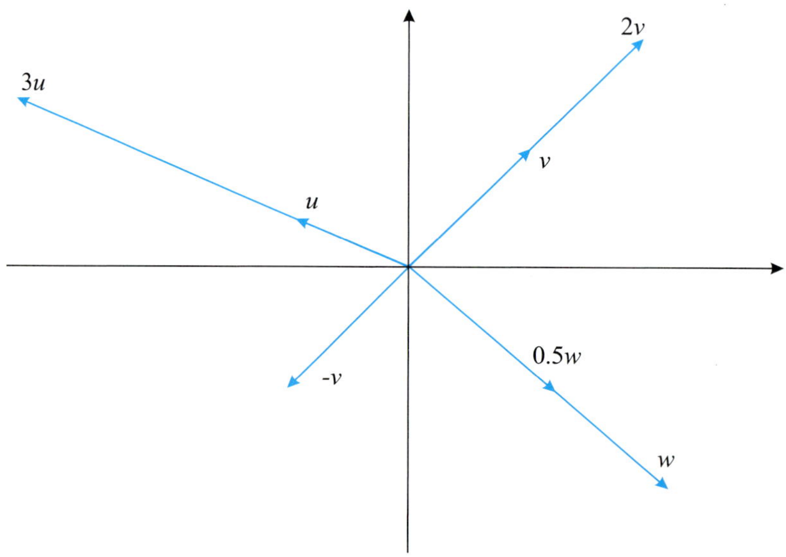

[그림 5.4] 벡터의 스칼라 곱

스칼라 곱과 벡터의 덧셈을 결합하면 임의의 벡터를 두 벡터 u와 v의 선형결합(linear combination)으로 나타낼 수 있다. 만일 그러한 임의의 벡터를 w라 하면

$$w = \lambda_1 u + \lambda_2 v$$

여기서 λ_1, λ_2는 스칼라이다.

〈예시 5.2〉

$u^T = [1\ 3]$, $v^T = [3\ 2]$에 의한 선형결합 $w^T = [0\ 1]$가 되기 위한 λ_1, λ_2를 구하라.

[풀이]

$$\begin{bmatrix} 0 \\ 1 \end{bmatrix} = \lambda_1 \begin{bmatrix} 1 \\ 3 \end{bmatrix} + \lambda_2 \begin{bmatrix} 3 \\ 2 \end{bmatrix}$$

위를 연립방정식으로 쓰면

$$\begin{aligned} \lambda_1 + 3\lambda_2 = 0 \\ 3\lambda_1 + 2\lambda_2 = 1 \end{aligned}$$

두 식을 연립해서 풀면

$$\lambda_1 = \frac{3}{7}, \ \lambda_2 = -\frac{1}{7}$$

앞에서 살펴본 바와 같이 크기가 다른 두 벡터는 방향이 같거나 또는 방향이 다를 수 있는데 만일 두 벡터가 방향이 동일하면 이러한 벡터들은 서로 스칼라 곱이 성립한다. 즉, 벡터 v에 대해 스칼라 곱 λv, $\lambda > 0$이라면 방향이 같은 벡터가 되며, 이러한 벡터들을 선형 종속(linearly dependent)이라고 한다. 그러나 벡터들의 크기와 관계없이 방향이 다른 경우 선형 독립(linearly independent)이라고 한다.

[정의 5.3]

$\mathbb{R}^2$에서 만일 스칼라 λ_1과 λ_2가 0인 경우에만 다음을 만족하면 u와 v는 선형 독립이다.

$$\lambda_1 u + \lambda_2 v = 0$$

여기서 0은 방향의 출발점이 되는 벡터로 모든 성분이 0인 영벡터(zero vector)이다.

만일 정의 5.3의 식에서 스칼라 λ_1과 λ_2가 0이 아니면

$$u = -\frac{\lambda_2}{\lambda_1} v$$

따라서 u는 v의 스칼라 곱이 되어 두 벡터는 선형 종속이 된다.

〈예시 5.3〉

다음 벡터들이 $\mathbb{R}^2$에서 선형 종속인지 독립인지 구분하라.

(1) $u^T = [1\ \ 3]$, $v^T = [3\ \ 9]$

(2) $u^T = [1\ \ 3]$, $v^T = [3\ \ 2]$

[풀이]

(1) $\lambda_1 \begin{bmatrix} 1 \\ 3 \end{bmatrix} + \lambda_2 \begin{bmatrix} 3 \\ 9 \end{bmatrix} = \begin{bmatrix} 0 \\ 0 \end{bmatrix}$

이 식의 해는 $\lambda_1 = -3, \lambda_2 = 1$ 또는 $\lambda_1 = 3, \lambda_2 = -1$이거나 이들 쌍의 어느 배수가 된다. 따라서 u와 v는 선형 종속이다.

(2) $\lambda_1 \begin{bmatrix} 1 \\ 3 \end{bmatrix} + \lambda_2 \begin{bmatrix} 3 \\ 2 \end{bmatrix} = \begin{bmatrix} 0 \\ 0 \end{bmatrix}$

이 식이 성립하기 위한 유일한 해는 $\lambda_1 = \lambda_2 = 0$ 이므로 두 벡터는 선형 독립이다.

어느 벡터든 스칼라 곱과 벡터의 덧셈을 결합하여 나타낼 수 있으므로 벡터의 선형 독립 개념을 사용하여 벡터를 정의할 수 있다.

[정리 5.1]

$\mathbb{R}^2$에서 임의의 벡터는 두 독립적인 벡터의 선형 결합으로 표현할 수 있다.

[증명]

$\mathbb{R}^2$에서 주어진 벡터 u, v, w에 대해 두 개의 스칼라 λ_1과 λ_2를 가진 다음의 연립방정식을 구성할 수 있다.

$$\lambda_1 u + \lambda_2 v = w$$

$$\Rightarrow \lambda_1 \begin{bmatrix} u_1 \\ u_2 \end{bmatrix} + \lambda_2 \begin{bmatrix} v_1 \\ v_2 \end{bmatrix} = \begin{bmatrix} w_1 \\ w_2 \end{bmatrix}$$

$$\Rightarrow \begin{aligned} \lambda_1 u_1 + \lambda_2 v_1 &= w_1 \\ \lambda_1 u_2 + \lambda_2 v_2 &= w_2 \end{aligned}$$

Q.E.D

상기 연립방정식의 $\lambda_i (i = 1,\ 2)$에 대한 유일 해는 다음과 같다.

$$\lambda_1 = \frac{w_1 v_2 - w_2 v_1}{u_1 v_2 - u_2 v_1},\quad \lambda_2 = \frac{w_1 u_2 - w_2 u_1}{v_1 u_2 - v_2 u_1}$$

5.1.2 벡터공간의 기저

$\mathbb{R}^2$의 두 성분 벡터의 집합과 $\mathbb{R}^3$의 세 성분 벡터의 집합 등 $\mathbb{R}^n$의 모든 n 성분 벡터의 집합을 식별할 수 있다. 또한 만일 u와 v가 $\mathbb{R}^n$에서의 벡터이면 $u+v$도 $\mathbb{R}^n$에서 벡터이고, 임의의 스칼라 λ에 대한 λu와 λv도 $\mathbb{R}^n$에서 벡터임을 알고 있다. 이 때 $\mathbb{R}^n$은 덧셈과 스칼라 곱 연산 하에서 닫혀있다고 한다. 덧셈과 스칼라 곱으로 정의될 수 있는 공간이며, 이러한 연산 하에 닫혀있는 집합을 벡터공간(vector space)이라고 한다.

[정의 5.4]

벡터공간이란 임의의 원소 $u, v, w \in V$와 임의의 원소 $a, b \in \mathbb{R}$에 대하여 다음과 같은 공리를 만족하고, 벡터의 덧셈과 스칼라 곱 연산이 성립하는 원소로 이루어진 공집합이 아닌 집합 V를 말한다.

(i)	$(u+v)+w=u+(v+w)$	(덧셈의 결합법칙)
(ii)	$u+v=v+u$	(덧셈의 교환법칙)
(iii)	$0+u=u$	(덧셈의 항등원)
(iv)	$u+(-u)=0$	(덧셈의 역원)
(v)	$a(u+v)=au+av$	(스칼라 곱의 분배법칙)
(vi)	$(a+b)u=ua+bu$	
(vii)	$a(bu)=(ab)u$	
(viii)	$1u=u$	(스칼라 곱의 항등원)

$\mathbb{R}^2$에서 모든 벡터는 두 개의 선형 독립인 벡터들의 선형결합으로 나타낼 수 있었는데 그러한 선형 독립인 벡터 쌍은 $\mathbb{R}^2$를 위한 기저(basis)를 형성한다.

[정의 5.5]

기저는 공간에서 모든 벡터들을 형성하는 선형 독립인 벡터의 집합을 말한다.

$\mathbb{R}^3$에서는 세 개의 선형독립인 벡터집합이 $\mathbb{R}^3$의 기저를 형성하고, $\mathbb{R}^n$에서는 n 개의 선형독립인 벡터집합이 $\mathbb{R}^n$의 기저를 형성한다.

단위벡터(unit vector)는 길이가 1인 벡터를 의미한다. 다음 두 개의 단위벡터가 $\mathbb{R}^2$에서 기저로 사용되는 경우를 살펴보자.

$$e_1 = \begin{bmatrix} 1 \\ 0 \end{bmatrix}, \quad e_2 = \begin{bmatrix} 0 \\ 1 \end{bmatrix}$$

$\mathbb{R}^2$에서 어느 벡터든 두 단위벡터의 선형결합으로 나타낼 수 있다. 예를 들어,

$$v = \begin{bmatrix} 1 \\ 2 \end{bmatrix}$$

$$\Rightarrow \quad e_1 + 2e_2 = 1\begin{bmatrix} 1 \\ 0 \end{bmatrix} + 2\begin{bmatrix} 0 \\ 1 \end{bmatrix} = \begin{bmatrix} 1 \\ 2 \end{bmatrix} = v$$

$\mathbb{R}^n$에서 다음과 같은 단위벡터들의 집합 $E = \{e_1, e_2, \ldots, e_n\}$은 $\mathbb{R}^n$의 기저를 형성하는데 이러한 기저를 표준기저(standard basis)라 한다.

$$e_1 = \begin{bmatrix} 1 \\ 0 \\ \cdot \\ \cdot \\ \cdot \\ 0 \end{bmatrix}, \quad e_2 = \begin{bmatrix} 0 \\ 1 \\ 0 \\ \cdot \\ \cdot \\ 0 \end{bmatrix}, \quad \ldots, \quad e_n = \begin{bmatrix} 0 \\ 0 \\ \cdot \\ \cdot \\ \cdot \\ 1 \end{bmatrix}$$

5.1.3 벡터의 직교성

[그림 5.5]에서 보는 바와 같이 $\mathbb{R}^2$에서 선형독립인 두 개의 벡터 $u^T = [1\ 3]$와 $v^T = [3\ 2]$에 대해 u와 수평축 사이의 각도를 A, v와 수평축 사이의 각도를 B라 하자. 두 벡터 사이의 각도는 $\theta = A - B$로 주어진다. u와 v의 길이는 각각 $\sqrt{u_1^2 + u_2^2} = \sqrt{10}$과 $\sqrt{v_1^2 + v_2^2} = \sqrt{13}$으로 산출된다. u와 v가 직각으로 $\theta = 90^\circ$이면 $\cos\theta = 0$이기 때문에 $u^T v = u_1 v_1 + u_2 v_2 = 0$이 된다. 역으로 $u^T v = 0$이면 행렬 u와 v는 직각이 된다.

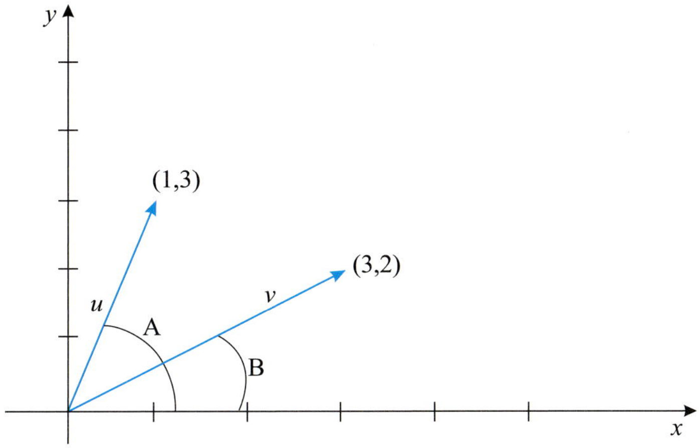

[그림 5.5] 벡터의 삼각비

[정의 5.6]

만일 $u^T v = 0$이면 두 벡터 u와 v는 직교(orthogonal)하며, 그 역도 성립한다.

앞에서 $\mathbb{R}^2$의 기저로 사용된 단위벡터 e_1과 e_2는 상호 직각이고, 크기가 1이기 때문에 정규직교기저(orthonormal basis)라고 한다.

〈예시 5.4〉 소비자의 예산선

두 재화 x_1과 x_2를 소비하는 어느 소비자의 예산은 w, 두 재화의 가격은 각각 p_1과 p_2라고 할 때 이 소비자의 예산선은

$$p_1 x_1 + p_2 x_2 = w$$

가격벡터와 예산선과의 기하학적 관계를 알아보자. [그림 5.6]의 예산선 상의 점 a에서 소비를 선택할 때 두 재화 소비량의 벡터를 x라 하고 점 b에서 소비를 선택할 때 두 재화 소비량의 벡터를 x'라 하며 가격벡터를 p라 하면

$$p^T x' = p^T x = w$$

또는

$$[p_1 \; p_2]\begin{bmatrix} x_1' \\ x_2' \end{bmatrix} = [p_1 \; p_2]\begin{bmatrix} x_1 \\ x_2 \end{bmatrix} = w$$

따라서

$$p^T(x'-x)=p^T\triangle x=0$$

여기서 $\triangle x=x'-x$이다. 그러므로 가격벡터 p와 $\triangle x$는 직교한다. 다시 말하면, 가격벡터는 예산선에 직교한다.

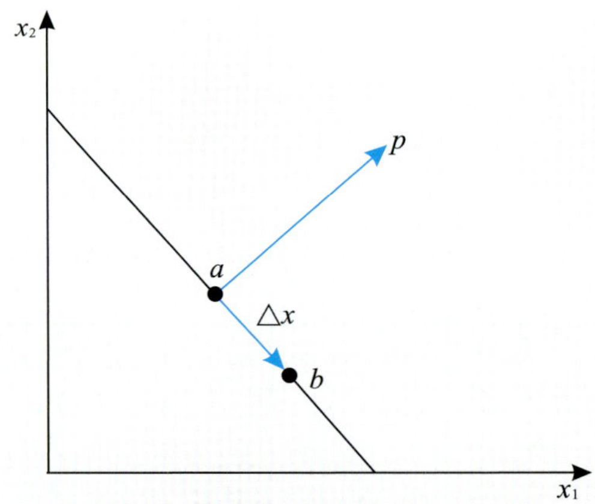

[그림 5.6] 예산선과 가격벡터의 직교성

5.1.4 행렬 계수

벡터의 선형독립 또는 선형종속 개념은 행렬의 특이성(singularity) 및 비특이성(nonsingularity)의 개념과 밀접하게 연관되어 있다. 이제 행렬계수(rank)의 개념을 도입해서 행렬의 특이성(또는 비특이성)에 대해 살펴보기로 한다.

임의의 $m\times n$차원의 행렬은 각각 m개의 성분을 가진 n개의 열벡터와 각각 n개의 성분을 가진 m개의 행벡터로 구성되어 있다. 그러므로 m 성분의 n 열벡터는 $\mathbb{R}^m$에 속하고 n 성분의 m 행벡터는 $\mathbb{R}^n$에 속한다. $m\times n$ 행렬 A의 선형독립인 열의 최대 개수가 s개라고 하면 $s\le n$이고 만일 $s<n$이면 선형독립인 열로 구성된 한 개 이상의 열이 존재할 것이다. 예를 들어, $n=5$이고 $s=3$라면 선형독립인 3개의 열(1, 2, 3 열 또는 2, 3, 4 열 또는 1, 3, 5열....)을 취하고 나머지 $n-s=2$개의 열을 제외함으로써 $m\times s$ 차원의 s개의 선형독립인 열을 가진 행렬 B를 형성할 수 있다. 나아가 행렬 A의 선형독립인 행이 r개라고 하면 행렬 B에서도 선형독립인 행의 수가 r이 된다. 행렬 B의 각 행들은 s개의

성분을 가지며 $\mathbb{R}^s$ 에서 어느 벡터든 기저를 구성하는 s개의 선형독립인 벡터의 선형결합으로 표현할 수 있기 때문에

$$r \leq s$$

이러한 논리전개의 역으로 r개의 선형독립인 행을 포함하고 남은 $m-r$개의 행을 제외하면 $r \times n$차원의 행렬 C를 형성할 수 있다. 행렬 A의 선형독립인 열의 최대개수 s는 행렬 C에서의 선형독립인 열의 개수와 같게 될 것이고 C는 r개의 성분을 가진 열벡터들을 가지기 때문에

$$s \leq r$$

위 두 개의 결과를 종합하면 $r = s$가 된다. 다시 말하면, $m \times n$차원의 행렬 A의 선형독립인 열의 개수는 선형독립인 행의 개수와 같다.

[정의 5.7]

행렬 A의 선형독립인 열의 개수는 선형독립인 행의 개수와 같은데 이 숫자를 행렬 A의 계수(rank) $r(A)$라고 한다.

[정의 5.8]

차수 n인 정방행렬 A가 만일 다음과 같으면 정칙행렬이고 그 역도 성립한다.

(i) $|A| \neq 0$

(ii) A^{-1}이 존재

(iii) $r(A) = n$

5.2 고유값 문제

5.2.1 고유값과 고유벡터

제4장에서는 다음과 같은 n개 선형 연립방정식의 해를 구하는 방법에 대해 알아봤다.

$$Ax = b$$

이 절에서는 다음과 같이 다른 형식의 문제에 대한 해에 대해 살펴보도록 한다.

$$Ac = \lambda c$$

여기서 A는 $n \times n$차원의 주어진 정방행렬, c는 미지의 n 성분의 열벡터, λ는 미지의 스칼라이다. 이러한 문제를 고유값 문제(eigenvalue problem)라고 하는데 선형연립방정식에서는 미지수 벡터 x 하나를 구해야 했던 반면 고유값 문제에서는 모르는 벡터 c와 스칼라 λ에 대한 해를 구해야 한다.

[정의 5.9]

임의의 실수 λ에 대하여 $Ac = \lambda c$의 고유값 문제를 만족하는 0이 아닌 벡터 c를 갖게 되면 λ를 A의 고유값(eigenvalue 또는 characteristic root)이라 하고, x를 고유값 λ에 대응하는 행렬 A의 고유벡터(eigen vector 또는 characteristic vector)라고 한다.

고유값 문제의 식에서 우변 항을 좌변으로 이동하여 정리하면

$$(A - \lambda I)c = 0$$

여기서 I는 항등행렬이다. 위 식에서 $c \neq 0$이기 때문에 $(A - \lambda I)$이 특이행렬이 되어야 하고, 특이행렬이 되려면 행렬식이 0이 되어야 한다.

$$|A - \lambda I| = 0$$

위 행렬식을 행렬 A의 고유방정식(characteristic equation)이라 하며, 고유값은 근의 공식에 의하여 산출된다.

예를 들어, 다음과 같은 행렬 A를 가정하자.

$$A = \begin{bmatrix} -3 & 5 \\ 4 & -2 \end{bmatrix}$$

행렬 A에 대한 고유방정식은 다음 행렬식에 의해 구해진다.

$$\left|\begin{bmatrix}-3 & 5\\ 4 & -2\end{bmatrix}-\lambda\begin{bmatrix}1 & 0\\ 0 & 1\end{bmatrix}\right| = 0$$

$$\begin{aligned}\Rightarrow \begin{vmatrix}-3-\lambda & 5\\ 4 & -2-\lambda\end{vmatrix} &= (3+\lambda)(2+\lambda) - 20\\ &= \lambda^2 + 5\lambda - 14\\ &= (\lambda+7)(\lambda-2) = 0\end{aligned}$$

따라서

$$\lambda_1 = -7,\ \lambda_2 = 2$$

(i) $\lambda_1 = -7$인 경우

$$\left\{\begin{bmatrix}-3 & 5\\ 4 & -2\end{bmatrix}-\begin{bmatrix}-7 & 0\\ 0 & -7\end{bmatrix}\right\}\begin{bmatrix}c_{11}\\ c_{21}\end{bmatrix} = \begin{bmatrix}4 & 5\\ 4 & 5\end{bmatrix}\begin{bmatrix}c_{11}\\ c_{21}\end{bmatrix} = \begin{bmatrix}0\\ 0\end{bmatrix}$$

이것의 방정식은

$$4c_{11} + 5c_{21} = 0$$

이것의 해인 고유벡터는

$$c_1 = \begin{bmatrix}5\\ -4\end{bmatrix} \text{ 또는 } c_1 = \begin{bmatrix}5k\\ -4k\end{bmatrix}$$

(ii) $\lambda_2 = 2$의 경우

$$\left\{\begin{bmatrix}-3 & 5\\ 4 & -2\end{bmatrix}-\begin{bmatrix}2 & 0\\ 0 & 2\end{bmatrix}\right\}\begin{bmatrix}c_{12}\\ c_{22}\end{bmatrix} = \begin{bmatrix}-5 & 5\\ 4 & -4\end{bmatrix}\begin{bmatrix}c_{12}\\ c_{22}\end{bmatrix} = \begin{bmatrix}0\\ 0\end{bmatrix}$$

이것의 방정식은

$$\begin{aligned}-5c_{12} + 5c_{22} &= 0\\ 4c_{12} - 4c_{22} &= 0\end{aligned}$$

따라서 이것의 해인 고유벡터는

$$c_2 = \begin{bmatrix} 1 \\ 1 \end{bmatrix} = \begin{bmatrix} 1k \\ 1k \end{bmatrix}$$

상기 예에서 보는 바와 같이 고유벡터의 성분 중의 하나는 임의로 선택되기 때문에 어느 고유 값에 상응하는 고유벡터는 무수하게 많다. 유일한 고유벡터를 찾기 위해 고유벡터의 길이를 1로 정규화(normalization)할 수 있는데 이를 유클리드 거리(Euclidean distance)조건이라 한다.

상기 예에서 $\lambda_1 = -7$일 때 고유벡터를 정규화하면

$$c_{11}^2 + c_{21}^2 = (-\frac{5c_{21}}{4})^2 + c_{21}^2$$
$$= \frac{41}{16}c_{21}^2 = 1$$

상기 결과로부터 c_{21}은

$$c_{21} = \pm\frac{4}{\sqrt{41}}$$

$c_{21} = -4/\sqrt{41}$을 선택하면 $c_{11} = 5/\sqrt{41}$을 얻게 되며, $\lambda_1 = -7$에 상응하는 고유벡터는 다음과 같다.

$$c_1 = \begin{bmatrix} 5/\sqrt{41} \\ -4/\sqrt{41} \end{bmatrix}$$

같은 방법으로 $\lambda_2 = 2$에 상응하는 고유벡터는 다음과 같다.

$$c_2 = \begin{bmatrix} 1/\sqrt{2} \\ 1/\sqrt{2} \end{bmatrix}$$

5.2.2 정방행렬의 대각화 및 스펙트럼 분해

다음과 같은 대칭행렬(symmetric matrix)을 고려해보자.

$$A = \begin{bmatrix} 1 & 2 \\ 2 & 4 \end{bmatrix}$$

이 행렬의 고유값은 다음의 고유방정식으로부터

$$\begin{vmatrix} 1-\lambda & 2 \\ 2 & 4-\lambda \end{vmatrix} = \lambda^2 - 5\lambda = \lambda(\lambda - 5) = 0$$

$\lambda_1 = 0, \lambda_2 = 5$가 된다. 고유벡터의 길이를 1로 정규화하면 $\lambda_1 = 0$에 상응하는 고유벡터는

$$c_1 = \begin{bmatrix} 2/\sqrt{5} \\ -1/\sqrt{5} \end{bmatrix}$$

$\lambda_2 = 5$에 상응하는 고유벡터는

$$c_2 = \begin{bmatrix} 1/\sqrt{5} \\ 2/\sqrt{5} \end{bmatrix}$$

두 벡터 c_1과 c_2를 2×2 행렬 C의 열이 되도록 하면 C는 다음과 같이 나타낼 수 있다.

$$C = (c_1, c_2) = \begin{bmatrix} 2/\sqrt{5} & 1/\sqrt{5} \\ -1/\sqrt{5} & 2/\sqrt{5} \end{bmatrix}$$

정의 5.6에서 $u^T v = 0$이면 두 벡터 u와 v는 직교한다고 정의하였는데 상기 예에서 c_1과 c_2도 다음과 같이 직교임을 보일 수 있다.

$$c_1^T c_2 = [2/\sqrt{5} \quad -1/\sqrt{5}] \begin{bmatrix} 1/\sqrt{5} \\ 2/\sqrt{5} \end{bmatrix} = \frac{2}{5} - \frac{2}{5} = 0$$

고유벡터 길이의 정규화에 의해 $c_1^T c_1 = 1$이고 $c_2^T c_2 = 1$이기 때문에 C는 다음을

만족한다.

$$C^T C = (c_1,\ c_2)^T (c_1,\ c_2)$$
$$= \begin{bmatrix} 1 & 0 \\ 0 & 1 \end{bmatrix}$$

C가 $n \times 1$ 열벡터이면

$$C^T C = I_n$$

[정의 5.10]

$C^T C = CC^T = I$의 특성을 가지는 행렬 C를 직교행렬(orthogonal matrix)이라 한다. 직교행렬은 행렬의 역이 전치행렬이 되는 행렬이다.

[정리 5.2]

고유벡터의 직교행렬은 대칭행렬 A를 대각화한다.

$$C^T A C = \Lambda,\ \Lambda = \begin{bmatrix} \lambda_1 & 0 & \ldots & 0 \\ 0 & \lambda_2 & \ldots & 0 \\ \cdot & \cdot & \cdot & \cdot \\ \cdot & \cdot & \cdot & \cdot \\ 0 & 0 & \ldots & \lambda_n \end{bmatrix}$$

[증명]

λ_i와 c_i에 대해

$$Ac_i = \lambda_i c_i$$

양변에 c_j^T를 행렬의 앞에 곱하면

$$c_j^T A c_i = \lambda_i c_j^T c_i = \lambda_i \delta_{ij}, \qquad \delta_{ij} = \begin{cases} 0, & i \neq j \\ 1, & i = j \end{cases}$$

따라서

$$C^T A C = \Lambda$$

Q.E.D

5.3 2차형식

형식(form)이란 방정식의 각 항들이 균등한 차수(uniform degree)를 갖는 다항식으로 표현한 것을 말한다. 예를 들어, $L = ax + by + cz$는 a,b,c가 임의의 실수이고, 세 변수 x,y,z로 이루어진 선형형식(linear form: 1차형식)이 된다.

[정의 5.11]

주어진 $n \times n$ 행렬 A와 $n \times 1$ 벡터 x에 대해 2차형식(quadratic form) $q(x)$는 다음과 같이 정의되는 스칼라 함수이다.

$$q(x) = x^T A x = \sum_{i=1}^{n}\sum_{j=1}^{n} a_{ij} x_i x_j, \quad a_{ij} \in \mathbb{R}$$

만일 행렬 A가 대칭이 아니면 A와 동일한 2차형식을 생성하는 대칭행렬 A^*를 항상 정의할 수 있다. 즉, 비대칭 행렬 A에 대해 그것의 원소가 다음과 같이 주어지는 대칭행렬을 A^*라 정의하면 A에 의해 정의되는 2차형식은 A^*에 의해 정의되는 2차형식과 동일하다.

$$a_{ij}{}^* = a_{ji}{}^* = \frac{1}{2}(a_{ij} + a_{ji})$$

예를 들어, 2×2 행렬 A와 $n \times 1$ 벡터 x에 대한 이차형식은

$$\begin{aligned} q(x) = x^T A x &= [x_1\ x_2]\begin{bmatrix} a_{11} & a_{12} \\ a_{21} & a_{22} \end{bmatrix}\begin{bmatrix} x_1 \\ x_2 \end{bmatrix} \\ &= a_{11}x_1^2 + a_{12}x_1x_2 + a_{21}x_2x_1 + a_{22}x_2^2 \end{aligned}$$

A가 비대칭이라 할 때 A^*에 상응하는 2차형식 $q^*(A)$은 다음과 같다.

$$\begin{aligned} q(x) &= a_{11}x_1^2 + a_{12}x_1x_2 + a_{21}x_2x_1 + a_{22}x_2^2 \\ &= a_{11}x_1^2 + 2\left(\frac{1}{2}(a_{12} + a_{21})\right)x_1x_2 + a_{22}x_2^2 \end{aligned}$$

$$= a_{11}x_1^2 + 2a_{12}{}^* x_1 x_2 + a_{22}x_2^2$$
$$= q^*(x)$$

[정의 5.12]

2차형식 $q(x)$가 다음 조건을 만족하면 부호(sign: +, −)가 한정(definite)된다고 하고 그렇지 않은 경우에는 부정형(indefinite) 이라고 한다.

(i) 모든 $x \neq 0$에 대해 만일 $q(x) = x^T Ax > 0$이면 항상 양의 값을 가지기 때문에 양의 정부호(positive definite)라 하고, A를 양의 정부호 행렬이라고 한다.

(ii) 모든 $x \neq 0$에 대해 만일 $q(x) = x^T Ax \geq 0$이면 양의 준정부호(positive semidefinite)라고 하고, A를 양의 준정부호 행렬이라고 한다.

(iii) 모든 $x \neq 0$에 대해 만일 $q(x) = x^T Ax < 0$이면 항상 음의 값을 가지기 때문에 음의 정부호(positive definite)라 하고, A를 음의 정부호 행렬이라고 한다.

(iv) 모든 $x \neq 0$에 대해 만일 $q(x) = x^T Ax \leq 0$이면 음의 준정부호(positive semidefinite)라고 하고, A를 음의 준정부호 행렬이라고 한다.

〈예시 5.5〉

$q(x) = x^2 + y^2 > 0$는 양의 정부호이다.

$q(x) = (x+y)^2 \geq 0$는 양의 준정부호이다.

$q(x) = x^2 - y^2$은 부정형이다.

[정의 5.13]

주어진 $n \times n$ 행렬 A에 대해 A의 $n-k$ 행과 열을 제거하여 얻어진 하위 행렬을 차수 $k(1 \leq k \leq n)$의 주소행렬(principal submatrix)이라고 한다.

$k < n$인 경우 k가 얼마이든 2개 이상의 주소행렬이 존재하며 마지막 $n-k$ 행과 열을 제거하여 얻어진 주소행렬을 k차원의 선도주소행렬(leading principal submatrix)이라 한다.

[정의 5.14]

주소행렬의 행렬식을 주소행렬식(principal minors)이라 하고 선도주소행렬의 행렬식을 선도주소행렬식(leading principal minors)이라 한다.

〈예시 5.6〉

3×3 행렬 A가 다음과 같을 때 주소행렬을 구하라.

$$A = \begin{bmatrix} 1 & 2 & 3 \\ 4 & 5 & 6 \\ 7 & 8 & 9 \end{bmatrix}$$

[풀이]

1, 5, 9에 대한 $k=2$일 때, $\begin{bmatrix} 1 & 2 \\ 4 & 5 \end{bmatrix}, \begin{bmatrix} 1 & 3 \\ 7 & 9 \end{bmatrix}, \begin{bmatrix} 5 & 6 \\ 8 & 9 \end{bmatrix}$

[정리 5.3]

대칭행렬 A가 양의 정부호를 가질 필요충분조건은 모든 고유값이 양이 되어야 한다.

[증명]

정리 5.2로부터

$$C^T A C = \Lambda$$

여기서 C는 $C^T C = I_n$과 $\Lambda = [\lambda_1 \ \lambda_2 \ldots \lambda_n]^T$를 가지는 고유벡터의 직교행렬이다. 임의의 벡터 x를 $x = Cy$라 정의하면

$$\begin{aligned} x^T A x &= y^T C^T A C y \\ &= y^T \Lambda y \\ &= \sum_{i=1}^{n} \lambda_i y_i^2 \end{aligned}$$

따라서 만일 모든 i에 대해 $\lambda_i > 0$이라면 $x^T A x > 0$이 되고, 그 역도 성립한다.

Q.E.D

[정리 5.4]

대칭행렬 A가 양의 준정부호를 가질 필요충분조건은 그것의 모든 고유값이 0과 같거나 0보다 커야한다.

[정리 5.5]

대칭행렬 A가 음의 정부호를 가질 필요충분조건은 그것의 모든 고유값이 음이 되어야한다.

[정리 5.6]

대칭행렬 A가 음의 준정부호를 가질 필요충분조건은 그것의 모든 고유값이 0이거나 0보다 작아야한다.

이제 선도주소행렬식의 개념을 사용하여 양의 정부호를 구분하면 다음과 같이 정리할 수 있다.

[정리 5.7]

대칭행렬 A가 양의 정부호를 가질 필요충분조건은 모든 선도주소행렬식이 양이 되어야 한다. A의 선도주소행렬은

$$A_1 = a_{11},\ A_2 = \begin{bmatrix} a_{11} & a_{12} \\ a_{21} & a_{22} \end{bmatrix}, A_3 = \begin{bmatrix} a_{11} & a_{12} & a_{13} \\ a_{21} & a_{22} & a_{23} \\ a_{31} & a_{32} & a_{33} \end{bmatrix}, \ldots, A_n = A$$

[증명]

정리 5.3에 의해 A가 양의 정부호일 때 모든 $x \neq 0$에 대해 $x^T A x > 0$이다. 이제 처음 k의 성분이 0이 아니고 나머지 $n-k$성분이 0인 벡터 x와 벡터 A를 다음과 같이 분할하자.

$$x^T = (x_k^T,\ 0^T),\ \ A = \begin{bmatrix} A_{k,k} & A_{n-k,k} \\ A_{k,n-k} & A_{n-k,n-k} \end{bmatrix}$$

여기서 x_k는 0이 아닌 성분을 가진 x_k의 하위벡터이고 $A_{k,k}$는 A의 처음 $k \times k$

분할이며 $A_{k,n-k}$, $A_{n-k,k}$, $A_{n-k,n-k}$는 A의 나머지 분할이다. 이 때

$$x^T A x = x_k^T A_{k,k} \ x_k$$

$x^T A x > 0$이므로

$$x_k^T A_{k,k} \ x_k > 0$$

정리 5.4에 의해 $A_{k,k}$의 모든 고유값은 양이 되며 이는 다음을 의미한다.

$$|A_{k,k}| > 0, \ k = 1,2,\ldots,n$$

Q.E.D

[정리 5.8]

대칭행렬 A가 양의 준정부호이면서 양의 정부호가 아닐 필요충분조건은 A의 주소행렬식의 일부가 0이고 나머지는 양이어야 한다.

[정리 5.9]

대칭행렬 A가 음의 정부호일 필요충분조건은 A의 선도주소행렬식이 음으로 시작해서 교대하는 부호를 가져야한다.

[정리 5.10]

대칭행렬 A가 음의 준정부호이면서 음의 정부호가 아닐 필요충분조건은 A의 주소행렬식의 일부가 0이고 나머지는 음으로 시작해서 교대하는 부호를 가져야한다.

〈예시 5.7〉

다음 행렬이 양의 정부호, 음의 정부호, 불확정인지를 보여라.

$$A = \begin{bmatrix} 1 & 0 & 1 \\ 1 & 3 & 2 \\ 0 & 2 & 4 \end{bmatrix}$$

[풀이]

$A_1 = 1 > 0$, $A_2 = \begin{vmatrix} 1 & 0 \\ 1 & 3 \end{vmatrix} = 3 > 0$, $A_3 = \begin{vmatrix} 1 & 0 & 1 \\ 1 & 3 & 2 \\ 0 & 2 & 4 \end{vmatrix} = 12+2-4 = 10 > 0$ 모든 선도주소행렬식이 양이므로 양의 정부호를 갖는다.

경영경제수학

MATHEMATICAL ECONOMICS

PART 3 미분과 적분

제6장 단일변수 함수의 도함수
제7장 다변수 함수의 미분
제8장 적분

경 영 경 제 수 학

MATHEMATICAL ECONOMICS

제 6 장 단일변수 함수의 도함수

6.1 함수의 연속

6.2 접선과 할선

6.3 도함수의 정의와 미분

6.4 미분가능성과 불가능성

6.5 미분의 규칙

6.6 2차도함수와 함수의 오목성 및 볼록성

제6장 | 단일변수 함수의 도함수

6.1 함수의 연속

함수의 연속성(continuity)은 매우 중요한 개념으로 함수가 연속이면 다양한 분석방법을 사용할 수 있으며 대부분의 경제나 경영 문제에서는 함수의 연속 개념을 이용하여 모형을 만들고 분석을 할 수 있다.

그림으로 보면 함수의 그래프가 끊어지거나 점프(jump)하지 않고 매끄럽게(smooth) 나타나는 경우에 함수는 연속이다. [그림 6.1]에서 (a)와 (b)는 연속인 함수이고 (c)와 (d)는 연속이 아닌 함수이다.

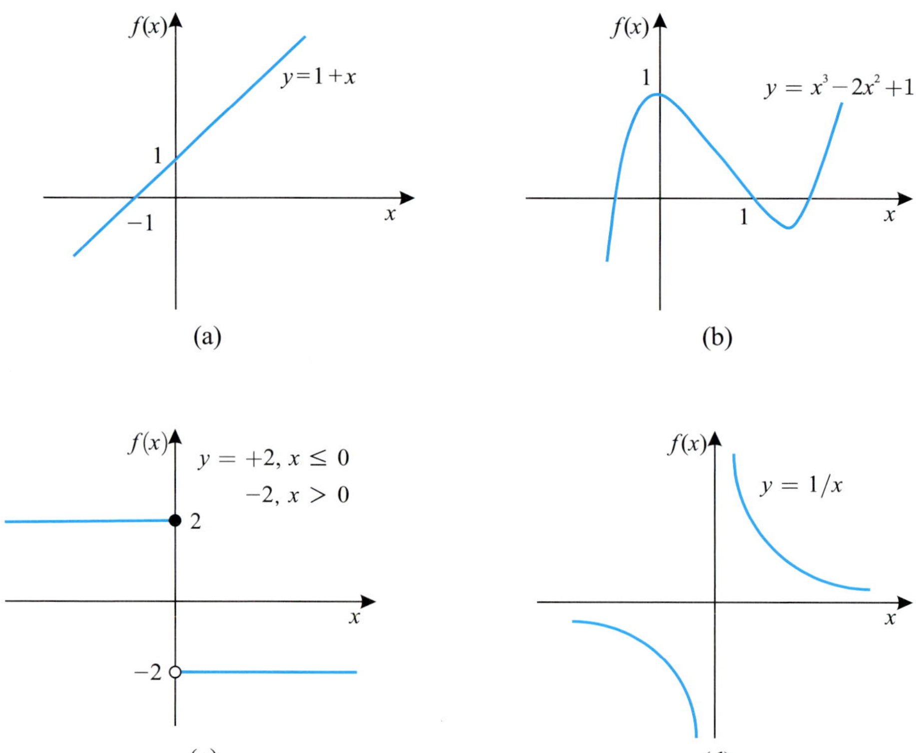

[그림 6.1] 함수의 연속과 불연속

[정의 6.1]

$x = a$를 포함하는 개구간(open interval)에서 정의된 함수 $f(x)$가 만일 다음을 만족하면 점 $x=a$에서 연속이다.

(i) $\lim_{x\to a} f(x)$가 존재한다. 즉, $\lim_{x\to a^-} f(x) = \lim_{x\to a^+} f(x)$

(ii) $\lim_{x\to a} f(x) = f(a)$

함수 $f(x)$의 연속은 다음과 같이 정의할 수도 있다.

[정의 6.2]

만일 임의의 $\epsilon > 0$에 대해 $|x-a| < \delta$일 때마다 $|f(x)-f(a)| < \epsilon$를 만족하는 임의의 $\delta > 0$가 존재하면 $x = a$를 포함하는 개구간(open interval)에서 정의된 함수 $f(x)$는 점 $x=a$에서 연속이다.

[정의 6.3]

함수 $f(x)$가 폐구간 $[a,b]$, $x\in\mathbb{R}$, $a<b$에서 정의될 때 다음을 만족하면 함수는 연속이다.

(i) 만일 $\lim_{x\to a^+} f(x)$와 $f(a)$가 존재하고, $\lim_{x\to a^+} f(x) = f(a)$이면 $x=a$에서 $f(x)$는 우측으로부터 연속이다.

(ii) 만일 $\lim_{x\to b^-} f(x)$와 $f(b)$가 존재하고, $\lim_{x\to b^-} f(x) = f(b)$이면 $x=b$에서 $f(x)$는 좌측으로부터 연속이다.

(iii) 만일 함수 $f(x)$가 구간 내($a<x<b$)의 모든 점에서 연속이고, $x=a$에서 우측으로부터 연속이며, $x=b$에서 좌측으로부터 연속이면 폐구간 $[a,b]$에서 연속이다.

[정리 6.1]

$f(x)$와 $g(x)$가 연속함수이고, $c \neq 0$가 상수이면 다음도 연속이다.

(i) $cf(x)$

(ii) $c+f(x)$

(iii) $f(x) \pm g(x)$
(iv) $f(x)g(x)$
(v) $f(x)/g(x)$, 단 $g(x) \neq 0$
(vi) 역함수가 존재하는 경우 $f^{-1}(x)$

현실에서는 불연속인 상황이지만 연속이라고 가정해도 문제가 되지 않는 경우에는 경제적 관계를 연속함수를 사용하여 나타낼 수 있다. 예를 들어, 빵을 구입할 때 제과점에서 반조각 또는 1/4조각으로 나누어서 구입할 수는 없고, 1개, 2개 이런 식으로 정수 단위로 구입해야 한다. 그러나 어느 소비자가 1년에 빵을 2,000개 구입한다면 빵을 무한개의 개수로 나누어 소비하는 것으로 가정하여 빵 가격과 수요량과의 관계를 연속적인 수요함수로 나타낼 수 있다. y를 빵의 수요량, p를 빵 가격이라고 하면 수요함수를 $y = 5000 - 30p$와 같이 쓸 수 있으며, 빵 가격과 수요량의 진짜 관계는 (1, 4,970), (2, 4,940), (3, 4,910) 등으로 나타난다. 만일 빵 가격이 0.98이어서 수요량이 정수가 아닌 경우에는 그것에 가장 가까운 정수를 사용하더라도 유용한 근사값을 가지게 될 것이다.

6.2 접선과 할선

접선(tangent line)은 주어진 점에서 함수의 다른 점을 통과하지 않고 곡선에 접하는 직선을 의미하며, 곡선의 각 점마다 다른 접선들이 존재한다. 곡선의 임의의 점에서 x의 일정한 변화에 대한 y의 변화 비율을 $\Delta y/\Delta x$라고 할 때 Δx를 아주 작은 값에 접근한다고 가정하면($\Delta x \rightarrow 0$) 그 점에서 접선의 기울기는 $\Delta y/\Delta x$의 비율과 같아진다.

[그림 6.2]와 같이 매끄러운 곡선에서 접선의 기울기는 접선이 닿는 점에서 곡선의 기울기와 같으며, 점 A에서 접선의 기울기를 A에서 함수 $y = f(x)$의 도함수 값이라 한다. 도함수를 이용하면 x값에 의해 결정되는 함수를 따라 여러 다른 점에 대한 접선의 기울기 값을 계산할 수 있다.

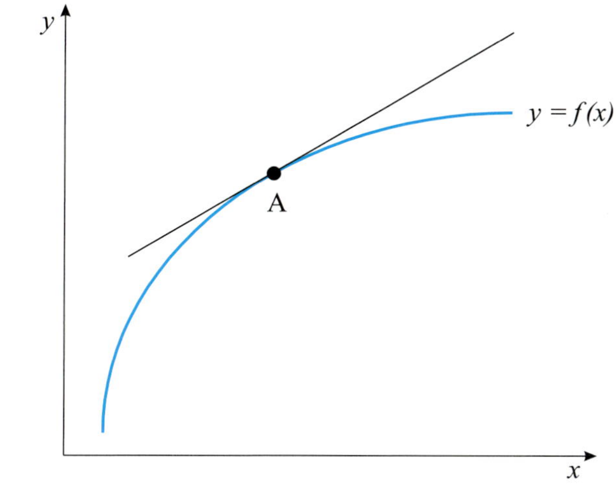

[그림 6.2] 접선

[그림 6.3]에서 보는 바와 같이 함수 그래프 위의 두 점 A와 B를 연결하는 직선을 할선(secant line)이라고 한다. 그림에서 A점 $(x_1, f(x_1))$과 B점 $(x_2, f(x_2))$을 연결하는 할선의 기울기는 다음과 같다.

$$\frac{\triangle y}{\triangle x} = \frac{f(x_2) - f(x_1)}{x_2 - x_1}$$

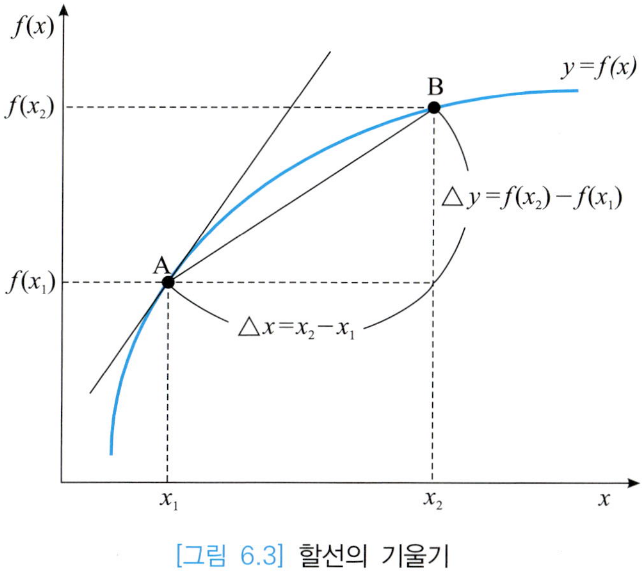

[그림 6.3] 할선의 기울기

$\Delta y/\Delta x$는 두 점 사이의 평균변화율로 x의 중분에 대한 y의 중분의 비율을 나타낸다.

A점과 보다 근접한 점간의 할선을 그리도록 할선의 연속(sequence)을 취하면 A점에서 접선이 된다. 즉, x_2가 x_1에 무한히 접근하여 변화가 0이 되도록 $(\Delta x \to 0)$ 했을 때 생성된 $\Delta y/\Delta x$의 값이 극한 l^*로 수렴하면 l^*의 기울기를 가지면서 A점을 통과하는 직선이 접선이 된다. 이 때 $\Delta y/\Delta x$는 순간변화율(instantaneous rate of change)을 나타낸다.

6.3 도함수의 정의와 미분

정의역의 임의의 한 점에서 함수 $y=f(x)$의 도함수는 그 점에서의 접선의 기울기로 다음과 같이 정의된다.

[정의 6.4]

점 $A=(x_1, f(x_1))$에서 함수 $y=f(x)$의 도함수는 점 A에서 접선의 기울기이다.

$$f'(x_1) = \lim_{\Delta x \to 0} \frac{f(x_2)-f(x_1)}{x_2-x_1}, \quad \Delta x = x_2 - x_1$$

또한 도함수를 다음과 같이 쓸 수 있다.

$$f'(x_1) = \lim_{\Delta x \to 0} \frac{f(x_1+\Delta x)-f(x_1)}{\Delta x}$$

도함수 $f'(x)$는 y', $\frac{dy}{dx}$, $\frac{df}{dx}$ 또는 $\frac{df(x)}{dx}$로 표현할 수도 있다.

[정의 6.5]

만일 $f'(\overline{x})$가 점 $\overline{x}$에서 함수 $y=f(x)$의 도함수라면, $\overline{x}$에서의 미분(total differential)은 $dy = f'(\overline{x})dx$이다. 따라서 미분은 $\overline{x}$와 dx의 함수이다.

미분은 $dx=\Delta x$만큼의 x의 변화가 y에 미치는 영향을 측정하는 방법을 의

미하는데 y의 정확한 변화의 크기 $\triangle y$에 대한 근사 값으로 dy를 사용해서 측정할 수 있다. 예를 들어, 함수 $y = x^2$, $x \in \mathbb{R}_+$에 대해 $x = 3$에서 $x = 5$로 변화할 때 함수값 y의 정확한 변화와 미분을 이용한 근사치를 비교해보자. [그림 6.4]에서 보는 바와 같이 $dx = \triangle x = 5 - 3 = 2$이고 이 때 y의 정확한 변화의 크기 $\triangle y = 25 - 9 = 16$이다. 이제 $x = 3$에서 도함수를 구하면

$$\begin{aligned} f'(3) &= \lim_{\triangle x \to 0} \frac{(3 + \triangle x)^2 - 3^2}{\triangle x} \\ &= \lim_{\triangle x \to 0} \frac{(\triangle x)^2 + 6\triangle x}{\triangle x} \\ &= 6 \end{aligned}$$

따라서 미분을 사용하여 근사치로 y의 변화의 크기를 구하면 $dy = f'(3) \cdot dx = 6(2) = 12$가 되어 정확한 변화의 크기 16과 4만큼의 오차가 발생한다. 만일 $x = 3$에서 $x = 4$로 $dx = \triangle x = 1$가 되어 x가 이전보다 조금만 변화했다면 $\triangle x = 16 - 9 = 7$이고 $dy = f'(3) \cdot dx = 6(1) = 6$으로 오차($\epsilon$)가 1로 감소한다. 이렇게 x의 변화의 크기가 아주 작아지면 미분을 사용한 y변화의 측정치는 실제값과 더욱 근접하게 될 것이다. 따라서 $\triangle y$와 dy의 관계는 $\triangle y = dy + \epsilon$ (여기서 ϵ은 근사오차)의 형태로 쓸 수 있다.

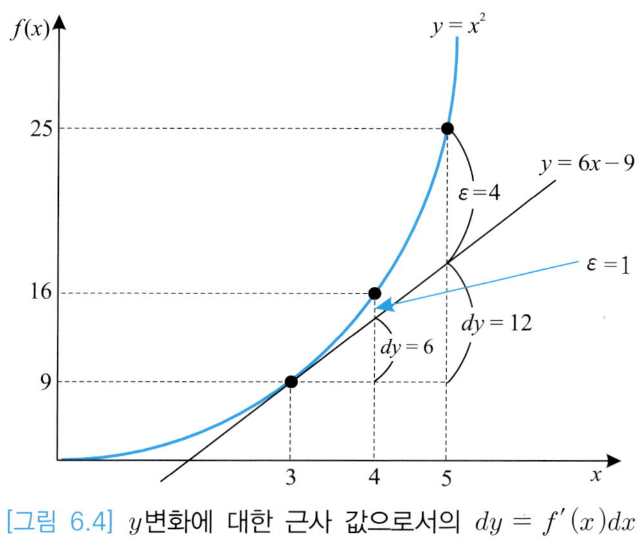

[그림 6.4] y변화에 대한 근사 값으로서의 $dy = f'(x)dx$

그러나 [그림 6.5]와 같이 함수가 오목한 경우 미분 dy는 x의 변화에 따른 y의 실제 변화 $\triangle y$보다 더 크게 되고, [그림 6.6]과 같이 함수가 일직선인 경우 미분 dy는 실제 변화 $\triangle y$와 일치한다.

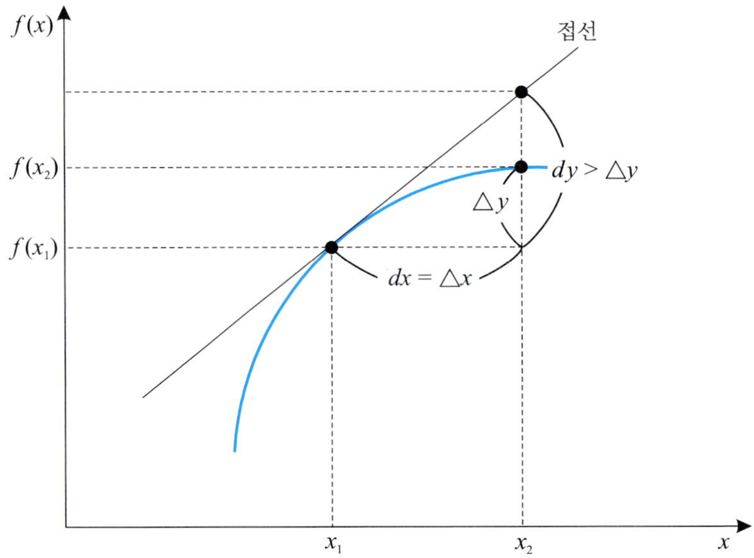

[그림 6.5] 미분이 y의 변화를 과대계산하는 경우

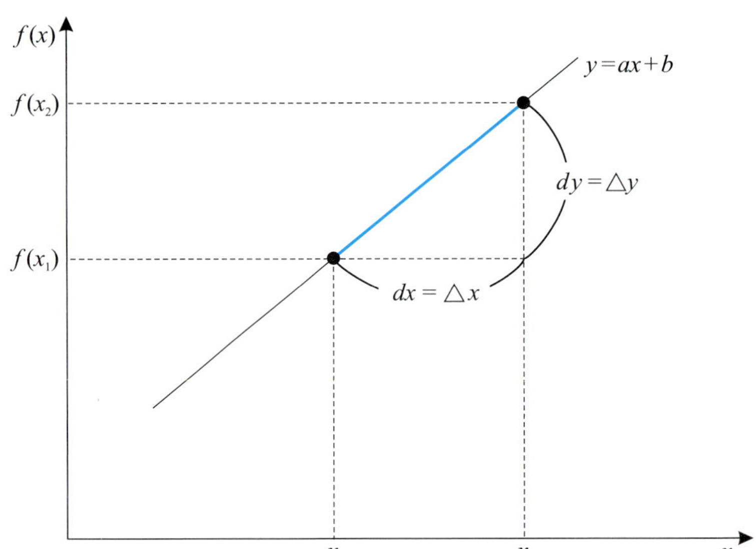

[그림 6.6] 미분이 y의 변화를 정확히 측정하는 경우

6.4 미분가능성과 불가능성

6.3절에서 함수 $f(x)$의 도함수는 다음과 같이 정의되었다.

$$f'(x) = \lim_{\Delta x \to 0} \frac{f(x+\Delta x) - f(x)}{\Delta x}$$

따라서 극한이 존재하면 x점에서 함수의 도함수가 존재한다. 정리 2.1에서 본 바와 같이 좌극한과 우극한이 같으면 극한이 존재하기 때문에 다음의 좌극한($\Delta x \to 0^-$)과 우극한($\Delta x \to 0^+$)이 같으면 도함수가 존재한다.

$$f'(x) = \lim_{\Delta x \to 0^-} \frac{f(x+\Delta x) - f(x)}{\Delta x}, \quad f'(x) = \lim_{\Delta x \to 0^+} \frac{f(x+\Delta x) - f(x)}{\Delta x}$$

이러한 극한을 좌도함수와 우도함수라 한다.

[정의 6.6]

함수 $x = a$점을 포함하는 개구간에서 정의된 함수 $f(x)$는 다음 조건이 성립하면 미분이 가능하다.

$$\lim_{\Delta x \to 0^-} \frac{f(x+\Delta x) - f(x)}{\Delta x} = \lim_{\Delta x \to 0^+} \frac{f(x+\Delta x) - f(x)}{\Delta x}$$

즉, $\lim_{\Delta x \to 0} \frac{f(x+\Delta x) - f(x)}{\Delta x}$이 존재하면 미분이 가능하다.

정의 6.1에서 우리는 $x = a$를 포함하는 개구간에서 정의된 함수 $f(x)$의 극한이 존재하면 함수가 연속임을 보였기 때문에 함수의 연속성과 미분가능성을 연계하여 설명할 수 있다.

[정리 6.2]

만일 $f(x)$가 $x = a$에서 미분가능하면(즉, $f'(x)$가 존재하면) 함수 $f(x)$는 점 x에서 연속이어야 한다.

그러나 주의해야할 점은 함수의 연속성이 미분가능성의 필요조건이기는 하지만 충분조건은 아니라는 점이다. 함수가 어느 점에서 연속이지만 그 점에서 미분이 불가능할 수 있다. 예를 들어, 함수가 다음과 같이 정의되었다고 하자.

$$f(x) = \begin{cases} 2x & , \ x < 3 \\ 9 - x, & x \geq 3 \end{cases}$$

이 함수에 대한 그래프는 [그림 6.7]과 같다.

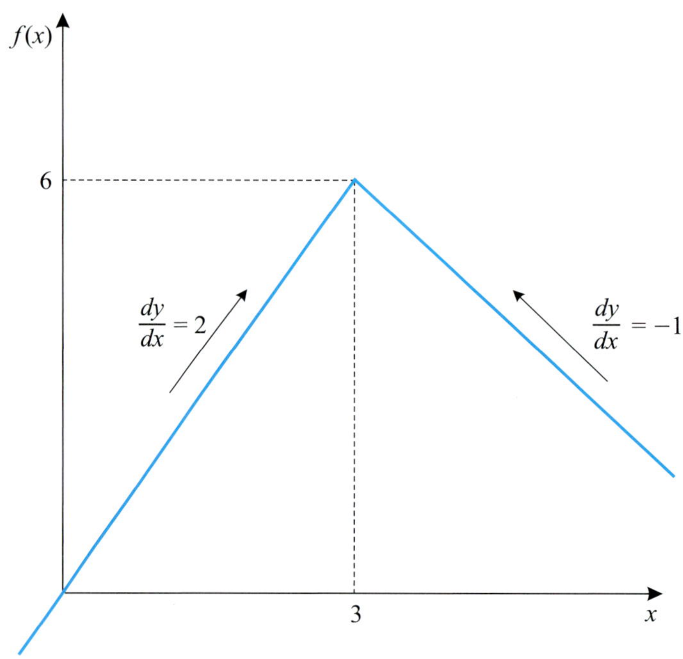

[그림 6.7] 미분불가능 함수의 경우

위 그림에서 보듯이 $x = 3$에서 연속이지만 이 점에서 좌도함수는 2이고 우도함수는 -1로 같지 않기 때문에 미분이 불가능하다.

〈예시 6.1〉

다음 함수의 연속성과 $x=1$에서 미분가능성을 판별하라.

(1) $f(x)=\begin{cases} x^3, & x \geq 1 \\ x, & x<1 \end{cases}$

(2) $f(x)=\begin{cases} x^3, & x<1 \\ 3x-2, & x \geq 1 \end{cases}$

[풀이]

(1) $x=1$에서 좌극한과 우극한이 1로 같아서 극한이 존재하므로 이 함수는 연속이다. 그러나 우도함수와 좌도함수가 다음과 같이 다르기 때문에 미분불가능하다.

$$\text{좌도함수: } \lim_{\Delta x \to 0^-} \frac{(x+\Delta x)-x}{\Delta x}=1$$

$$\text{우도함수: } \lim_{\Delta x \to 0^+} \frac{(x+\Delta x)^3-x^3}{\Delta x}=3x^2=3$$

(2) $x=1$에서 좌극한과 우극한이 1로 같아서 극한이 존재하므로 이 함수는 연속이다. 이 경우 우도함수와 좌도함수가 다음과 같이 같기 때문에 미분가능하다.

$$\text{좌도함수: } \lim_{\Delta x \to 0^-} \frac{(x+\Delta x)^3-x^3}{\Delta x}=3x^2=3$$

$$\text{우도함수: } \lim_{\Delta x \to 0^+} \frac{[3(x+\Delta x)-2]-[3x-2]}{\Delta x}=3$$

6.5 미분의 규칙

6.3과 6.4절에서 단순한 형태의 함수들에 대해 도함수를 유도하는 과정은 이미 설명하였기 때문에 유도과정을 반복하지 않고 도함수를 찾는 규칙을 요약하면 다음과 같다.

(i) 상수 함수에 대한 미분

$$f(x)=c,\ c=\text{상수} \quad \Rightarrow \quad f'(x)=0$$

(ii) 선형함수의 미분

$$f(x)=a+bx \quad \Rightarrow \quad f'(x)=b$$

(iii) 멱함수의 미분

$$f(x) = x^n \quad \Rightarrow \quad f'(x) = nx^{n-1}$$

(iv) 상수 곱 함수의 미분

$$g(x) = cf(x),\ c = \text{상수} \quad \Rightarrow \quad g'(x) = cf'(x)$$

(v) 두 함수의 합과 차의 미분

$$h(x) = f(x) \pm g(x) \quad \Rightarrow \quad h'(x) = f'(x) \pm g'(x)$$

(vi) 두 함수의 곱의 미분

$$h(x) = f(x)g(x) \quad \Rightarrow \quad h'(x) = f'(x)g(x) + f(x)g'(x)$$

(vii) 두 함수의 나눗셈의 미분

$$h(x) = \frac{f(x)}{g(x)},\ g(x) \neq 0 \quad \Rightarrow \quad h(x) = \frac{f'(x)g(x) - f(x)g'(x)}{[g(x)]^2}$$

(viii) 함수의 함수의 미분: 연쇄규칙

$$y = f(u)\text{이고 } u = g(x) \quad \Rightarrow \quad \frac{dy}{dx} = \frac{dy}{du}\frac{du}{dx}$$

(ix) 함수의 역의 미분

$$y = f(x)\text{의 역함수가 } g(y) = f^{-1}(x)\text{이고 } f'(x) \neq 0$$

$$\Rightarrow \quad \frac{dx}{dy} = \frac{1}{\frac{dy}{dx}} \text{ 또는 } g'(y) = \frac{1}{f'(x)}$$

(x) 지수함수의 미분

$$y = e^x \quad \Rightarrow \quad \frac{dy}{dx} = e^x$$

(xi) 로그함수의 미분

$$y = \ln x \quad \Rightarrow \quad \frac{dy}{dx} = \frac{1}{x}$$

〈예시 6.2〉 완전경쟁시장에서 기업의 한계수익함수

완전경쟁시장에서 기업은 시장균형가격의 수용자(price taker)이다. 시장균형가격이 p^0라고 하면 기업의 총수익은 가격에 생산량(또는 판매량)을 곱해서 산출한다. 이를 식으로 나타내면 $TR(q) = p^0 q$이다(여기서 TR은 총수익으로 생산량 q의 함수임). 생산량의 한 단위 추가에 따른 추가적인 수입을 한계수익이라고 하는데 완전경쟁시장에서 한계수익은 시장가격 p^0로 일정하다. 미분 규칙 (iv)를 적용하여 총수익 함수를 q로 미분하면 한계수익함수는 다음과 같이 구해진다.

$$MR(q) = \frac{dTR}{dq} = p^0$$

〈예시 6.3〉

다음 함수의 도함수를 구하라.

(1) $h(x) = \dfrac{5x^2 + 3x^3 + 10}{x^2 - x}$, $x \neq 0, 1$

(2) $y = \sqrt{x^2 + 1}$

[풀이]

(1) $f(x) = 5x^2 + 3x^3 + 10$, 그리고 $g(x) = x^2 - x$라고 하면, $f'(x) = 10x + 9x^2$이고 $g'(x) = 2x - 1$이다. 규칙 (vii)의 나눗셈의 미분을 적용하면,

$$h'(x) = \frac{(10x + 9x^2)(x^2 - x) - (5x^2 + 3x^3 + 10)(2x - 1)}{(x^2 - x)^2}$$

$$= \frac{3x^4 - 6x^3 - 5x^2 - 20x + 10}{(x^2 - x)^2}$$

(2) $u = x^2 + 1$라 하면 $y = \sqrt{u}$로 쓸 수 있으며 연쇄법칙을 적용하면,

$$\frac{dy}{dx} = \frac{dy}{du}\frac{du}{dx} = \frac{1}{2\sqrt{u}}(2x) = \frac{x}{\sqrt{u}} = \frac{x}{\sqrt{x^2 + 1}}$$

6.6 2차도함수와 함수의 오목성 및 볼록성

함수의 도함수도 함수이기 때문에 도함수의 도함수를 찾을 수 있다. 함수 $f(x)$의 1차도함수(first derivative function)를 $dy/dx = f'(x)$라 하면 1차도함수를 한 번 더 미분한 2차도함수(second derivative function)는 다음과 같이 나타낸다.

$$\frac{d(dy/dx)}{dx}, \quad \frac{d[f'(x)]}{dx}, \quad \frac{d^2y}{dx^2} \text{ 또는 } f''(x)$$

2차도함수도 함수이기 때문에 이것의 도함수 $d[f''(x)]/dx$를 3차도함수라 하고 f''' 또는 $f^{(3)}$로 쓴다. 이러한 과정을 계속하면 일반화하여 $f^{(n)}$을 n차도함수로 나타낸다.

[정의 6.7]

정의역의 모든 점에서 두 번 미분이 가능한 함수 $f(x)$의 2차도함수를 $f''(x)$라고 할 때, 만일 $f''(x)\begin{Bmatrix} \geq \\ \leq \end{Bmatrix}0$이면 $\begin{Bmatrix} \text{볼록} \\ \text{오목} \end{Bmatrix}$하고, $f''(x)\begin{Bmatrix} > \\ < \end{Bmatrix}0$이면 $\begin{Bmatrix} \text{강볼록} \\ \text{강오목} \end{Bmatrix}$하다.

6.3절에서 미분 $dy = f'(x)dx$를 변수 x의 변화에 따른 변수 y의 변화에 대한 근사값을 계산하는데 사용하였다. 그러나 x의 변화가 매우 작은 경우에만 dy가 Δy를 매우 근접하게 측정할 수 있고 x의 변화가 작지 않을 경우에는 dy가 Δy를 정확하게 측정하지 못한다는 제약이 있었다. 테일러급수 전개(Taylor series expansion)는 이러한 측정문제를 잘 이해할 수 있도록 한다.

테일러급수 전개는 임의의 점 $x = x_0$ 근방의 점 $x = x_1$에서 함수값을 얻기 위해 $x = x_0$에서 $y = f(x)$의 도함수들을 이용해서 함수를 전개한다. 테일러급수 전개 공식은 다음과 같다.

$$\begin{aligned} f(x_1) = f(x_0) + \frac{f'(x_0)}{1!}(x_1 - x_0) + \frac{f''(x_0)}{2!}(x_1 - x_0)^2 \\ + ... + \frac{f^{(n-1)}(x_0)}{(n-1)!}(x_1 - x_0)^{n-1} + R_n \end{aligned}$$

R_n은 나머지항으로

$$R_n = \frac{f^{(n)}(\psi)}{(n)!}(x_1 - x_0)^n$$

여기서 ψ은 x_0와 x_1 사이의 값이며 $n! = n(n-1)(n-2)....(3)(2)(1)$이다.

테일러급수 전개는 x의 변화가 $\triangle x = x_1 - x_0$일 때 함수 $f(x)$의 변화가 얼마인지를 찾는 것과 동일하며, 이는 위 식에서 $f(x_0)$를 좌측으로 이항하여 $f(x_1) - f(x_0) = \triangle y$를 얻는 것으로 나타난다. $n \to \infty$일 때 $R_n \to 0$이기 때문에 특정함수에 대해 나머지 R_n은 무시해도 되며 경제학에서는 2차도함수의 항 $(n=2)$까지 만을 주로 사용한다. $n=2$인 경우 테일러급수 전개는

$$f(x_1) = f(x_0) + f'(x_0)(x_1 - x_0) + \frac{f''(x_0)}{2}(x_1 - x_0)^2$$

양변에서 $f(x_0)$를 빼고, $dx = x_1 - x_0$, $dy = f'(x)dx$, $\triangle y = f(x_1) - f(x_0)$로 놓으면

$$\triangle y = dy + \frac{f''(x_0)}{2}(x_1 - x_0)^2$$

따라서 x의 변화에 따른 y의 변화, $\triangle y$를 위 식과 같이 측정하면 dy로 측정할 때에 비해 오차를 다음 크기만큼 줄일 수 있다.

$$\frac{f''(x_0)}{2}(x_1 - x_0)^2$$

경영경제수학

MATHEMATICAL ECONOMICS

제 7 장 다변수 함수의 미분

7.1 편미분

7.2 전미분

7.3 음함수 미분과 응용

7.4 함수의 오목성 볼록성 준오목성과 준볼록성

제7장 | 다변수 함수의 미분

7.1 편미분

제6장에서는 단일변수 함수의 미분에 대한 기본개념을 설명하였다. 일반적으로 경제 분석에서는 다변수 함수에 대한 문제에 자주 직면하게 된다. 예를 들어, 어느 재화에 대한 수요는 그 재화의 가격뿐만 아니라 관련 재화의 가격, 소득, 소비자의 기호, 기대가격 등 여러 요인에 달려있다.

먼저 설명을 단순화하기 위해 2변수 함수 $y = f(x_1, x_2)$를 생각해보자. 제6장에서 단일변수 함수 $y = f(x)$의 도함수는 x가 매우 작게($\triangle x \to 0$) 변화하도록 할 때 x 변화에 대한 y변화의 비율($\triangle y / \triangle x$)로 나타냈다. 2변수 함수도 마찬가지로 x_1과 x_2가 개별적으로 변화하는 것에 대한 y의 변화율로 정의할 수 있다. x_2를 고정시키고 x_1의 매우 작은 변화에 대한 y의 변화율을 편도함수(partial derivative)라 하며 다음과 같이 나타낸다.

$$\frac{\partial y}{\partial x_1}, \quad \frac{\partial f(x_1, x_2)}{\partial x_1}, \quad f_1(x_1, x_2), \quad f_1$$

여기서 $\partial y / \partial x_1$은 다음과 같이 정의된다.

$$\frac{\partial y}{\partial x_1} = \lim_{\triangle x_1 \to 0} \frac{f(x_1 + \triangle x_1, x_2) - f(x_1, x_2)}{\triangle x_1}$$

마찬가지로 x_2에 관한 함수 y의 편도함수는 다음과 같이 나타낸다.

$$\frac{\partial y}{\partial x_2}, \quad \frac{\partial f(x_1, x_2)}{\partial x_2}, \quad f_2(x_1, x_2), \quad f_2$$

여기서

$$\frac{\partial y}{\partial x_2} = \lim_{\triangle x_2 \to 0} \frac{f(x_1, x_2 + \triangle x_2) - f(x_1, x_2)}{\triangle x_2}$$

편도함수라는 표현과 "∂"(round delta)라는 표기를 사용하는 것은 y가 두 변수의 함수이지만 x_1이나 x_2 중 어느 하나의 변화만을 나타내기 때문이다. 그러나 y는 두 변수 x_1과 x_2의 함수이다. $f_1(x_1, x_2)$이라 표기하는 것은 x_1에 관한 y의 변화율이 x_1뿐만 아니라 x_2에도 달려있으며, $f_2(x_1, x_2)$으로 표기하는 것도 x_2에 관한 y의 변화율이 x_2뿐만 아니라 x_1에도 달려있다는 것을 의미한다.

이제 n변수 함수 $y = f(x_1, x_2, ..., x_n)$로 일반화하면 x_i에 관한 y의 (1차)편도함수는 다음과 같이 정의된다.

[정의 7.1]

x_i에 관한 함수 $y = f(x_1,\ x_2,\ \ldots,\ x_n)$의 편도함수는 모든 $i = 1,\ 2,\ \cdots,\ n$에 대해

$$\frac{\partial y}{\partial x_i} = \lim_{\triangle x_i \to 0} \frac{f(x_1,\ \ldots,\ x_i + \triangle x_i,\ \ldots,\ x_n) - f(x_1,\ \ldots,\ x_i,\ \ldots,\ x_n)}{\triangle x_i}$$

$\partial y_i / \partial x_i$는 $f_i(x)$ 또는 단순히 f_i로 표시할 수 있다. $x = (x_1,\ x_2,\ \ldots,\ x_n)$는 함수의 정의역인 $\mathbb{R}^n$에서의 임의의 점을 나타낸다. 2변수 함수에서와 같이 n변수 함수 $y = f(x_1,\ x_2,\ \ldots,\ x_n)$는 n개의 편도함수 $f_1,\ f_2,\ \ldots,\ f_n$를 가지며 각 편도함수는 $x_1,\ x_2,\ \ldots,\ x_n$의 함수이다.

〈예시 7.1〉

함수 $y = 4x_1^3 + x_1x_2 + lnx_2$의 x_1에 관한 편도함수는 $\frac{\partial y}{\partial x_1} = 12x_1^2 + x_2$이고, x_2에 관한 편도함수는 $\frac{\partial y}{\partial x_2} = x_1 + \frac{1}{x_2}$ 이다.

〈예시 7.2〉

두 생산요소를 가진 콥-더글러스 생산함수 $y = f(L, K) = AL^{\alpha}K^{\beta}$, $A > 0$, $0 < \alpha$, $\beta < 1$에서 한계생산(marginal product)은 한 요소를 고정시키고, 다른 한 요소의 한 단위 변화에 따른 생산량의 변화를 나타내는 것으로 요소 L에 대한 한계생산은 생산함수를 L로 편미분해서 얻어진다. 요소 K에 대한 한계생산은 생산함수를 K로 편미분하면 얻을 수 있다. 즉, 요소 L의 한계생산(MP_L)과 K의 한계생산(MP_K)은 다음과 같다.

$$MP_L = \frac{\partial y}{\partial L} = \alpha AL^{\alpha-1}K^{\beta}$$

$$MP_K = \frac{\partial y}{\partial K} = \beta AL^{\alpha}K^{\beta-1}$$

1차편도함수는 n개의 변수 각각으로 미분할 수 있으므로 n변수 함수 $y = f(x_1, \ldots, x_n)$는 모두 n^2개의 2차편도함수를 가지며 2차편도함수(second order partial derivative)는 다음과 같이 정의된다.

$$\frac{\partial^2 y}{\partial x_i \partial x_j} = f_{ij} \equiv \frac{\partial f_i(x_1, x_2, \ldots, x_n)}{\partial x_j}, \quad i, j = 1, 2, \ldots, n$$

즉, f_{ij}는 함수 $f(x)$를 변수 x_i로 1차 미분한 $f_i(x)$를 다시 변수 x_j로 미분한 것을 의미한다. 앞 첨자는 처음 편미분한 것을 나타내고, 뒤 첨자는 두 번째 편미분한 것을 나타낸다. 예를 들어, 2변수 함수 $y = f(x_1, x_2)$는 다음과 같이 $2^2 = 4$개의 2차도함수를 가진다.

$$f_{11} = \frac{\partial f_1(x_1, x_2)}{\partial x_1}, \ f_{12} = \frac{\partial f_1(x_1, x_2)}{\partial x_2}, \ f_{21} = \frac{\partial f_2(x_1, x_2)}{\partial x_1}, \ f_{22} = \frac{\partial f_2(x_1, x_2)}{\partial x_2}$$

[정리 7.1] Young의 정리

연속인 1차 및 2차 도함수를 가진 함수 $y = f(x_1, \ldots, x_n)$에 대해 $f_{ij} = f_{ji}(i \neq j: i, j = 1, 2, \ldots, n)$가 성립한다.

〈예시 7.3〉

함수 $y = 5x_1^{0.7}x_2^{0.3}$의 $f_{21} = \dfrac{\partial^2 y}{\partial x_1 \partial x_2} = \dfrac{\partial}{\partial x_2}\left(3.5x_1^{-0.3}x_2^{0.3}\right) = 1.05x_1^{-0.3}x_2^{-0.7}$이고
$f_{21} = \dfrac{\partial^2 y}{\partial x_2 \partial x_1} = \dfrac{\partial}{\partial x_1}\left(1.5x_1^{0.7}x_2^{-0.7}\right) = 1.05x_1^{-0.3}x_2^{-0.7}$으로 $f_{12} = f_{21}$이다.

n변수 함수의 1차도함수들을 모두 열거하기 위해서는 제5장에서 설명된 열벡터와 행벡터의 개념을 이용해서 다음의 기울기벡터(gradient vector : ▽로 표시)로 나타낼 수 있다.

$$\nabla f \equiv \begin{bmatrix} f_1 \\ f_2 \\ . \\ . \\ f_n \end{bmatrix} \text{ 또는 } \nabla f^T \equiv \begin{bmatrix} f_1 & f_2 & \cdots & f_n \end{bmatrix}$$

2차도함수들을 모두 열거하기 위해서는 행렬을 사용하는 것이 편리하다. 예를 들어, 2변수 함수 $y = f(x_1, x_2)$에 대한 $2^2 = 4$개의 2차도함수 $\nabla_2 F$는 다음과 같이 행렬로 나타낼 수 있다.

$$\nabla_2 F \equiv \begin{bmatrix} f_{11} & f_{12} \\ f_{21} & f_{22} \end{bmatrix}$$

마찬가지로 3변수 함수 $y = f(x_1, x_2, x_3)$에 대한 $3^2 = 9$개의 2차도함수를 행렬로 정리하면

$$\nabla_2 F \equiv \begin{bmatrix} f_{11} & f_{12} & f_{13} \\ f_{21} & f_{22} & f_{23} \\ f_{31} & f_{32} & f_{33} \end{bmatrix}$$

그리고 일반화해서 n변수 함수 $y = f(x_1, \ldots, x_n)$에 대한 n^2개의 2차도함수를 행렬로 정리하면

$$\nabla_2 F \equiv \begin{bmatrix} f_{11} & f_{12} & \cdots\cdots f_{1n} \\ f_{21} & f_{22} & \cdots\cdots f_{2n} \\ . & . & . \quad . \\ . & . & . \quad . \\ f_{n1} & f_{n2} & \cdots\cdots f_{nn} \end{bmatrix}$$

〈예시 7.4〉

함수 $y = x_1 x_2 x_3^2$에 대해 기울기벡터와 2차도함수의 행렬을 찾아라.

[풀이]

1차도함수는

$$f_1 = x_2 x_3^2,\ f_2 = x_1 x_3^2,\ f_3 = 2x_1 x_2 x_3$$

2차도함수는

$$\begin{aligned} &f_{11} = 0, && f_{12} = x_3^2, && f_{13} = 2x_2 x_3 \\ &f_{21} = x_3^2, && f_{22} = 0, && f_{23} = 2x_1 x_3 \\ &f_{31} = 2x_2 x_3, && f_{32} = 2x_1 x_3, && f_{33} = 2x_1 x_2 \end{aligned}$$

따라서 기울기벡터와 2차도함수의 행렬은

$$\nabla f = \begin{bmatrix} x_2 x_3^2 \\ x_1 x_3^2 \\ 2x_1 x_2 x_3 \end{bmatrix},\quad \nabla_2 F = \begin{bmatrix} 0 & x_3^2 & 2x_2 x_3 \\ x_3^2 & 0 & 2x_1 x_3 \\ 2x_2 x_3 & 2x_1 x_3 & 2x_1 x_2 \end{bmatrix}$$

7.2 전미분

단일변수 함수 $y = f(x)$에 대해 임의의 x값(예를 들어, $x = a$)에서 x의 값이 $\triangle x$만큼 변화할 때 y의 변화의 크기를 $\triangle y$라 하면

$$\triangle y = f(a + \triangle x) - f(a)$$

이의 근사 값으로 미분(total differential)을 사용하면 다음과 같이 나타낼 수 있다.

$$dy = f'(a)dx$$

[그림 7.1]은 x가 $\triangle x \equiv dx$만큼 변화할 때 실제 함수값의 변화 $\triangle y$를 접선의 기울기를 사용하여 근사 값인 dy로 나타내고 있다. 즉, $\triangle x \to 0$이면 $\triangle y \to dy$

가 된다.

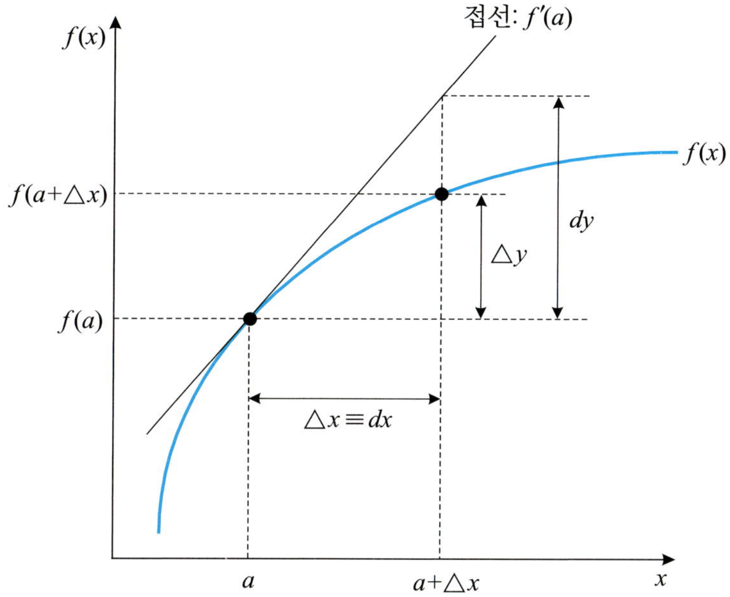

[그림 7.1] x변화에 대한 함수값 변화의 근사 값으로서 미분

2변수 함수 $y = f(x_1, x_2)$의 경우 임의의 $(x_1, x_2) = (a_1, a_2)$에서 x_2는 고정시키고 x_1만 $\triangle x_1$만큼 변화시키면 함수 값의 변화는

$$\triangle y = f(a_1 + \triangle x_1, a_2) - f(a_1, a_2)$$

단일변수 함수의 경우처럼 근사 값은

$$dy = f_1(a_1, a_2)dx_1$$

만일 x_1은 고정시키고 x_2만 $\triangle x_2$만큼 변화시키면 마찬가지로 함수 값의 변화는

$$\triangle y = f(a_1, a_2 + \triangle x_2) - f(a_1, a_2)$$

따라서 근사 값은

$$dy = f_2(a_1, a_2)dx_2$$

x_1과 x_2가 동시에 변화한다면 함수 값의 변화는 다음 전미분으로 나타낼 수 있다.

$$dy = f_1(x_1, x_2)dx_1 + f_2(x_1, x_2)dx_2$$

전미분은 변수 $x_1, x_2, \ldots, x_n$의 주어진 변화에 대해 실제 함수 값의 변화에 대한 근사 값을 나타내는데 사용되며 다음과 같이 정의된다.

[정의 7.2]

함수 $y = f(x_1, x_2, \ldots, x_n)$에 대한 전미분은 다음과 같이 정의된다.

$$dy = f_1 dx_1 + f_2 dx_2 + \ldots\ldots + f_n dx_n$$

만일 $y = a + bx$와 같이 선형함수인 경우에는 임의의 x값에서의 접선이 선형함수와 일치하여 전미분은 x값의 변화에 따른 y의 변화와 정확히 일치하게 된다. 두 변수 이상의 선형함수인 $y = a + b_1 x_1 + \ldots\ldots + b_n x_n$의 경우에도 전미분 $dy = f_1 dx_1 + f_2 dx_2 + \ldots + f_n dx_n$는 각 x_i $(i = 1, 2, \ldots, n)$가 dx_i만큼 변화할 때 y의 변화와 일치하게 된다.

예를 들어, $y = f(x_1, x_2, x_3)$가 다음과 같다고 하자.

$$y = 5 + 2x_1 + 3x_2 - 4x_3$$

x_1이 한 단위 증가하면 함수의 값은 2단위 증가하고, x_2가 한 단위 증가하면 함수의 값은 3단위 증가하며, x_3가 한 단위 증가하면 함수의 값이 4만큼 감소한다. 따라서 x_1이 2단위 증가($dx_1 = 2$)하고, x_2가 4단위 증가($dx_2 = 4$)하며, x_3가 3단위 증가($dx_3 = 3$)한다면 함수의 값은 총 4만큼 증가한다. 전미분을 이용해서 산출해도 다음과 같이 함수의 값은 4만큼 증가한다.

$$dy = f_1 dx_1 + f_2 dx_2 + f_3 dx_3 = 2(2) + 3(4) - 4(3) = 4$$

만일 2변수 함수 $z=f(x,y)$에서 $x=u(t)$, $y=v(t)$라면 연쇄법칙을 사용해서 t에 대한 z의 전미분(total derivative)은 다음과 같다.

$$\frac{dz}{dt}=\frac{\partial f}{\partial x}\frac{dx}{dt}+\frac{\partial f}{\partial y}\frac{dy}{dt}$$

$z=f(x,y,t)$, $x=u(t)$, $y=v(t)$일 경우에는 t에 대한 z의 전미분은 다음과 같다.

$$\frac{dz}{dt}=\frac{\partial f}{\partial x}\frac{dx}{dt}+\frac{\partial f}{\partial y}\frac{dy}{dt}+\frac{\partial f}{\partial t}$$

일반화하면 $y=f(x_1,\ldots,x_n)$, $x_i=u(t_1,\ldots,t_m)$, $i=1,2,\ldots,n$이라면 t_j에 대한 y의 전미분은 다음과 같다.

$$\frac{\partial y}{\partial t_j}=\sum_{i=1}^{n}\frac{\partial f(x_1,\ldots,x_n)}{\partial x_i}\frac{\partial x_i}{\partial t_j},\quad j=1,2,\ldots,m$$

2차전미분(second order total derivative)은 전미분 dy를 한 번 더 전미분하는 것이다. 예를 들어, 2변수 함수 $y=f(x_1,x_2)$의 경우 함수를 1차전미분하면 $dy=f_1dx_1+f_2dx_2$가 되는데 dx_1과 dx_2는 x_1과 x_2의 임의의 주어진 변화로 고정된 것이고, dy는 f_1과 f_2의 함수가 되며, f_1과 f_2는 x_1과 x_2의 함수이기 때문에 결국 dy는 x_1과 x_2의 함수가 된다. 2차전미분 d^2y를 얻기 위해 전미분의 정의를 dy에 적용하면 다음과 같다.

$$\begin{aligned}d^2y\equiv d(dy)&=\frac{\partial(dy)}{\partial x_1}dx_1+\frac{\partial(dy)}{\partial x_2}dx_2\\&=\frac{\partial}{\partial x_1}(f_1dx_1+f_2dx_2)dx_1+\frac{\partial}{\partial x_2}(f_1dx_1+f_2dx_2)dx_2\\&=f_{11}dx_1^2+f_{21}dx_2dx_1+f_{12}dx_1dx_2+f_{22}dx_2^2\\&=f_{11}dx_1^2+2f_{12}dx_1dx_2+f_{22}dx_2^2\ \text{(Young의 정리: } f_{12}=f_{21})\end{aligned}$$

여기서 d^2y는 y의 2차전미분을 나타내고, $dx_1^2 = (dx_1)^2$과 $dx_2^2 = (dx_2)^2$은 각각 1차도함수 dx_1과 dx_2를 제곱한 것이다.

일반화해서 n변수 함수 $y = f(x) = f(x_1, x_2, \dots, x_n)$에 대해 2차전미분은

$$d^2y = d(dy) = \sum_{i=1}^{n}\sum_{j=1}^{n} \frac{\partial^2 f}{\partial x_i \partial x_j} dx_i dx_j, \quad i, j = 1, 2, \dots, n$$

7.3 음함수 미분과 응용

7.3.1 음함수 미분과 음함수정리

y를 x의 함수로 $y = f(x)$의 형태로 나타내는 경우를 양함수(explicit function)라 하고, $y - f(x) = 0$ 또는 $F(x, y) = 0$의 형태로 나타내는 경우를 음함수(implicit function)라 한다. 음함수에서는 x와 y 둘 다 독립변수와 종속변수가 될 수 있다. 함수가 음함수로 정의되는 경우 y를 x의 함수로 전환하여 양함수 형태가 되면 도함수를 구할 수 있다. 다음 음함수를 예로 들어보자.

$$y - 2x + 3 = 0, \quad x \in \mathbb{R}$$

위 음함수는 다음과 같이 양함수(explicit function)로 전환할 수 있다.

$$y = 2x - 3$$

따라서 도함수는 $dy/dx = 2$가 된다.

그러나 x와 y를 포함한 식을 양함수 형태로 나타내는 것이 항상 가능한 것은 아니며, 이 경우 도함수 dy/dx를 구하기 위해서는 음함수 미분(implicit differentiation)을 이용하는 것이 편리하다. 다음 식을 예로 들어보자.

$$e^{3x^2 + y} - 2x - 10 = 0$$

y 대신 $f(x)$로 대체해서 나타내면 위 식은 다음과 같이 쓸 수 있다.

$$e^{3x^2+f(x)} - 2x - 10 = 0$$

연쇄법칙을 사용해서 x에 관해 미분하면

$$\left(\frac{d(3x^2+f(x))}{dx}\right)e^{3x^2+f(x)} - 2 = [6x+f'(x)]e^{3x^2+f(x)} = 0$$

양변을 $e^{3x^2+f(x)}$로 나누면

$$6x + f'(x) = 0$$

따라서

$$f'(x) \text{ 또는 } \frac{dy}{dx} = -6x$$

이렇게 여러 단계를 거쳐 음함수 미분으로 도함수를 구할 수 있지만 다음과 같은 절차를 통해 보다 편리하게 도함수를 구할 수 있다. 두 변수 x와 y의 관계를 다음과 같이 음함수로 나타내보자.

$$F(x, y) = 0$$

이를 전미분하면

$$F_x dx + F_y dy = 0$$

여기서 $F_x = \frac{\partial F}{\partial x}$, $F_y = \frac{\partial F}{\partial y}$를 나타낸다. 전미분한 식을 다시 정리하면 다음과 같이 된다.

$$\frac{dy}{dx} = -\frac{F_x}{F_y}$$

따라서 $F(x, y) = 0$이 y가 x의 함수임을 의미한다면 임의의 점(x^0, y^0) 근방에서 x의 변화(dx)와 y의 변화(dy)와의 관계를 위 식을 적용하여 쉽게 산출할 수 있다. 일반화하면 $x = (x_1, x_2, \dots, x_n)$와 y와의 관계를 $F(x_1, x_2, \dots, x_n, y) = 0$으로 나타내는 음함수에 대해 다음과 같은 음함수정리(implicit function theorem)가 성립한다.

[정리 7.2] 음함수정리

$F(x_1, x_2, \dots, x_n, y) = 0$을 임의의 점$(x_1^0, x_2^0, \dots, x_n^0, y^0)$에서 만족하고, 이 점의 근방에서 정의된 연속의 1차도함수를 가진 음함수라고 할 때 이 점에서 $F_y (\equiv \dfrac{\partial F}{\partial y}) \neq 0$이면 $x^0 = (x_1^0, x_2^0, \dots, x_n^0)$의 근방에서 다음 두 조건을 만족하는 함수 $y = f(x_1, x_2, \dots, x_n)$가 존재한다.

(i) $y^0 = f(x^0)$

(ii) $f_i(x^0) = -\dfrac{F_{x_i}}{F_y}$

〈예시 7.5〉

$F(x, y) = x^2 + y^2 - 36 = 0$라 하자. 이것은 $\mathbb{R}^2$에서 반지름이 6인 원(circle)의 함수이며 $-6 \le x \le 6$, $-6 \le y \le 6$ 이다. $x^0 = 3$, $y^0 = 3\sqrt{3}$은 $F(x, y) = 0$을 만족하고 $y^0 = 3\sqrt{3}$에서 $F_y = 2y = 6\sqrt{3} \neq 0$이기 때문에 $(x^0, y^0) = (3, 3\sqrt{3})$ 근방에서 y는 x의 함수로 생각할 수 있다. 이제 음함수정리를 사용하면

$$\frac{dy}{dx} = -\frac{F_x}{F_y} = -\frac{2x}{2y}$$

따라서 $(x^0, y^0) = (3, 3\sqrt{3})$에서

$$\frac{dy}{dx} = -\frac{6}{6\sqrt{3}} = -\frac{\sqrt{3}}{3}$$

7.3.2 음함수정리의 응용

함수 $y=f(x_1,x_2)$에 대해 임의의 y의 고정된 값 $\bar{y}$를 생성하는 (x_1,x_2) 쌍의 집합을 레벨 집합(level set)이라한다. 2변수 함수의 경우 만일 x_2를 x_1과 상수 $\bar{y}$에 대한 식으로 풀 수 있으면 임의의 상수 $\bar{y}$에 대해 (x_1,x_2) 평면에서 레벨곡선(level curve)의 식을 가지며 이 때 도함수 dx_2/dx_1는 레벨 곡선의 기울기가 된다. 레벨곡선을 음함수 형태로 쓰면

$$F(x_1,x_2)\equiv f(x_1,x_2)-\bar{y}=0$$

전미분하면

$$dF=f_1dx_1+f_2dx_2=0$$

따라서 y를 임의의 상수 $\bar{y}$에 고정했을 때(즉, $dy=0$) 레벨곡선의 기울기 dx_2/dx_1는 다음과 같이 나타낼 수 있다.

$$\left.\frac{dx_1}{dx_2}\right|_{y=\bar{y}}=-\frac{f_1}{f_2}$$

〈예시 7.6〉

$y=x_1x_2$, $x_1,x_2\in\mathbb{R}^2_+$일 경우 $\bar{y}=10$인 레벨 곡선은 $x_1x_2=10$ 또는 $x_2=10/x_1$이며 음함수 형태로 쓰면 다음과 같다.

$$F(x_1,x_2)\equiv x_1x_2-10=0$$

이 때 레벨곡선의 기울기 식은

$$\frac{dx_2}{dx_1}=-\frac{f_1}{f_2}=-\frac{x_2}{x_1}$$

[그림 7.2]는 함수 $y=x_1x_2$에 대해 $\bar{y}=10$에서 레벨곡선을 보여준다. $(x_1,x_2)=(2,5)$에서 레벨곡선의 기울기는 −5/2가 된다.

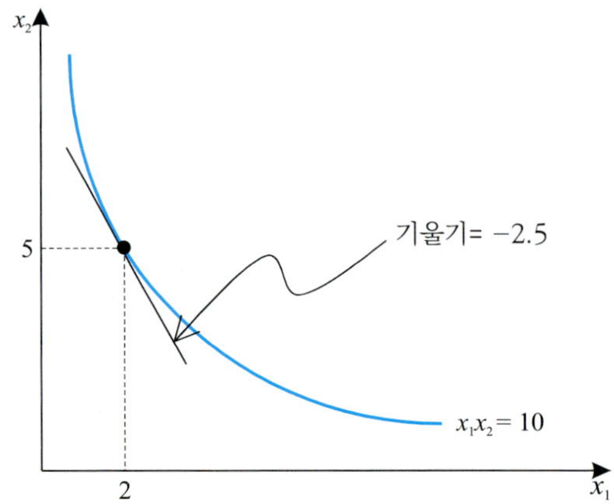

[그림 7.2] 레벨곡선과 기울기

경제학의 소비자이론에서는 소비자의 선호를 효용함수 또는 무차별곡선으로 나타낸다. 소비자가 두 재화 x_1과 x_2만을 소비한다고 가정하면 효용함수는 다음과 같이 쓸 수 있다.

$$u = u(x_1, x_2)$$

이 때 임의의 효용수준 $u = \bar{u}$에 대한 레벨곡선은 동일한 효용수준을 나타내기 때문에 무차별곡선(indifference curve)이라 한다.

x_1과 x_2를 소비자가 소비하기를 원하는 재화라고 하면 x_1의 소비가 증가할 때 동일한 효용수준을 유지하기 위해서는(또는 같은 무차별곡선에 있기 위해서는) x_2의 소비를 감소시켜야한다. 이렇게 동일한 효용수준을 유지하면서 x_1을 한 단위 추가함에 따라 포기해야하는 x_2의 비율을 한계대체율(MRS: marginal rate of substitution)이라 한다.

$$MRS = -\frac{dx_2}{dx_1}\Big|_{u = \bar{u}}$$

무차별곡선 상에서 효용수준은 동일하기 때문에 효용함수를 전미분하여 효용의 변화(du)를 0으로 놓으면 다음이 성립한다.

$$du = \frac{\partial u}{\partial x_1}dx_1 + \frac{\partial u}{\partial x_2}dx_2 = 0$$

이 식을 정리하면 한계대체율은 다음과 같이 한계효용의 비율로 나타낼 수 있다.

$$MRS = -\frac{dx_2}{dx_1}\bigg|_{u=\bar{u}} = \frac{u_1}{u_2}$$

여기서 $u_1 = \partial u/\partial x_1$, $u_2 = \partial u/\partial x_2$로 각각 x_1의 1단위 변화에 따른 효용의 변화와 x_2의 1단위 변화에 따른 효용의 변화를 나타내는 한계효용(marginal utility)을 의미한다.

[그림 7.3]에서 보는 바와 같이 일반적으로 무차별곡선은 원점에 대해 강볼록(strongly convex)한 형태를 가진다. 이 경우 무차별곡선을 따라 우측으로 이동하여 x_1 소비를 증가시키고, x_2 소비를 감소시키면 한계대체율은 감소하는데 이는 MRS를 x_1으로 미분하면 0보다 작다는 것을 의미한다.

$$\frac{dMRS}{dx_1} = \frac{d(-dx_2/dx_1)}{dx_1} = \frac{d[u_1(x_1,x_2)/u_2(x_1,x_2)]}{dx_1} < 0$$

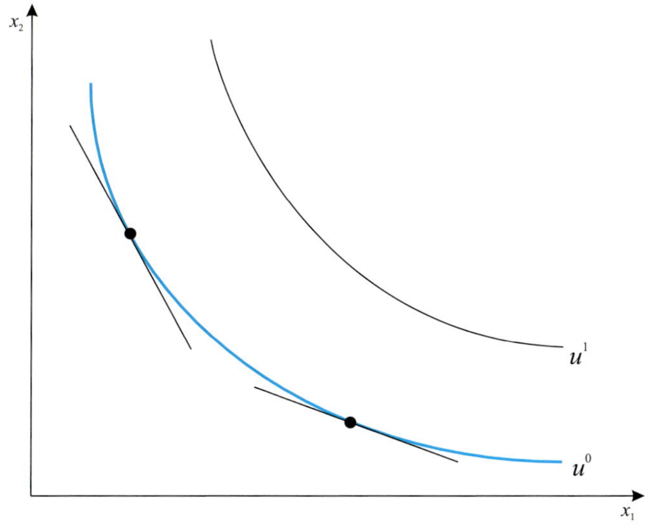

[그림 7.3] 원점에 강볼록한 무차별곡선

무차별곡선을 따라 x_2는 x_1의 함수가 되기 때문에 나눗셈의 미분법칙, 연쇄법칙, Young의 정리를 적용하면 다음이 성립한다.

$$\begin{aligned}\frac{dMRS}{dx_1} &= \frac{(u_{11}+u_{12}\frac{dx_2}{dx_1})u_2-(u_{21}+u_{22}\frac{dx_2}{dx_1})u_1}{u_2^2} \\ &= \frac{[u_{11}+u_{12}(-\frac{u_1}{u_2})]u_2-[u_{21}+u_{22}(-\frac{u_1}{u_2})]u_1}{u_2^2} \\ &= \frac{u_{11}u_2^2-u_{12}u_1u_2-u_{21}u_1u_2+u_{22}u_1^2}{u_2^3} \\ &= \frac{1}{u_2^3}(u_{11}u_2^2-2u_1u_2u_{12}+u_{22}u_1^2)\end{aligned}$$

$u_2>0$ 이기 때문에 $dMRS/dx_1<0$이 성립하려면 다음과 같이 위 식의 분자가 0보다 작아야한다.

$$u_{11}u_2^2-2u_1u_2u_{12}+u_{22}u_1^2<0$$

위 조건은 효용함수가 강 준오목(strongly quasiconcave)할 때 성립하게 된다(7.4.2절에서 설명).

[그림 7.4]는 일직선의 무차별곡선을 나타내는데 이 경우 같은 무차별곡선상에서 이동해감에 따라 두 재화의 교환비율인 한계대체율이 변화하지 않고 일정하게 유지된다. 소비자의 선호가 두 재화에 대해 완전 대체재인 경우 일직선의 무차별곡선을 갖는다.

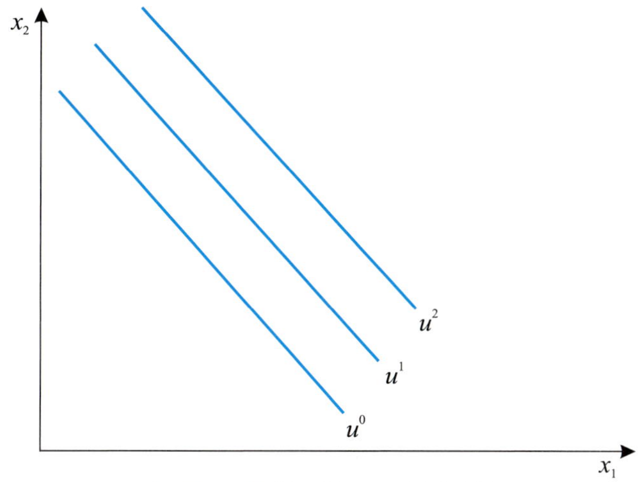

[그림 7.4] 일직선의 무차별곡선

〈예시 7.7〉

효용함수가 $u = x_1^{0.3}x_2^{0.7}$로 콥-더글라스 형태를 가진다고 하자. 이 때

$$u_1 = 0.3x_1^{-0.7}x_2^{0.7},\ \ u_2 = 0.7x_1^{0.3}x_2^{-0.3}$$
$$u_{11} = -0.21x_1^{-1.7}x_2^{0.7},\ u_{12} = 0.21x_1^{-0.7}x_2^{-0.3},\ u_{22} = -0.21x_1^{0.3}x_2^{-1.3}$$

따라서

$$MRS = \frac{u_1}{u_2} = \frac{0.3x_1^{-0.7}x_2^{0.7}}{0.7x_1^{0.3}x_2^{-0.3}} = \frac{3x_2}{7x_1}$$

또한 다음이 성립한다.

$$\begin{aligned} u_{11}u_2^2 - 2u_1u_2u_{12} + u_{22}u_1^2 &= (-0.21x_1^{-1.7}x_2^{0.7})(0.7x_1^{0.3}x_2^{-0.3})^2 \\ &\quad -2(0.3x_1^{-0.7}x_2^{0.7})(0.7x_1^{0.3}x_2^{-0.3})(0.21x_1^{-0.7}x_2^{-0.3}) \\ &\quad + (-0.21x_1^{0.3}x_2^{-1.3})(0.3x_1^{-0.7}x_2^{0.7})^2 \\ &= -0.1029x_1^{-1.1}x_2^{0.1} - 0.0882x_1^{-1.1}x_2^{0.1} \\ &\quad -0.1701x_1^{-1.1}x_2^{0.1} \\ &= -0.3612\frac{x_2^{0.1}}{x_1^{1.1}} < 0 \end{aligned}$$

따라서 무차별곡선은 원점에 대해 강볼록하게 된다. 무차별곡선이 원점에 대해 강 볼록하다는 것은 다음의 무차별곡선에 대한 미분을 통해서도 알 수 있다.

$$\text{무차별곡선의 식: } \quad \bar{u} = x_1^{0.3}x_2^{0.7} \quad \text{또는 } x_2 = (\bar{u}x_1^{-0.3})^{\frac{1}{0.7}}$$

$$\text{무차별곡선의 기울기}(MRS): -\frac{dx_2}{dx_1} = \frac{3}{7}\bar{u}^{\frac{1}{0.7}}x_1^{-\frac{1}{0.7}} > 0$$

$$MRS\text{의 기울기: } \frac{dMRS}{dx_1} = -\frac{d^2x_2}{dx_1^2} = -\frac{3}{0.49}\bar{u}^{\frac{1}{0.7}}x_1^{-\frac{1.7}{0.7}} < 0$$

〈예시 7.8〉

효용함수가 $u = 2x_1 + 3x_2$라고 하면 $u_1 = 2$, $u_2 = 3$. 따라서 $MRS = \frac{u_1}{u_2} = \frac{2}{3}$로 일정하며 두 재화는 완전 대체관계를 갖는다.

생산함수는 재화를 생산하기 위해 생산요소가 투입될 때 최대로 가능한 재화의 생산량수준을 나타낸다. 어느 재화의 생산에 두 개의 생산요소가 투입된다면 생산함수는 다음과 같이 나타낼 수 있다.

$$Q = f(L, K)$$

여기서 L은 노동, K는 자본, Q는 생산량을 의미한다. 소비자이론의 무차별곡선과 유사하게 임의의 생산량수준 $Q = \overline{Q}$에 대한 레벨곡선을 등량선(isoquant)이라고 한다.

동일한 생산량수준을 유지하기 위해서는(또는 같은 등량선에 있기 위해서는) L의 투입을 증가시키는 경우 K의 투입량은 감소시켜야한다. 동일한 생산량을 유지하면서 L을 한 단위 추가함에 따라 포기해야하는 K의 비율을 한계기술대체율(MRTS: marginal rate of technical substitution)이라 한다.

$$MRTS = -\frac{dK}{dL}\Big|_{Q=\overline{Q}}$$

등량선 상에서 생산량수준은 변화가 없으므로 생산함수를 전미분하고 생산량의 변화(dQ)를 0으로 놓으면 다음이 성립한다.

$$dQ = \frac{\partial f}{\partial L}dL + \frac{\partial f}{\partial K}dK = 0$$

이 식을 정리하면 한계기술대체율은 다음과 같이 한계생산의 비율로 나타낼 수 있다.

$$MRTS = -\frac{dK}{dL}|_{Q=\overline{Q}} = \frac{f_L}{f_K}$$

여기서 $f_L = \partial f/\partial L$, $f_K = \partial f/\partial K$로 각각 L의 한 단위 증가에 따라 추가되는 생산량과 K의 한 단위 증가에 따라 추가되는 생산량인 한계생산(marginal product)을 나타낸다.

무차별곡선과 유사하게 [그림 7.5]에서 보는 바와 같이 등량선이 원점에 강볼록(strongly convex)한 경우 등량선을 따라 우측으로 이동하여 L의 투입을 증가시키고 K의 투입을 감소시키면 한계기술대체율은 감소하게 된다.

$$\frac{dMRTS}{dL} = \frac{d(-dK/dL)}{dL} = \frac{d[f_1(L,K)/f_2(L,K)]}{dL} < 0$$

여기서 등량선을 따라 K는 L의 함수가 되며 무차별곡선과 유사하게 위의 미분 결과는 다음과 같다.

$$\frac{dMRTS}{dL} = \frac{1}{f_K^3}(f_{LL}f_K^2 - 2f_Lf_Kf_{LK} + f_{KK}f_L^2)$$

또한 $f_K > 0$이기 때문에 원점에 강볼록한 등량선은 다음의 조건을 만족하며 이는 생산함수가 강 준오목(strongly quasiconcave)할 때 성립하게 된다.

$$f_{LL}f_K^2 - 2f_Lf_Kf_{LK} + f_{KK}f_L^2 < 0$$

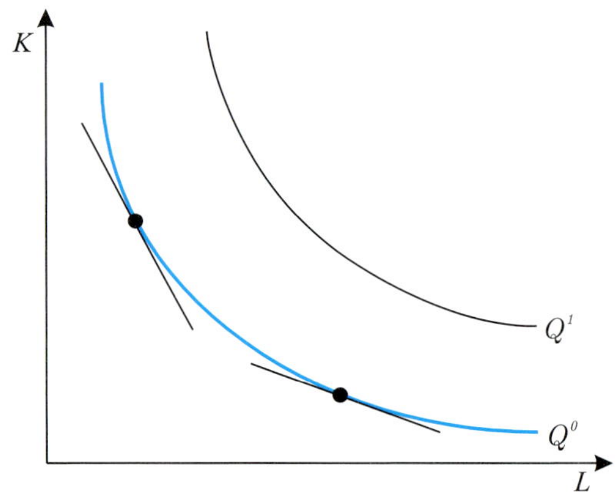

[그림 7.5] 원점에 강볼록한 등량선

7.4 함수의 오목성, 볼록성, 준오목성과 준볼록성

7.4.1 오목성과 볼록성

[그림 7.6]에서 보는 바와 같이 위로 호(arc)를 그리고 있는 함수는 오목(concave)한 함수이다. 보다 엄밀하게 말하면 함수 $y = f(x)$의 정의역에서 임의의 두 점 x'와 x''에 대하여 두 점 x'와 x''를 볼록결합한 점 $\bar{x} = \theta x' + (1-\theta)x''$에서의 함수값 $f(\bar{x})$이 두 함수값 $f(x')$와 $f(x'')$을 연결하는 직선상의 값 $\bar{f} = \theta f(x') + (1-\theta)f(x'')$ (또는 두 함수 값의 볼록결합)보다 큰 경우 (강)오목함수라 한다.

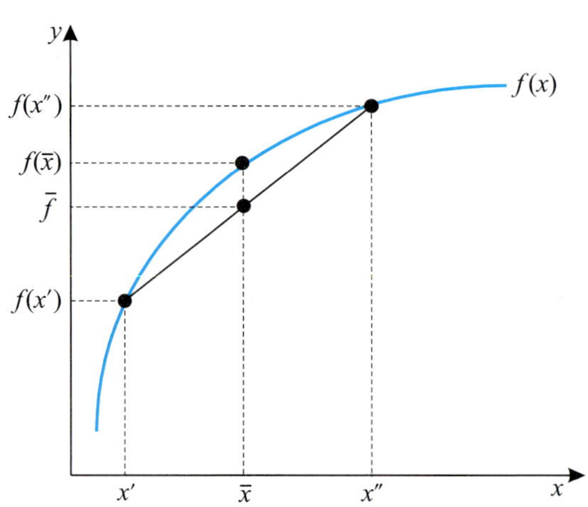

[그림 7.6] 강오목함수

반면 [그림 7.7]에서와 같이 두 점 x'와 x''를 볼록결합한 점 $\bar{x} = \theta x' + (1-\theta)x''$에서 함수값 $f(\bar{x})$가 두 함수값을 연결하는 직선상의 값 $\bar{f} = \theta f(x') + (1-\theta)f(x'')$보다 작은 경우에는 (강)볼록함수라 한다.

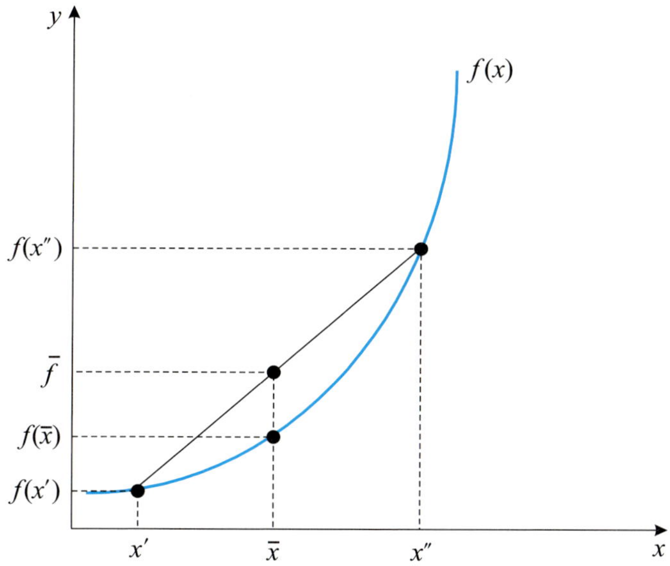

[그림 7.7] 강볼록함수

일반적으로 n변수 함수 $y = f(x) = f(x_1, x_2, \dots, x_n)$의 오목성(concavity) 또는 볼록성(convexity)은 다음과 같이 정의된다.

[정의 7.3]

함수 $y = f(x)$의 정의역에서 임의의 구분되는 두 점 x'와 x''에 대하여 만일

$f[\theta x' + (1-\theta)x''] \begin{Bmatrix} \geq \\ \leq \end{Bmatrix} \theta f(x') + (1-\theta)f(x''),\ \theta \in (0,1)$이면

함수 f는 $\begin{Bmatrix} \text{오목}(\geq), \text{강오목}(>) \\ \text{볼록}(\leq), \text{강볼록}(<) \end{Bmatrix}$하다.

정의 7.3으로부터 오목성과 볼록성에 대한 다음 정리가 유도된다.

[정리 7.3]

만일 함수 $f(x)$가 선형이면 오목한 동시에 볼록하지만 강오목하거나 강볼록하지 않다.

[정리 7.4]

만일 함수 $f(x)$가 (강)오목하면 $-f(x)$는 (강)볼록하며 역도 성립한다.

[정리 7.5]

만일 함수 $f(x)$와 $g(x)$가 둘 다 오목(볼록)하면 $f(x)+g(x)$도 오목(볼록)하다. 또한 $f(x)$와 $g(x)$가 둘 다 오목(볼록)하고 둘 중의 하나라도 강오목(강볼록)하면 $f(x)+g(x)$도 강오목(강볼록)하다.

정리 7.3은 쉽게 이해할 수 있으며, 정리 7.4가 어떻게 성립하는지 알아보자. 함수 $f(x)$가 오목하다고 가정하면

$$f[\theta x' + (1-\theta)x''] \geq \theta f(x') + (1-\theta) f(x'')$$

양변에 -1을 곱하면 부등호가 바뀌면서 다음 결과가 되는데 이는 $-f(x)$가 볼록하기 위한 조건이 된다.

$$-f[\theta x' + (1-\theta)x''] \leq \theta[-f(x')] + (1-\theta)[-f(x'')]$$

정리 7.5의 첫 번째 부분이 성립하는 것을 보기 위해 함수 $f(x)$와 $g(x)$가 둘 다 오목하다고 가정하면

$$f[\theta x' + (1-\theta)x''] \geq \theta f(x') + (1-\theta) f(x'')$$
$$g[\theta x' + (1-\theta)x''] \geq \theta g(x') + (1-\theta) g(x'')$$

두 식의 좌변과 우변을 각각 더하면 다음을 얻는데 이는 $f(x)+g(x)$가 오목하기 위한 조건이다.

$$f[\theta x'+(1-\theta)x'']+g[\theta x'+(1-\theta)x''] \geq \theta[f(x')+g(x')]+(1-\theta)[f(x'')+g(x'')]$$

정리 7.5의 두 번째 부분이 성립하는 것을 보기 위해 $f(x)$는 오목하고, $g(x)$가 강오목하다고 가정하면

$$\begin{aligned} f[\theta x'+(1-\theta)x''] &\geq \theta f(x')+(1-\theta)f(x'') \\ g[\theta x'+(1-\theta)x''] &> \theta g(x')+(1-\theta)g(x'') \end{aligned}$$

두 식의 좌변과 우변을 각각 더하면 다음과 같이 $f(x)+g(x)$가 강오목하기 위한 조건은 강부등호(strict inequality)가 성립해야 한다.

$$\begin{aligned} & f[\theta x'+(1-\theta)x'']+g[\theta x'+(1-\theta)x''] > \\ & \qquad \theta[f(x')+g(x')]+(1-\theta)[f(x'')+g(x'')] \end{aligned}$$

만일 함수가 미분가능하면 오목성과 볼록성은 1차도함수로 정의할 수 있다. 먼저 단일변수 함수 $y=f(x)$에 대해 알아보자. [그림 7.8]을 보면 함수 $f(x)$상의 점 a에서 함수 값의 높이는 $f(x')$이고 접선은 직선 ad로 나타난다. x의 값이 x'에서 x''로 증가하면 강오목 곡선이 되기 위해서는 접선 ad 보다 안쪽으로 오목하게 휘어져 함수 값의 높이가 c점에서와 같이 $f(x'')$로 d점에서보다 낮아야한다. 즉, 강오목함수 곡선 상에서의 두 점을 잇는 직선 ac의 기울기는 점 a에서의 접선인 ad의 기울기보다 작아야한다. 만일 함수가 강오목하지 않고 직선이라면 직선 ac는 접선 ad와 일치하게 될 것이다. 이러한 두 가지 결과를 결합하면 다음을 의미한다.

$$(\text{직선 } ac\text{의 기울기}=)\ \frac{f(x'')-f(x')}{x''-x'} \leq f'(x')\ (=ad\text{의 기울기})$$

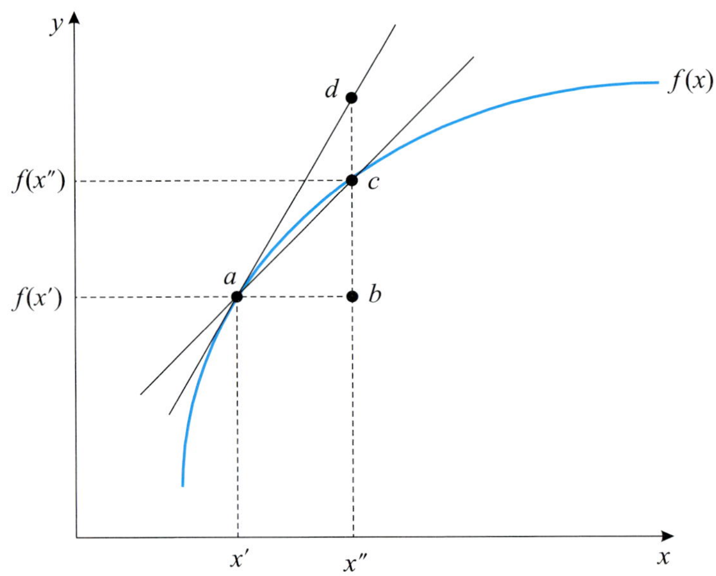

[그림 7.8] 미분가능 강오목함수

정리하면 미분가능함수 $f(x)$의 경우 정의역의 구분되는 두 점 x'와 x''에 대해 오목함수가 되기 위한 필요충분조건은 다음과 같다.

$$f(x'') \le f(x') + f'(x')(x'' - x')$$

위 식에서 부등호가 바뀌면 볼록함수가 되기 위한 필요충분조건이 된다.

일반화해서 n변수 함수가 미분가능할 때의 오목성과 볼록성은 다음과 같이 정의된다.

[정의 3.8]

미분가능함수 $f(x) = f(x_1, \ldots, x_n)$의 정의역에서 구분되는 두 점 $x' = (x_1', \ldots, x_n')$와 $x'' = (x_1'', \ldots, x_n'')$에 대해 $f(x'') \begin{Bmatrix} \le \\ \ge \end{Bmatrix} f(x') + \sum_{j=1}^{n} f_j(x')(x_j'' - x_j')$이면 $\begin{Bmatrix} \text{오목}(\le), \text{강오목}(<) \\ \text{볼록}(\ge), \text{강볼록}(>) \end{Bmatrix}$하다(단, $f_j(x') \equiv \partial f(\bullet)/\partial x_j$).

만일 함수가 두 번 연속 미분가능할 경우에는 d^2y가 정의되며 $y = f(x_1, \ldots, x_n)$가 오목할 필요충분조건은 $d^2y \le 0$으로 음의 준정부호(negative semi-definite)인 경우이며, 볼록할 필요충분조건은 $d^2y \ge 0$으로 양의 준정부호(positive semi-definite)인 경우이다. 만일 $d^2y < 0$으로 음의 정부호(negative definite)이면 강오목함수이며, $d^2y > 0$으로 양의 정부호(positive definite)이면 강볼록함수이다.

[정리 7.6]

2변수 함수 $y = f(x_1, x_2)$가 두 번 연속 미분가능하고 적어도 dx_1과 dx_2 중 하나가 0이 아닐 때 $d^2y = f_{11}dx_1^2 + 2f_{12}dx_1dx_2 + f_{22}dx_2^2 \begin{Bmatrix} \le \\ \ge \end{Bmatrix} 0$ 이면

$\begin{Bmatrix} \text{오목}(\le), \text{강오목}(<) \\ \text{볼록}(\ge), \text{강볼록}(>) \end{Bmatrix}$ 하다.

〈예시 7.9〉

$y = x_1^2 + x_1x_2 + x_2^2$이 강볼록함수임을 보여라.

[풀이]

$f_{11} = 2$, $f_{12} = 1$, $f_{22} = 2$

$$\begin{aligned} d^2y &= d(f_1dx_1 + f_2dx_2) \\ &= f_{11}dx_1^2 + 2f_{12}dx_1dx_2 + f_{22}dx_2^2 \\ &= 2dx_1^2 + 2dx_1dx_2 + 2dx_2^2 \\ &= 2(dx_1 + 0.5dx_2)^2 - 0.5dx_2^2 + 2dx_2^2 \\ &= 2(dx_1 + 0.5dx_2)^2 + 1.5dx_2^2 > 0 \end{aligned}$$

따라서 $x_1^2 + x_1x_2 + x_2^2$은 강볼록함수이다.

n변수 함수 $y = f(x_1, \ldots, x_n)$로 확장해서 함수의 오목성과 볼록성의 조건에 대해 알아보자. 함수를 1차전미분하면

$$dy = f_1 dx_1 + f_2 dx_2 + ... + f_n dx_n = \sum_{i=1}^{n} f_i dx_i$$

각 편도함수 f_i는 $(x_1, ..., x_n)$의 함수이기 때문에 dy도 $(x_1, ..., x_n)$의 함수이고, dy의 전미분 d^2y는 다음과 같다.

$$\begin{aligned} d^2y = d(dy) &= \frac{\partial(dy)}{\partial x_1} dx_1 + \frac{\partial(dy)}{\partial x_2} dx_2 + ... + \frac{\partial(dy)}{\partial x_n} dx_n \\ &= \frac{\partial(f_1 dx_1 + f_2 dx_2 + ... + f_n dx_n)}{\partial x_1} dx_1 \\ &\quad + ... + \frac{\partial(f_1 dx_1 + f_2 dx_2 + ... + f_n dx_n)}{\partial x_n} dx_n \\ &= \sum_{i=1}^{n} \sum_{j=1}^{n} \frac{\partial^2 f}{\partial x_i \partial x_j} dx_i dx_j \\ &= \sum_{i=1}^{n} \sum_{j=1}^{n} f_{ij} dx_i dx_j \end{aligned}$$

d^2y를 행렬식으로 나타내면

$$d^2y = dx^T \nabla_2 F dx$$

여기서 $dx^T = [dx_1 \ dx_2 ....dx_n]$은 dx_i의 벡터이고 $\nabla_2 F$는 f의 헤시안행렬(H)로

$$\nabla_2 F = H = \begin{bmatrix} f_{11} & f_{12} & .....f_{1n} \\ f_{21} & f_{22} & .....f_{2n} \\ ..... & ..... & .... \\ f_{n1} & f_{n2} & .....f_{nn} \end{bmatrix}$$

Young의 정리$(f_{ij} = f_{ji})$에 의해 헤시안행렬은 대칭이고, d^2y가 2차형식(quadratic form)이 되기 때문에 함수의 오목성과 볼록성을 결정하는 규칙은 다음과 같다.

[정리 7.7]

함수 $y=f(x),\ x \in \mathbb{R}^n$가 헤시안행렬 H를 가지면서 두 번 연속 미분가능하다면 다음이 성립한다.

(i) 만일 H가 모든 $x \in \mathbb{R}^n$에 대해 양의 정부호($d^2y>0$)이면 함수 f는 강볼록하고, 양의 준정부호($d^2y \geq 0$)이면 함수 f는 (약)볼록하다.

(ii) 만일 H가 모든 $x \in \mathbb{R}^n$에 대해 음의 정부호($d^2y<0$)이면 함수 f는 강오목하고, 음의 준정부호($d^2y \leq 0$)이면 함수 f는 (약)오목하다.

헤시안행렬식(Hessian determinant) $|H|$는 다음과 같다.

$$|H| = \begin{vmatrix} f_{11} & f_{12} & \cdots\cdots & f_{1n} \\ f_{21} & f_{22} & \cdots\cdots & f_{2n} \\ \cdots\cdots & \cdots\cdots & & \cdots\cdots \\ f_{n1} & f_{n2} & \cdots\cdots & f_{nn} \end{vmatrix}$$

$|H_k|$는 헤시안행렬식의 k번째 주소행렬식(leading principal minors)으로

$$|H_1| = f_{11},\quad |H_2| = \begin{vmatrix} f_{11} & f_{12} \\ f_{21} & f_{22} \end{vmatrix}, \ldots\ldots, |H_k| = \begin{vmatrix} f_{11} & f_{12} & \cdots\cdots & f_{1k} \\ f_{21} & f_{22} & \cdots\cdots & f_{2k} \\ \cdots\cdots & \cdots\cdots & & \cdots\cdots \\ f_{k1} & f_{k2} & \cdots\cdots & f_{kk} \end{vmatrix}, \ldots\ldots, |H_n| = |H|$$

주소행렬식의 부호와 H의 부호형식 및 함수의 오목성/볼록성의 관계는 다음과 같다.

[정리 7.8]

H가 두 번 연속 미분가능함수 $y=f(x),\ x \in \mathbb{R}^n$의 헤시안행렬이라고 할 때

(i) 주소행렬식이 모두 양($|H_1|>0, |H_2|>0, \ldots, |H_n|=|H|>0$)이면 $d^2y>0$이고 함수 f는 강볼록하며, 주소행렬식이 양 또는 0이면($|H_1| \geq 0, |H_2| \geq 0, \ldots |H_n| \geq 0$) $d^2y \geq 0$이고 함수 f는 볼록하다.

(ii) 주소행렬식이 음(−)으로 시작해서 교대로 부호가 나오면 ($|H_1|<0,\ |H_2|>0,\ |H_3|<0, \ldots, (-1)^n|H_n|>0$) $d^2y<0$이고 함수 f는 강오목하며, $|H_1| \leq 0,\ |H_2| \geq 0, \ldots, (-1)^n|H_n| \geq 0$이면 $d^2y \leq 0$이고 함수 f는 오목하다.

〈예시 7.10〉

콥-더글라스 생산함수 $Y(L,K) = L^{\alpha}K^{\beta}$(단, $0 < \alpha, \beta < 1$이고 $\alpha + \beta < 1$)가 강오목함수임을 보여라.

[풀이]

헤시안행렬은 $H = \begin{bmatrix} Y_{LL} & Y_{LK} \\ Y_{KL} & Y_{KK} \end{bmatrix}$이고

$$Y_{LL} = \alpha(\alpha - 1)L^{\alpha-2}K^{\beta}$$

$$Y_{KK} = \beta(\beta - 1)L^{\alpha}K^{\beta-2}$$

$$Y_{LK} = \alpha\beta L^{\alpha-1}K^{\beta-1}$$

주소행렬식의 부호는

$$|H_1| = Y_{LL} = \alpha(\alpha - 1)L^{\alpha-2}K^{\beta} < 0$$

$$|H_2| = |H| = Y_{LL}Y_{KK} - Y_{LK}^2 = \alpha\beta(1 - \alpha - \beta)L^{2\alpha-2}K^{2\beta-2} > 0$$

따라서 $d^2Y < 0$이기 때문에 Y는 강오목함수이다.

7.4.2 준오목성과 준볼록성

준오목성(quasi-concavity)과 준볼록성(quasi-convexity)은 오목성과 볼록성의 약한 조건이라 할 수 있다.

[정의 7.5]

함수 f의 정의역에서 두 개의 구분되는 점 x', x''와 $0 < \theta < 1$에 대해 $f(x'') \geq f(x') \Rightarrow f[\theta x' + (1-\theta)x'']\begin{Bmatrix} \geq f(x') \\ \leq f(x'') \end{Bmatrix}$이면 함수 f는 $\begin{Bmatrix} \text{준오목}(\geq), \text{강준오목}(>) \\ \text{준볼록}(\leq), \text{강준볼록}(<) \end{Bmatrix}$하다.

[그림 7.9]는 준오목성과 준볼록성을 보여주고 있다. [그림 7.9]의 (a)에서 곡선 CD 사이에 있는 점들의 높이는 C보다 모두 높기 때문에 준오목성을 충족하지만 일부 점들은 D보다 높기 때문에 준볼록성을 충족하지는 않는다. (b)의 곡선 EF 사이에 있는 점들의 높이는 모두 F보다 낮기 때문에 준볼록성을 충족한다.

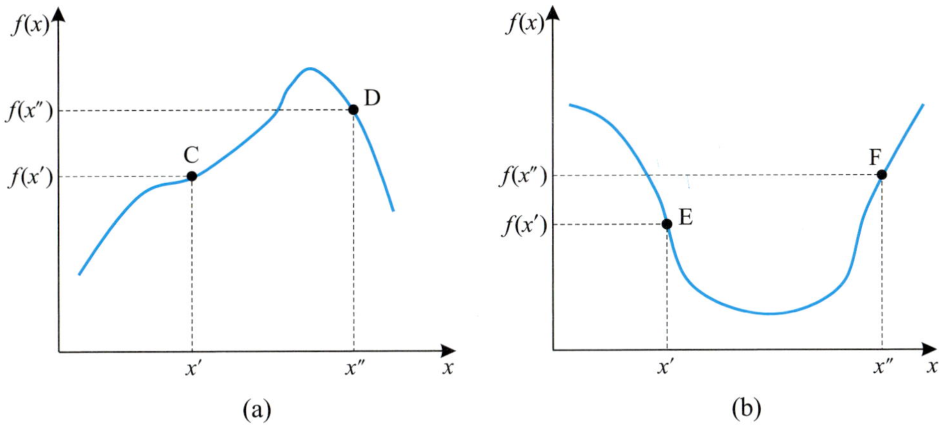

[그림 7.9] 준오목성과 준볼록성

[정리 7.9]

함수 $f(x)$가 준오목(강준오목)하면, 함수 $-f(x)$는 준볼록(강준볼록)하다.

[정리 7.10]

오목(볼록) 함수는 준오목(준볼록)하지만 역은 성립하지 않는다. 또한 강오목(강볼록) 함수는 강준오목(강준볼록)하지만 역은 성립하지 않는다.

[정리 7.11]

선형 함수 $f(x)$는 준오목하면서 준볼록하다.

정의 7.5는 함수 f가 미분가능하다는 조건을 필요로 하지는 않지만 만일 f가 미분가능하면 준오목성과 준볼록성을 함수의 1차도함수를 이용하여 정의할 수 있다.

[정의 7.6]

정의역의 임의의 두 개의 다른 점 $(x_1', x_2', \ldots, x_n')$과 $(x_1'', x_2'', \ldots, x_n'')$에 대해 $f(x_1'', x_2'', \ldots, x_n'') \geq f(x_1', x_2', \ldots, x_n')$일 때

$$\left\{\begin{matrix} \sum_{i=1}^{n}[f_i(x_1', x_2', \ldots, x_n') \cdot (x_i'' - x_i')] \\ \sum_{i=1}^{n}[f_i(x_1'', x_2'', \ldots, x_n'') \cdot (x_i'' - x_i')] \end{matrix}\right\} \geq 0 \text{이면 미분가능함수 } f(x_1, x_2, \ldots, x_n)$$

은 $\left\{\begin{matrix}\text{준오목}\\\text{준볼록}\end{matrix}\right\}$하다(단, $f_i \equiv \partial f / \partial x_i$).

부등식이 $>$이면 강준오목과 강준볼록이 성립한다.

만일 함수 $y = f(x_1, x_2, \ldots, x_n)$가 두 번 연속으로 미분가능하면 준오목성과 준볼록성은 함수의 1차 및 2차 편도함수에 의해 정렬된 유계헤시안(bordered Hessian) $|\overline{H}|$에 의해 판별할 수 있다.

$$|\overline{H}| = \begin{vmatrix} 0 & f_1 & f_2 \cdots & f_n \\ f_1 & f_{11} & f_{12} \cdots & f_{1n} \\ f_2 & f_{21} & f_{22} \cdots & f_{2n} \\ \cdots & \cdots & \cdots & \cdots \\ f_n & f_{n1} & f_{n2} \cdots & f_{nn} \end{vmatrix}$$

유계헤시안의 주소행렬식은 다음과 같이 주어진다.

$$|\overline{H}_1| = \begin{vmatrix} 0 & f_1 \\ f_1 & f_{11} \end{vmatrix}, \ |\overline{H}_2| = \begin{vmatrix} 0 & f_1 & f_2 \\ f_1 & f_{11} & f_{12} \\ f_2 & f_{21} & f_{22} \end{vmatrix}, \quad \ldots\ldots, \ |\overline{H}_n| = |\overline{H}|$$

$y = f(x_1, x_2, \ldots, x_n)$가 1상한에서 준오목일 필요조건은

$$|\overline{H}_1| \leq 0, |\overline{H}_2| \geq 0, \ldots, (-1)^n |\overline{H}_n| \geq 0$$

강준오목일 충분조건은

$$\left|\overline{H}_1\right| < 0,\ \left|\overline{H}_2\right| > 0,\ \ldots,\ (-1)^n\left|\overline{H}_n\right| > 0$$

2변수 함수 $y = f(x_1, x_2)$에 적용하면 두 번 미분이 가능한 함수가 준오목일 필요조건은

$$2f_1f_2f_{12} - f_1^2f_{22} - f_2^2f_{11} \geq 0$$

강준오목일 충분조건은

$$2f_1f_2f_{12} - f_1^2f_{22} - f_2^2f_{11} > 0$$

〈예시 7.11〉

함수 $y = x_1x_2^2\ (x_1, x_2 > 0)$는 강준오목임을 보여라.

[풀이]

유계헤시안은

$$\left|\overline{H}\right| = \begin{vmatrix} 0 & x_2^2 & 2x_1x_2 \\ x_2^2 & 0 & 2x_2 \\ 2x_1x_2 & 2x_2 & 2x_1 \end{vmatrix}$$

유계헤시안의 주소행렬식은

$$\left|\overline{H}\right| = \begin{vmatrix} 0 & x_2^2 \\ x_2^2 & 0 \end{vmatrix} = -x_2^4 < 0$$

$$\left|\overline{H}_2\right| = \left|\overline{H}\right| = \begin{vmatrix} 0 & x_2^2 & 2x_1x_2 \\ x_2^2 & 0 & 2x_2 \\ 2x_1x_2 & 2x_2 & 2x_1 \end{vmatrix}$$

$$= 4x_1x_2^4 + 4x_1x_2^4 - 2x_1x_2^4 = 6x_1x_2^4 > 0$$

따라서 함수 y는 강준오목성의 조건을 만족한다.

경영경제수학
MATHEMATICAL ECONOMICS

제 8 장 적 분

8.1 부정적분
8.2 정적분
8.3 정적분의 특성
8.4 적분 방법

제8장 | 적 분

8.1 부정적분

수학에서 덧셈, 뺄셈, 곱셈, 나눗셈, 거듭제곱과 같은 연산은 일반적으로 역이 성립한다. 제6장과 제7장에서는 다양한 함수의 도함수를 찾는 방법을 알아보았는데 수학의 연산과 같이 도함수도 역이 존재한다. 여기에서는 도함수의 역인 역도함수(anti-derivatives)를 구하는 방법에 대해 알아본다.

함수 f가 만일 $F'(x)=f(x)$를 만족하면 함수 F는 f의 역도함수가 된다. 예를 들어, $f(x)=x^2$이면 $F(x)=x^3/3$은 다음이 성립하기 때문에 역도함수가 된다.

$$\frac{d}{dx}\left(\frac{x^3}{3}\right)=x^2$$

그러나 다음과 같이 상수의 미분은 0이 되기 때문에 $F(x)$가 x^2의 유일한 역도함수는 아니다.

$$\frac{d}{dx}\left(\frac{x^3}{3}+2\right)=x^2$$
$$\frac{d}{dx}\left(\frac{x^3}{3}-\pi\right)=x^2$$
$$\frac{d}{dx}\left(\frac{x^3}{3}+\sqrt{5}\right)=x^2$$

즉, $x^3/3+2$, $x^3/3-\pi$, $x^3/3+\sqrt{5}$의 도함수가 동일하게 x^2이기 때문에 이들 모두가 x^2의 역도함수가 된다. 일반적으로 나타내면 임의의 실수 C에 대하여 $d(x^3/3+C)/dx=x^2$이기 때문에 x^2의 역도함수는

$$\frac{x^3}{3}+C$$

이렇게 주어진 함수에 대한 역도함수는 적분상수 C로 인하여 유일한 형태로 주어지는 것이 아니라 함수족(family of function)으로 나타나게 된다.

적분이 미분의 역이라는 의미를 설명하는데 있어서 역도함수라는 용어가 보다 분명하지만 일반적으로 역도함수를 부정적분(indefinite integral)이라고 한다. 함수 $f(x)$의 도함수가 $f'(x)$이고 적분 과정이 미분의 역이지만 적분을 보통 $f(x)$의 역도함수 또는 $F(x)$로 나타낸다.

[정리 8.1]

함수 $f(x)$의 역도함수를 부정적분(indefinite integral)이라 하며, 다음과 같은 기호로 나타낸다.

$$\int f(x)dx = F(x) + C$$

이 때 $f(x)$를 피적분함수(integrand), C를 적분상수(constant of integration)라고 한다. 부정적분과 미분은 적분상수항이 합해지는 것을 제외하고, 역이 성립하기 때문에 다음과 같이 나타낼 수 있다.

$$\int f(x)dx = \int\left(\frac{dF(x)}{dx}\right)dx$$

부정적분에 관한 주요 공식은 다음과 같다.

(i) 다항식의 적분: $\int x^n dx = \frac{x^{n+1}}{n+1} + C, \quad n \neq -1$

(ii) 지수함수의 적분: $\int e^x dx = e^x + C$

(iii) 로그함수의 적분: $\int \frac{1}{x} dx = ln|x| + C, \quad x \neq 0$

(iv) 상수곱의 적분: $\int kf(x)dx = k\int f(x)dx \quad k = \text{상수}$

(v) 함수의 합과 차의 적분: $\int [f(x) \pm g(x)]dx = \int f(x)dx \pm \int g(x)dx$

〈예시 8.1〉

다음에 대한 적분을 구하라.

(1) $\int 5x^{\frac{1}{2}}dx$

(2) $\int (e^x + \frac{2}{x})dx$

[풀이]

(1) 규칙 (ⅰ)과 (ⅳ)를 적용하면

$$\int 5x^{\frac{1}{2}}dx = 5\int x^{\frac{1}{2}}dx = 5\frac{x^{\frac{3}{2}}}{\frac{1}{2}+1} + C = \frac{10x^{\frac{3}{2}}}{3} + C$$

(2) 규칙 (ⅱ), (ⅲ), (ⅳ)를 적용하면

$$\int (e^x + \frac{2}{x})dx = \int e^x dx + 2\int \frac{1}{x}dx = e^x + C_1 + 2ln|x| + C_2$$
$$= e^x + 2ln|x| + C$$

〈예시 8.2〉 **한계비용과 총비용 함수와의 관계**

어느 재화에 대한 한계비용함수를 $MC(Q) = 10 + 20Q$라 하고 고정비용이 2,000원이라고 하자. 이 때 총비용함수 TC는

$$TC = \int (10+2Q)dQ = 10Q + Q^2 + C$$

$Q = 0$일 때는 고정비용만 발생하기 때문에 총비용은 $TC = 2{,}000$원이다. 그러므로 적분상수 C는

$$TC = 10(0) + (0)^2 + C = 2{,}000 \Rightarrow C = 2{,}000$$

결과적으로 총비용함수는 다음과 같이 구해진다.

$$TC = 2{,}000 + 10Q + Q^2$$

8.2 정적분

정적분(definite integral) 또는 리만적분(Riemann integral)은 일정 구간(interval)에서 정의되는 것으로 일정한 구간에서 곡선 아래의 면적을 나타낸다. 예를 들어, 구간 $x \in [0,1]$에서 함수 $f(x) = 3x^2$와 x축 사이의 면적 즉, [그림 8.1]에서 빗금 친 부분의 면적을 계산하는 문제를 생각해보자. 곡선함수의 경우 기하학적으로 직접 면적을 계산하기는 어렵지만 구간을 분할하여 사각형 면적을 계산하는 방법을 적용하면 간접적으로 면적의 근사값을 구할 수 있다.

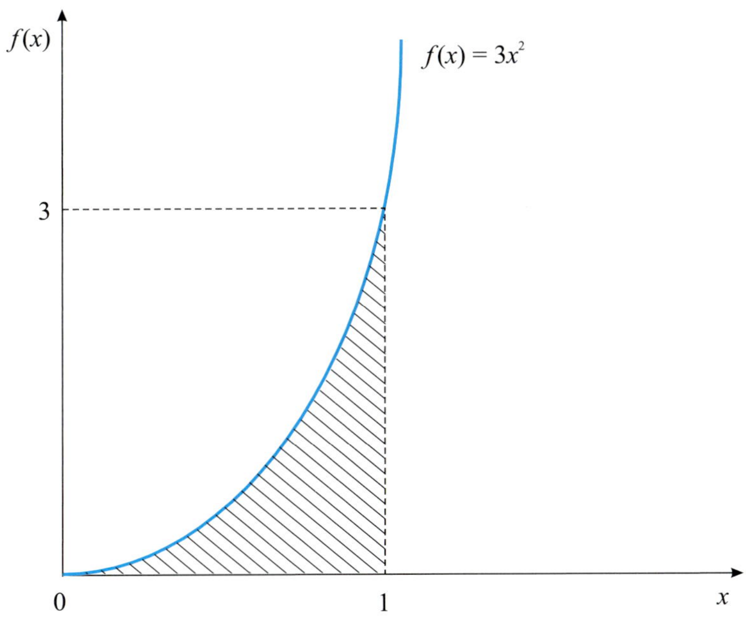

[그림 8.1] 구간 $x \in [0,1]$에서 $f(x) = 3x^2$와 x축 사이의 면적

[그림 8.2]처럼 만일 구간 [0, 1]을 4개로 똑같이 나누면 [0, 0.25], [0.25, 0.5], [0.50, 0.75], [0.75, 1]의 4개의 구간으로 분할(partition)된다. 각 세부구간에서 임의로 한 점 w_i를 선택하여 각 세부구간의 길이 $\triangle i = 0.25$에 높이 $f(w_i)$를 곱해 각 사각형의 면적을 더하면 곡선 아래 면적의 근사값이 되는데 이것을 리만합(Riemann sum)이라 한다. 예를 들어, $w_1 = 0.2$, $w_2 = 0.4$, $w_3 = 0.6$, $w_4 = 0.8$을 선택하면 함수 값 $f(\omega_i)$는 다음과 같다.

$$f(\omega_1) = 3(0.2)^2 = 0.12$$

$$f(\omega_2) = 3(0.4)^2 = 0.48$$

$$f(\omega_3) = 3(0.6)^2 = 1.08$$

$$f(\omega_4) = 3(0.8)^2 = 1.92$$

따라서 리만합 S는 다음과 같다.

$$\begin{aligned} S &= \sum_{i=1}^{4} f(w_i)\triangle i \\ &= (0.12)(0.25) + (0.48)(0.25) \\ &\quad + (1.08)(0.25) + (1.92)(0.25) \\ &= 0.90 \end{aligned}$$

함수 $f(x) = 3x^2$은 x의 증가함수이기 때문에 [그림 8.2]에서 w_i로 각 세부구간의 왼쪽 끝값을 선택한 경우는 구간 $x \in [0,1]$에서 $f(x) = 3x^2$와 x축 사이의 면적을 과소계산하고, 오른쪽 끝값을 선택한 경우는 면적을 과대계산하고 있음을 보여준다.

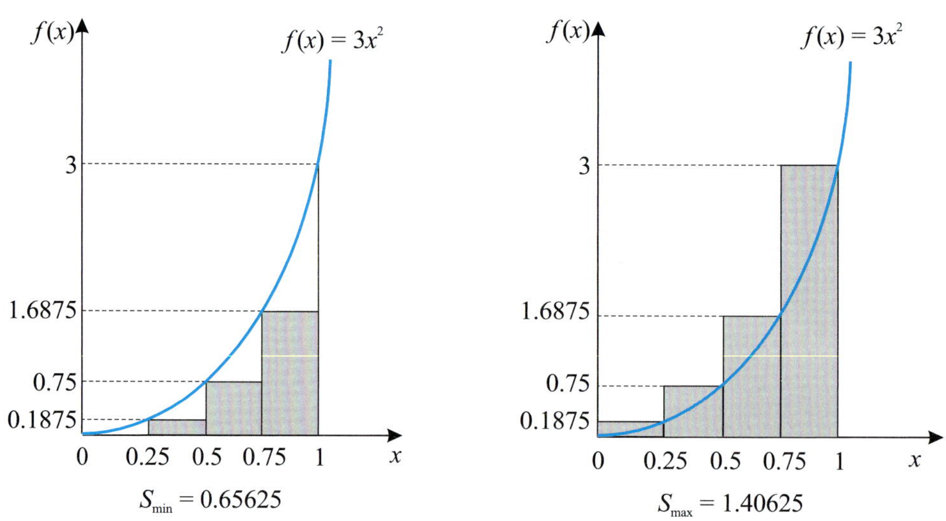

[그림 8.2] 최소 리만합과 최대 리만합의 예

즉, w_i로 각 하위구간의 왼쪽 끝값을 선택하여 계산한 면적의 최소값(S_{min})과 w_i로 하위구간의 오른쪽 끝값을 선택하여 계산한 면적의 최대값(S_{max})은 다음과 같이 구해진다.

$$\begin{aligned} S_{min} &= 0 + (0.25)(0.1875) + (0.25)(0.75) + (0.25)(1.6875) \\ &= 0.65625 \end{aligned}$$

$$\begin{aligned} S_{max} &= (0.25)(0.1875) + (0.25)(0.75) + (0.25)(1.6875) + (0.25)(3) \\ &= 1.40625 \end{aligned}$$

이러한 면적 계산결과는 $f(x) = 3x^2$와 x축 사이의 면적에 대한 근사값이 되는데 구간 [0, 1]을 세분하면 보다 정확한 면적을 계산할 수 있다.

구간 [0, 1]을 n개로 세분하면 하위구간들은 다음과 같이 분할된다.

$$[0, \frac{1}{n}],\ [\frac{1}{n}, \frac{2}{n}],\ \ldots\ldots\ldots\ldots, [\frac{n-1}{n}, 1]$$

각 세부구간의 왼쪽 끝값을 높이로 해서 곡선 아래의 면적에 대한 최소합을 구하면

$$S_{min} = \sum_{i=1}^{n} f(\underline{w}_i)\Delta_i = \sum_{i=1}^{n} 3(\frac{i-1}{n})^2(\frac{1}{n}) = \frac{3}{n^3}\sum_{i=1}^{n}(i-1)^2$$

이 때 $\sum_{i=1}^{n}(i-1)^2$은 다음과 같다.

$$\sum_{i=1}^{n}(i-1)^2 = 0 + 1 + 2^2 + 3^2 + \ldots\ldots + (n-1)^2 = \frac{1}{6}(n-1)(n)(2n-1)$$

따라서 최소합은

$$S_{min} = \frac{3}{n^3}[\frac{1}{6}(n-1)n(2n-1)] = 1 - \frac{3n-1}{2n^2}$$

같은 방법으로 각 세부구간의 오른쪽 끝값을 높이로 해서 곡선 아래의 면적에 대한 최대합을 구하면

$$S_{\max} = \sum_{i=1}^{n} f(\overline{w}_i)\triangle_i = \sum_{i=1}^{n} 3\left(\frac{i}{n}\right)^2\left(\frac{1}{n}\right) = \frac{3}{n^3}\sum_{i=1}^{n} i^2$$

이 때 $\sum_{i=1}^{n} i^2$은 다음과 같다.

$$\sum_{i=1}^{n} i^2 = 1 + 2^2 + 3^2 + ... + n^2 = \frac{1}{6}n(n+1)(2n+1)$$

따라서 최대합은

$$S_{\max} = \frac{3}{n^3}\left[\frac{1}{6}n(n+1)(2n+1)\right] = 1 + \frac{3n+1}{2n^2}$$

위 결과에서 보는 바와 같이 $S_{\min} = 1-(3n-1)/2n^2 < S_{\max} = 1+(3n+1)/2n^2$ 이다. 그러나 구간을 보다 상세하게 분할하기 위하여 $n \rightarrow \infty$ 이면 두 결과는 동일한 극한으로 수렴하게 된다.

$$\lim_{n\rightarrow\infty} S_{\min} = \lim_{n\rightarrow\infty} S_{\max} = 1$$

일반화해서 f가 구간 $[a, b]$에서 정의된 함수일 때 구간 $[a, b]$에서 왼쪽과 오른쪽 끝점을 a와 b로 해서 동일한 길이 $\triangle x = (b-a)/n$로 분할한다고 가정하자.

$$a = x_0 < x_1 < x_2 < \cdots < x_n = b$$

하위구간의 왼쪽 끝값과 오른쪽 끝값을 높이로 해서 구한 사각형 면적의 합인

왼쪽 합과 오른쪽 합은 다음과 같다.

$$\text{왼쪽 합: } L_n = f(x_0)\Delta x + f(x_1)\Delta x + \cdots + f(x_{n-1})\Delta x = \sum_{k=1}^{n} f(x_{k-1})\Delta x$$

$$\text{오른쪽 합: } R_n = f(x_1)\Delta x + f(x_2)\Delta x + \cdots + f(x_n)\Delta x = \sum_{k=1}^{n} f(x_k)\Delta x$$

왼쪽 끝과 오른쪽 끝을 포함해서 하위구간의 임의의 점에서 산출한 사각형 면적의 합을 리만합이라 하며 다음과 같이 나타낼 수 있다.

$$S_n = f(c_1)\Delta x + f(c_2)\Delta x + \cdots + f(c_n)\Delta x = \sum_{k=1}^{n} f(x_k)\Delta x$$

각 c_k는 하위구간 $[x_{k-1,} x_k]$에 속해야 한다. 만일 $f(x) > 0$이면 리만합 S_n의 각 항은 높이가 $f(c_k)$이고 밑변의 길이가 Δx인 사각형의 면적을 나타내고 만일 $f(x)$가 양(+)과 음(−)의 값을 갖는 경우에는 S_n의 어떤 항은 양의 사각형의 면적이 되고 어떤 항은 음의 사각형면적이 된다.

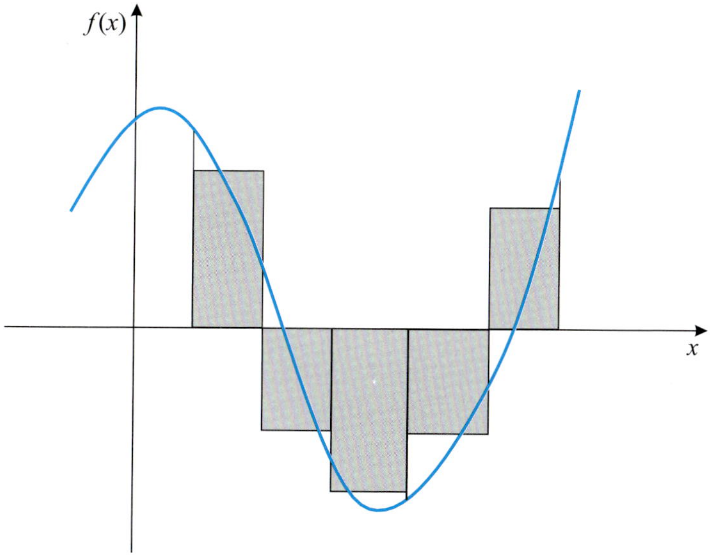

[그림 8.3] 양과 음의 사각형면적을 가지는 경우

만일 함수 f가 구간 $[a, b]$에서 연속이라면 $n \to \infty$일 때 구간 $[a, b]$에서 f의 리만합은 실수극한 L에 접근하게 된다.

정적분은 구간 a에서 b까지 곡선 f와 x축 사이의 면적을 의미하는데 면적의 개념은 음수가 될 수 없기 때문에 정적분은 x축 위는 양의 면적(positive area)이 되고, x축 아래는 음의 면적(negative area)이 되도록 하여 누적적으로 합산한 것을 나타낸다.

[정의 8.1]

만일 함수 f가 구간 $[a, b]$에서 연속일 때 구간 $[a, b]$에서 f의 리만합의 극한 L이 존재하면 a에서 b까지 f의 정적분(definite integral)이라 하고, 다음과 같이 나타낸다.

$$\int_a^b f(x)dx = L$$

여기서 $f(x)$는 피적분함수이며 a를 적분의 하한(lower limit), b를 적분의 상한(upper limit)이라고 한다.

[정리 8.2]

만일 함수 $f(x)$가 폐구간 $[a, b]$에서 연속이고 $F(x)$가 $f(x)$의 임의의 역도함수(부정적분)라면

$$\int_a^b f(x)\,dx = F(b) - F(a) = [F(x)]_a^b$$

여기서 $F(b)$는 $x = b$점에서 평가된 $f(x)$의 역도함수이고 $F(a)$는 $x = a$에서 평가된 $f(x)$의 역도함수이다. 적분 상수는 뺄셈과정에서 다음과 같이 소거되기 때문에 정리 8.2에서 적분 상수는 제거되었다.

$$[F(b) + C] - [F(a) + C] = F(b) - F(a)$$

8.3 정적분의 특성

주요 정적분의 성질은 정리하면 다음과 같다.

(i) $\int_a^a f(x)dx = 0$

(ii) $\int_a^c f(x)dx = \int_a^b f(x)dx + \int_b^c f(x)dx$ 단, $a,b,c \in \mathbb{R}$이고 $a<b<c$

(iii) $\int_a^b f(x)dx = -\int_b^a f(x)dx$

(iv) $\int_a^b kf(x)dx = k\int_a^b f(x)dx$, $k=$상수

(v) $\int_a^b [f(x) \pm g(x)]dx = \int_a^b f(x)dx \pm \int_a^b g(x)dx$

〈예시 8.3〉

다음 정적분을 계산하라.

(1) $\int_0^2 5x^{\frac{1}{2}}dx$

(2) $\int_3^5 (e^x + \frac{2}{x})dx$

(3) $\int_1^2 \left(2x + 3e^x - \frac{4}{x}\right)dx$

[풀이]

(1) $\int_0^2 5x^{\frac{1}{2}}dx = [\frac{10}{3}x^{\frac{3}{2}}]_0^2 = \frac{10}{3}2^{\frac{3}{2}} \approx 9.428$

(2) $\int_3^5 (e^x + \frac{2}{x})dx = [e^x + 2ln|x|]_3^5 = (e^5 + 2ln5) - (e^3 + 2ln3) \approx 129.349$

(3) $\int_1^2 \left(2x + 3e^x - \frac{4}{x}\right)dx = 2\int_1^2 xdx + 3\int_1^2 e^x dx - 4\int_1^2 \frac{1}{x}dx$

$$= [x^2]_1^2 + [3e^x]_1^2 - 4[ln|x|]_1^2$$

$$= (2^2 - 1^2) + (3e^2 - 3e^1) - 4(ln(2) - ln(1)) \approx 14.24$$

〈예시 8.4〉 소비자잉여의 측정

소비자잉여는 소비자가 재화의 소비에 대하여 기꺼이 지불하고자 하는 금액에서 실제 지불한 금액을 차감하고 남은 잉여를 의미한다. 역수요함수는 재화를 한 단위 추가적으로 소비함으로써 얻어지는 한계가치(또는 한계지불의사액) 곡선을 나타내기 때문에 재화의 소비량까지 역수요함수의 아래 면적이 소비자가 기꺼이 지불하고자 하는 금액이 된다. 즉, 역수요함수가 $p = D^{-1}(q)$, $q \in \mathbb{R}$이고 재화의 가격이 $p = p_0$, 그에 상응하는 재화의 수요량이 $q = q_0$이라면 소비자잉여(CS)는 다음과 같다.

$$CS = \int_0^{q_0} D^{-1}(q)dq - p_0 q_0$$

[그림 8.4]에서 면적 $a+b$는 q_0만큼 소비하는데 따른 소비자가 기꺼이 지불하고자 하는 금액, 면적 b는 실제지불금액, 면적 a는 소비자잉여를 나타낸다.

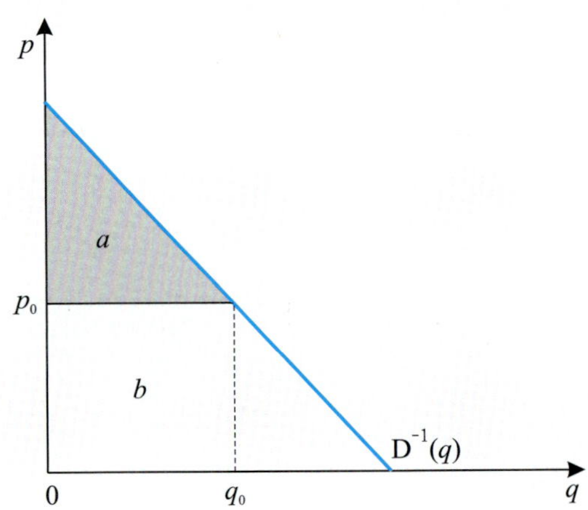

[그림 8.4] 소비자잉여의 측정

함수 $f(x)$의 $x=a$에서부터 $x=b$까지의 정적분은 두 구간 사이의 곡선과 x축과의 면적의 합을 나타내며, x축 위의 면적은 양(+)의 값을 갖고 아래의 면적은 음(−)의 값을 갖는다.

두 개의 함수 $y=f(x)$와 $y=g(x)$가 $f(x) \geq g(x) \geq 0$이고, $a \leq x \leq b$인 경우 [그림 8.5]와 같이 두 개의 함수에 의하여 경계를 갖게 되는 면적을 구하는 방법을 고려해보자. [그림 8.5]에서 $f(x)$와 $g(x)$ 사이의 면적은 $f(x)$곡선 아래의 면적에서 $g(x)$곡선 아래의 면적을 뺀 것으로 다음과 같이 구해진다.

$$\int_a^b f(x)dx - \int_a^b g(x)dx = \int_a^b [f(x) - g(x)]\,dx$$

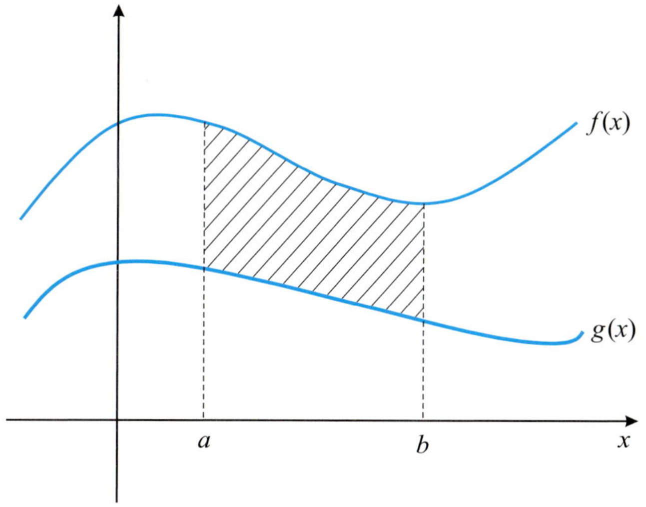

[그림 8.5] 두 곡선사이의 면적

[그림 8.5]에서는 함수 $f(x)$와 $g(x)$가 모두 양(+)의 값을 가지지만 [그림 8.6]에서와 같이 반드시 양(+)의 값을 가질 필요는 없다.

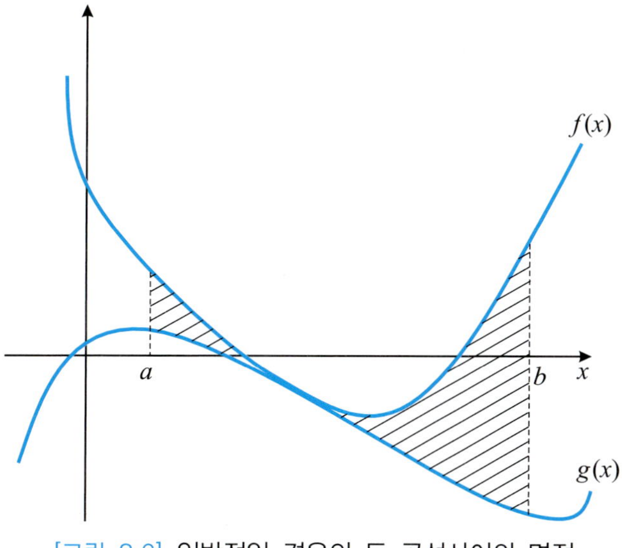

[그림 8.6] 일반적인 경우의 두 곡선사이의 면적

이렇게 일반적인 경우의 면적 계산은 다음과 같이 요약된다.

[정리 8.3]

만일 함수 $f(x)$와 $g(x)$가 연속이고, 구간 $[a, b]$에서 $f(x) \geq g(x)$이라면 $a \leq x \leq b$에서 $y = f(x)$와 $y = g(x)$에 의하여 경계를 이루는 면적 A는 다음과 같이 산출된다.

$$A = \int_a^b [f(x) - g(x)]\, dx$$

위 정리에서 함수 $f(x)$는 구간 $[a, b]$에서 함수 $g(x)$보다 위에 있거나 동일해야 하지만 $f(x)$와 $g(x)$는 양(+), 음(−) 또는 0이 될 수 있다.

〈예시 8.5〉

구간 $1 \leq x \leq 4$에서 $f(x) = 6x - x^2$와 x축 사이의 면적을 계산하라.

[풀이]

$$\begin{aligned} A &= \int_1^4 (6x - x^2)\,dx = \left[3x^2 - \frac{x^3}{3}\right]_1^4 \\ &= \left[3(4)^2 - \frac{(4)^3}{3}\right] - \left[3(1)^2 - \frac{(1)^3}{3}\right] \\ &= 48 - \frac{64}{3} - 3 + \frac{1}{3} = 24 \end{aligned}$$

〈예시 8.6〉

다음 구간에서 $f(x) = x^2 - 2x$와 x축 사이의 면적을 구하라.

(1) 구간 [1, 2]

(2) 구간 [−1, 1]

[풀이]

(1) 구간 $1 \leq x \leq 2$에서 $f(x) \leq 0$이기 때문에 $-f(x)$를 적분하여야 한다.

$$A = \int_1^2 [-f(x)]\, dx$$

$$= \int_1^2 (2x - x^2)dx$$

$$= \left[x^2 - \frac{x^3}{3}\right]_1^2$$

$$= \left[(2)^2 - \frac{(2)^3}{3}\right] - \left[(1)^2 - \frac{(1)^3}{3}\right] = \frac{2}{3} \approx 0.667$$

(2) 구간 $[-1, 0]$에서 $f(x) \geq 0$이고, $[0, 1]$에서 $f(x) \leq 0$이기 때문에 각 구간에서 적분하여 합해야 한다.

$$A = A_1 + A_2$$

$$= \int_{-1}^0 f(x)dx + \int_0^1 [-f(x)]dx$$

$$= \int_{-1}^0 (x^2 - 2x)dx + \int_0^1 (2x - x^2)dx$$

$$= \left[\frac{x^3}{3} - x^2\right]_{-1}^0 + \left[x^2 - \frac{x^3}{3}\right]_0^1$$

$$= \frac{4}{3} + \frac{2}{3} = 2$$

〈예시 8.7〉

구간 $-2 \leq x \leq 1$에서 $f(x) = \frac{1}{2}x + 3$와 $g(x) = -x^2 + 1$ 사이의 면적을 구하라.

[풀이]

구간 $-2 \leq x \leq 1$에서 $f(x) \geq g(x)$이기 때문에 정리 8.3을 적용한다.

$$A = \int_{-2}^1 [f(x) - g(x)]dx$$

$$= \int_{-2}^1 \left[\left(\frac{x}{2} + 3\right) - (-x^2 + 1)\right]dx$$

$$= \int_{-2}^1 \left(x^2 + \frac{x}{2} + 2\right)dx$$

$$= \left[\frac{x^3}{3} + \frac{x^2}{4} + 2x\right]_{-2}^1$$

$$= \left(\frac{1}{3} + \frac{1}{4} + 2\right) - \left(-\frac{8}{3} + \frac{4}{4} - 4\right) = \frac{33}{4} = 8.25$$

〈예시 8.8〉

$f(x)=5-x^2$과 $g(x)=2-2x$에 의하여 경계를 갖는 면적을 구하라.

[풀이]

이러한 문제의 경우 두 함수에 의한 교점(intersection)을 구하여 구간을 확정한 후 정리 8.3을 적용하여 면적을 구한다. 먼저 교점을 구하면 다음과 같다.

$$f(x)=g(x) \Rightarrow 5-x^2=2-2x \Rightarrow x=-1, 3$$

교점 구간에서 $f(x) \geq g(x)$이므로 면적은 다음 정적분에 의해 구해진다.

$$\begin{aligned} A &= \int_{-1}^{3} [f(x)-g(x)]\,dx \\ &= \int_{-1}^{3} [5-x^2-(2-2x)]\,dx \\ &= \int_{-1}^{3} (3+2x-x^2)\,dx \\ &= \left[3x+x^2-\frac{x^3}{3}\right]_{-1}^{3} = \frac{32}{3} \approx 10.667 \end{aligned}$$

〈예시 8.9〉

구간 $-2 \leq x \leq 3$에서 함수 $f(x)=x^2-x$와 $g(x)=2x$ 사이의 면적을 구하라.

[풀이]

구간 [−2, 0]에서는 $f(x) \geq g(x)$이고, 구간 [0, 3]에서는 $g(x) \geq f(x)$이기 때문에 두 구간으로 나누어 면적을 구하는 것이 필요하다.

$$\begin{aligned} A_1 &= \int_{-2}^{0} [f(x)-g(x)]\,dx \\ &= \int_{-2}^{0} [x^2-x-2x]\,dx \\ &= \int_{-2}^{0} (x^2-3x)\,dx \\ &= \left[\frac{x^3}{3}-\frac{3x^2}{2}\right]_{-2}^{0} \\ &= (0)-\left[\frac{(-2)^3}{3}-\frac{3}{2}(-2)^2\right] = \frac{26}{3} \approx 8.667 \end{aligned}$$

$$A_2 = \int_0^3 [g(x) - f(x)]\,dx$$
$$= \int_0^3 [2x - (x^2 - x)]\,dx$$
$$= \int_0^3 (3x - x^2)\,dx$$
$$= \left[\frac{3x^2}{2} - \frac{x^3}{3}\right]_0^3$$
$$= \left[\frac{3}{2}(3)^2 - \frac{(3)^3}{3}\right] - (0) = \frac{9}{2} = 4.5$$

따라서 전체 면적은 다음과 같다.

$$A = A_1 + A_2 = \frac{26}{3} + \frac{9}{2} = \frac{79}{6} \approx 13.167$$

8.4 적분 방법

8.4.1 대입법

만일 함수 $f(u)$의 역도함수가 $F(u)$이고 $u = g(x)$이면 미분의 연쇄법칙(chain rule)을 적용하여

$$\frac{dF(u)}{dx} = \frac{dF(u)}{du}\frac{du}{dx} = f(u)\frac{du}{dx} = f(u)g'(x)$$

따라서

$$\int f(u)g'(x)dx = F(u) + C$$

피적분함수가 두 함수의 곱의 형태이고 하나의 함수에 다른 함수의 도함수가 곱해지는 형태인 경우에는 대입법을 적용하면 편리하다. 예를 들어, 다음과 같은 부정적분을 고려해 보자.

$$\int (x^2 + e^{3x})(2x + 3e^{3x})dx$$

$u = x^2 + e^{3x}$라고 하면

$$\frac{du}{dx} = 2x + 3e^{3x}$$

그러므로 대입법에 의한 부정적분은 다음과 같다.

$$\int f(u)\frac{du}{dx}dx = \int f(u)du = F(u) + C$$

여기서 $f(u) = u$이고 $F(u) = u^2/2$이다. 따라서 u를 다시 대입하면

$$\int (x^2 + e^{3x})(2x + 3e^{3x})dx = \frac{(x^2 + e^{3x})^2}{2} + C$$

〈예시 8.10〉

대입법을 사용해서 다음을 적분하라.

(1) $\int \frac{2x}{(x^2+3)^5}dx$

(2) $\int (3e^x + \frac{3}{2}x^2)(e^x + x)\,dx$

[풀이]

(1) $u = x^2 + 3$이라고 하면 $du/dx = 2x$이다. 따라서

$$\int \frac{2x}{(x^2+3)^5}dx = \int f(u)\frac{du}{dx}dx = \int u^{-5}du = -\frac{1}{4}u^{-4} + C$$

u를 다시 대입하면

$$\int \frac{2x}{(x^2+3)^5}dx = -\frac{1}{4(x^2+3)^4} + C$$

(2) $u = e^x + \frac{1}{2}x^2$이라고 하면 $du/dx = e^x + x$이다. 따라서

$$\int (3e^x + \frac{3}{2}x^2)(e^x + x)\, dx = \int f(u)\frac{du}{dx}dx = \int 3udu = \frac{3}{2}u^2 + C$$

u를 다시 대입하면

$$\int (3e^x + \frac{3}{2}x^2)(e^x + x)\, dx = \frac{3}{2}(e^x + \frac{1}{2}x^2)^2 + C$$

대입법과 연쇄법칙이 적용되는 경우로 8.1절의 부정적분의 공식을 확장하면 다음과 같다.

(vi) $\int [f(x)]^n f'(x)dx = \frac{[f(x)]^{n+1}}{n+1} + C,\ n \neq -1$

(vii) $\int e^{f(x)} f'(x)dx = e^{f(x)} + C$

(viii) $\int \frac{1}{f(x)} f'(x)dx = ln|f(x)| + C$

〈예시 8.11〉

대입법을 사용해서 $\int_0^5 \frac{x}{x^2+10}dx$를 구하라.

[풀이 1]

역도함수를 구하기 위하여 부정적분에 대입법을 이용한 이후 정적분의 값을 구하면 된다.

$$\begin{aligned}\int \frac{x}{x^2+10}dx &= \frac{1}{2}\int \frac{1}{x^2+10}2xdx \\ &= \frac{1}{2}\int \frac{1}{u}du \quad (u = x^2+10,\ du = 2xdx) \\ &= \frac{1}{2}ln|u| + C \\ &= \frac{1}{2}ln(x^2+10) + C \quad (\because\ x^2+10 > 0)\end{aligned}$$

정적분의 값을 구할 때 C는 무시해도 되므로

$$\begin{aligned}\int_0^5 \frac{x}{x^2+10}dx &= \left[\frac{1}{2}ln(x^2+10)\right]_0^5 \\ &= \frac{1}{2}ln35 - \frac{1}{2}ln10 \approx 0.626\end{aligned}$$

[풀이 2]

정적분에 직접 대입하여 적분변수와 적분구간을 변화시켜서 구한다. 정적분의 상한은 $x=5$이고, 하한은 $x=0$이므로 $u=x^2+10$이라 하고 여기에 x의 값을 대입해서 새로운 상한과 하한을 정한다. 즉, 새로운 상한은 $u=5^2+10=35$, 하한은 $u=0^2+10=10$이 된다.

$$\begin{aligned}\int_0^5 \frac{x}{x^2+10}dx &= \frac{1}{2}\int_0^5 \frac{1}{x^2+10}2xdx \\ &= \frac{1}{2}\int_{10}^{35}\frac{1}{u}du \\ &= \frac{1}{2}[ln|u|]_{10}^{35} \\ &= \frac{1}{2}(ln35-ln10) \approx 0.626\end{aligned}$$

8.4.2 부분적분

적분의 두 번째 방법은 부분적분법(integration by parts)으로 곱의 미분법에 상응하는 방법이라 할 수 있다. $u=f(x)$, $v=g(x)$라 하면 $du=f'(x)dx$이고 $dv=g'(x)dx$가 된다. 두 함수 u와 v의 곱에 대한 미분은 다음과 같다.

$$d(uv)=udv+vdu$$

위 식의 양변을 적분하면

$$\int d(uv)=\int udv+\int vdu$$

즉, 다음이 성립하게 된다.

$$uv=\int udv+\int vdu$$

또는

$$f(x)g(x)=\int f(x)g'(x)dx+\int g(x)f'(x)dx$$

따라서

$$\int udv = uv - \int vdu$$

또는

$$\int f(x)g'(x)dx = f(x)g(x) - \int g(x)f'(x)dx$$

부분적분법은 직접 적분하기 어렵거나 불가능하지만 $f(x) \cdot g(x)$와 같이 두 개의 곱의 부분으로 구분되어 한 함수 f는 계속 미분가능하고 다른 함수 g는 쉽게 적분할 수 있는 경우에 적용할 수 있다.

부분적분법의 적용조건과 절차는 다음과 같다.

(i) 곱하기 형태인 $f(x)g'(x)$는 피적분함수와 동일하여야 한다.

(ii) $g'(x)$는 적분가능한 형태가 되어야 한다.

(iii) 새로운 적분형태인 $\int g(x)f'(x)dx$는 최초 형태인 $\int f(x)g'(x)dx$보다 적분하기 쉬운 형태가 되어야한다.

(iv) x^pe^{ax} 형태의 함수에 대한 적분은 $u = x^p$와 $dv = e^{ax}dx$로 구분하여 공식을 적용한다.

(v) $x^p(ln\,x)^q$ 형태의 함수에 대한 적분은 $u = (ln\,x)^q$와 $dv = x^pdx$로 구분하여 공식을 적용한다.

〈예시 8.12〉

다음 적분을 구하라.

(1) $\int xe^x dx$

(2) $\int x\,ln\,x\,dx$

(3) $\int x^2e^{-x}dx$

[풀이]

(1) $u = x$, $dv = e^xdx$라 하면 다음이 성립한다.

$$du = dx$$

$$\frac{dv}{dx} = e^x \quad (\text{따라서} \ \ v = e^x)$$

부분적분법을 적용하면

$$\int xe^x dx = xe^x - \int e^x dx = xe^x - e^x + C$$

이 결과를 확인하면 다음과 같다.

$$\frac{d}{dx}(xe^x - e^x + C) = xe^x + e^x - e^x = xe^x$$

(2) $u = ln x$, $dv = xdx$라 하면 다음이 성립한다.

$$du = \frac{1}{x}dx,$$

$$\frac{dv}{dx} = x \quad (\text{따라서} \ \ v = \frac{1}{2}x^2)$$

부분적분법을 적용하면

$$\int x\, ln x\, dx = (ln x)\left(\frac{x^2}{2}\right) - \int \left(\frac{x^2}{2}\right)\left(\frac{1}{x}\right)dx$$

$$= \frac{x^2}{2} ln x - \int \frac{x}{2}dx$$

$$= \frac{x^2}{2} ln x - \frac{1}{4}x^2 + C$$

이 결과를 확인하면 다음과 같다.

$$\frac{d}{dx}\left(\frac{x^2}{2} ln x - \frac{x^2}{4} + C\right) = x ln x + \left(\frac{x^2}{2} \cdot \frac{1}{x}\right) - \frac{x}{2} = x\, ln x$$

(3) $u = x^2$, $dv = e^{-x}dx$라 하면

$$du = 2xdx$$

$$\frac{dv}{dx} = e^{-x} \quad (\text{따라서} \ \ v = -e^{-x})$$

부분적분법을 적용하면

$$\int x^2 e^{-x} dx = x^2(-e^{-x}) - \int (-e^{-x})2xdx = -x^2 e^{-x} + 2\int xe^{-x}dx \quad \cdots\cdots\cdots \text{(A)}$$

$\int xe^{-x}dx$를 적분하기 위해 부분적분법을 적용해보자. $u = x$와 $dv = e^{-x}dx$라 하면

$du = dx$와 $v = -e^{-x}$가 되며 따라서 다음이 성립한다.

$$\int xe^{-x}dx = x(-e^{-x}) - \int (-e^{-x})dx$$

$$= -xe^{-x} - e^{-x} + C_2 \quad \cdots\cdots\cdots \text{(B)}$$

(B)의 결과를 (A)에 대입하면

$$\int x^2 e^{-x}dx = -x^2e^{-x} + 2(-xe^{-x} - e^{-x} + C_2)$$
$$= -x^2e^{-x} - 2xe^{-x} - 2e^{-x} + C \quad (C = 2C_2)$$

이 결과를 확인하면 다음과 같다.

$$\frac{d}{dx}(-x^2e^{-x} - 2xe^{-x} - 2e^{-x} + C) = x^2e^{-x} - 2xe^{-x} + 2xe^{-x} - 2e^{-x} + 2e^{-x}$$
$$= x^2e^{-x}$$

〈예시 8.13〉

$\int_1^e lnxdx$를 구하고 기하학적 의미를 해석하라.

[풀이]

먼저 $\int lnx\,dx$를 구하기 위하여 $u = lnx$와 $dv = dx$라 하면 $du = \frac{1}{x}dx$와 $v = x$가 성립한다. 따라서

$$\int lnxdx = (lnx)(x) - \int (x)\frac{1}{x}dx = xlnx - x + C$$

구간 [1, e]에서 정적분을 평가하면

$$\int_1^e lnxdx = [xlnx - x]|_1^e = elne - e) - (1ln1 - 1) = (e - e) - (0 - 1) = 1$$

이 결과는 [그림 8.7]처럼 $x = 1$에서 $x = e$ 구간사이의 $y = lnx$에 대한 면적이 1이 된다는 것을 의미한다.

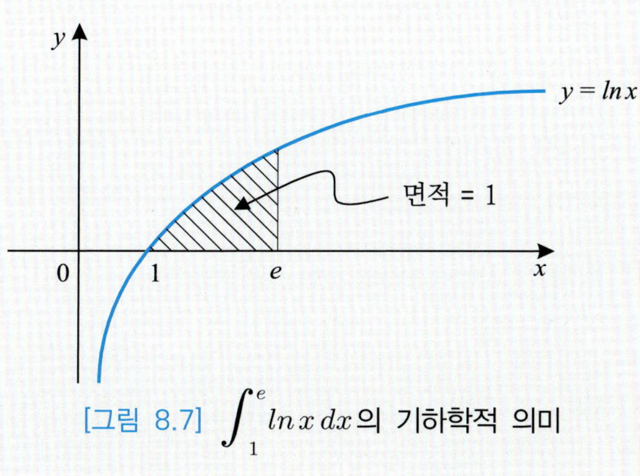

[그림 8.7] $\int_1^e lnx\,dx$의 기하학적 의미

8.4.3 편역미분

독립변수가 두 개 이상인 경우 다른 변수들은 상수라고 가정하고 편미분하는 것처럼 역도함수도 하나의 변수에 대하여 적분절차를 적용한다. 즉, 함수 $f(x,y)$에서 변수 y는 상수라고 가정하면 x에 대한 편역미분(partial antiderivative)은 다음과 같이 나타낸다.

$$\int f(x,y)dx$$

만일 변수 x를 상수라고 가정하면 y에 대한 편역미분은

$$\int f(x,y)dy$$

〈예시 8.14〉

$f(x,y)=6xy^2+3x^2$을 x와 y로 각각 편역미분하라.

[풀이]

(1) x를 상수로 가정하면 역미분 절차에 의하여 다음이 성립한다.

$$\begin{aligned}\int(6xy^2+3x^2)dy &= \int 6xy^2dy+\int 3x^2dy\\ &= 6x\int y^2dy+3x^2\int dy\\ &= 6x\left(\frac{y^3}{3}\right)+3x^2(y)+C(x)\\ &= 2xy^3+3x^2y+C(x)\end{aligned}$$

적분상수 $C(x)$는 $\frac{\partial}{\partial y}C(x)=0$이기 때문에 변수 x에 의해서만 임의의 함수가 된다. 위 결과는 편미분으로 확인할 수 있다.

$$\frac{\partial}{\partial y}\left[2xy^3+3x^2y+C(x)\right]=6xy^2+3x^2+0=6xy^2+3x^2$$

(2) y를 상수로 가정하면 역미분 절차에 의하여 다음이 성립한다.

$$\int(6xy^2+3x^2)dx=\int 6xy^2dx+\int 3x^2dx$$

$$
\begin{aligned}
&= y^2 \int 6x dx + \int 3x^2 dx \\
&= y^2(3x^2) + x^3 + C(y) \\
&= 3x^2y^2 + x^3 + C(y)
\end{aligned}
$$

경 영 경 제 수 학
MATHEMATICAL ECONOMICS

PART 4 최 적 화

제 9 장 제약조건이 없는 최적화
제10장 제약조건하의 최적화
제11장 비교정태분석

경 영 경 제 수 학

MATHEMATICAL ECONOMICS

제 9 장 제약조건이 없는 최적화

9.1 극대와 극소를 위한 필요조건
9.2 2차충분조건
9.3 다변수 함수의 최적화

제9장 | 제약조건이 없는 최적화

9.1 극대와 극소를 위한 필요조건

최적화란 어떤 함수 $f(x)$가 최소값 또는 최대값을 갖게 되는 경우 최적값이 되는 x값을 구하는 것을 의미한다. 그러한 값을 함수의 극값(extreme values)이라고 한다. 전체 실수영역에서 x값의 집합을 임의로 선택할 수 있으면 극값을 찾는 문제는 제약이 없다고 하며(unconstrained), 실수 값에서 x값의 집합에 제약이 존재하면 제약이 있는(constrained) 문제가 된다. 본 장에서는 제약이 없는 경우에 극값을 찾는 문제를 설명하기로 한다.

함수의 극대와 극소와 같은 극값을 찾는 문제에서 함수 f는 정의역 내의 모든 점에서 2차 미분가능하다고 가정한다. [그림 9.1]에서 보는 바와 같이 함수가 극대나 극소를 모두 가지지 않는 경우도 존재하고, 극대(maximum) 또는 극소(minimum)만 가지거나 극소와 극대 둘 다 가지는 경우도 존재한다.

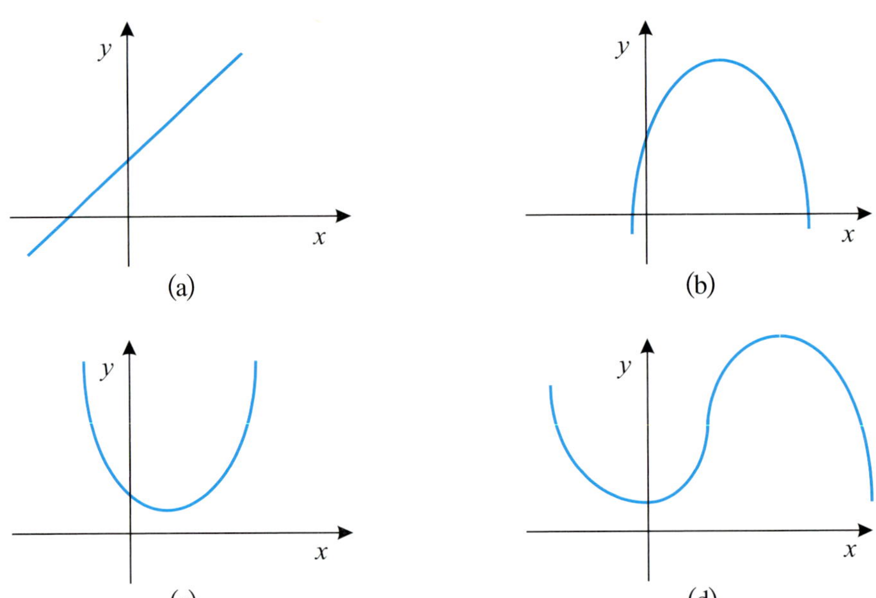

[그림 9.1] (a) 극대나 극소 없음, (b) 극대 존재, (c) 극소 존재, (d) 극대와 극소 존재

[정의 9.1]

만일 함수 $f(x)$가 점 $\hat{x}$의 근방 U에서 연속이고, 모든 $x \in U$, $x \neq \hat{x}$에 대해 $f(x)\begin{Bmatrix} \leq \\ \geq \end{Bmatrix} f(\hat{x})$이면 $\hat{x}$에서 $\begin{Bmatrix} \text{국지적 극대(local maximum)} \\ \text{국지적 극소(local minimum)} \end{Bmatrix}$를 갖는다. 만일 정의역의 모든 x의 값에 대해 $f(x)\begin{Bmatrix} \leq \\ \geq \end{Bmatrix} f(x^*)$이면 x^*에서 $\begin{Bmatrix} \text{전역적 극대(global maximum)} \\ \text{전역적 극소(global minimum)} \end{Bmatrix}$를 갖는다.

국지적 극대(극소)와 전역적 극대(극소)를 구분하는 것은 최적화 문제에서 전역적 극대(극소)를 찾으려고 하지만 실제 해는 오로지 극값에서만 최적값이 존재하기 때문에 먼저 극값을 발견하는 것이 중요하기 때문이다. 발견한 극값이 전역적 극대(극소)인지를 확인하기 위해서는 일반적으로 모든 극대(극소)들을 비교해야 한다. 경영학과 경제학의 대부분의 문제에서는 하나의 극값을 구할 수 있도록 가정하기 때문에 유일한 극값이 전역적 극대(극소)가 된다.

함수 $y = f(x)$를 x^*에서 미분하면

$$dy = f'(x^*)dx$$

만일 이 함수가 x^*에서 극대값을 가지면 x^*에서 좌나 우 어느 쪽으로 작은 변화 dx에 대하여 함수의 값을 증가시키는 것이 불가능해야한다. 따라서 $f'(x^*) \neq 0$일 수 없다. 마찬가지로 만일 이 함수가 x^*에서 극소값을 가지면 x^*에서 좌나 우 어느 쪽으로 작은 변화 dx에 대하여 함수의 값을 감소시키는 것이 불가능해야 하고 $f'(x^*) \neq 0$일 수 없다. 오로지 $f'(x^*) = 0$일 경우에만 어떠한 $dx \neq 0$에 대해서도 $dy = 0$이 되어 x^*에서 극값을 가지게 된다.

[정리 9.1]

만일 미분가능함수 f가 x^*에서 극값을 가지면 $f'(x^*)=0$이다.

$f'(x^*) = 0$은 x^*에서 극값이 되기 위한 1차필요조건(first-order necessary condition)이 된다.

[그림 9.2]의 (a)를 보면 x^*에서 명백히 극대값을 가지는데 점 $(x^*, f(x^*))$에서 함수에 대한 접선의 기울기는 0이 된다. 그러나 x^*의 좌측에 있는 점 x'에서 기울기 $f'(x') > 0$이며, x가 증가하면 y도 증가하게 된다. x^*의 우측에 있는 점 x''에서 기울기 $f'(x'') < 0$이고, x가 감소하면 y는 증가하게 된다.

[그림 9.2]의 (b)를 보면 x^*에서 명백히 극소값을 가지는데 점 $(x^*, f(x^*))$에서 함수에 대한 접선의 기울기는 0이 된다. 그러나 x^*의 좌측에 있는 점 x'에서 기울기 $f'(x') < 0$이며, x가 증가하면 y는 감소하게 된다. x^*의 우측에 있는 점 x''에서 기울기 $f'(x'') > 0$이고, x가 감소할 때 y도 감소하게 된다.

반면 [그림 9.2]의 (c)를 보면 점 $(x^*, f(x^*))$에서 함수에 대한 접선의 기울기는 0이다. 그러나 x^*의 좌측에 있는 점 x'에서 기울기 $f'(x') > 0$이고, x^*의 우측의 점 x''에서도 기울기 $f'(x'') > 0$이어서 x^*에서 함수는 극대값이나 극소값을 가지지 않는다. 즉, 점 $(x^*, f(x^*))$은 변곡점(inflection point)이 된다. 이와 같이 $f'(x^*) = 0$이지만 변곡점인 경우들이 존재하기 때문에 $f'(x^*) = 0$은 극값(극대 또는 극소)을 가지기 위한 충분조건은 아니다. 1차도함수가 0이라는 것은 함수 f의 증가 또는 감소가 없는 정류점(stationary point)을 갖는다는 의미이다.

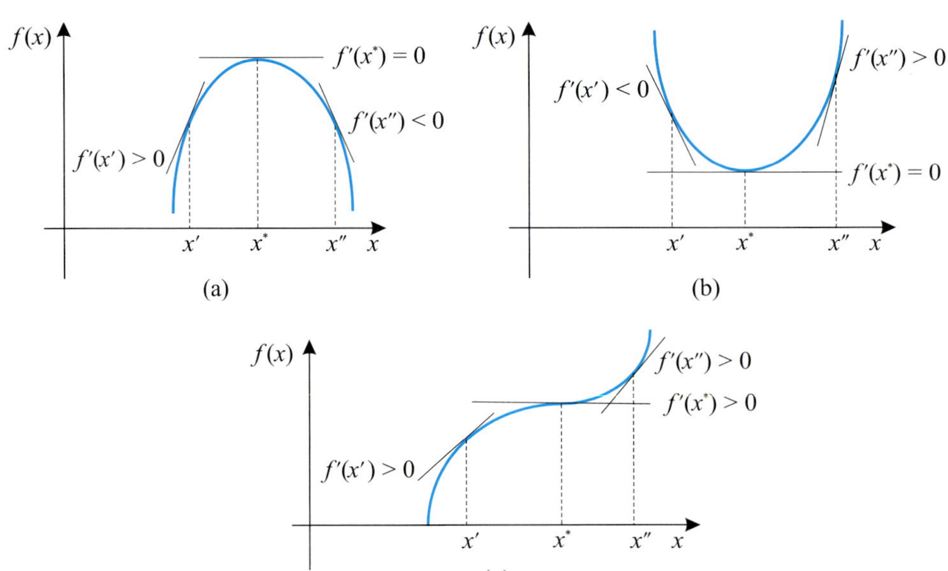

[그림 9.2] 극대값, 극소값, 변곡점

〈예시 9.1〉

$y = 4x^2 - 10x + 20$의 극값을 구하시오.

[풀이]

$f'(x) = 8x - 10 = 0 \Rightarrow x^* = 1.25$

$x = 1.25$에서 y의 값은 13.75, $x = 1$에서 y의 값은 14, $x = 1.5$에서 y의 값은 14이므로 $x = 1.25$에서 극소값을 가진다.

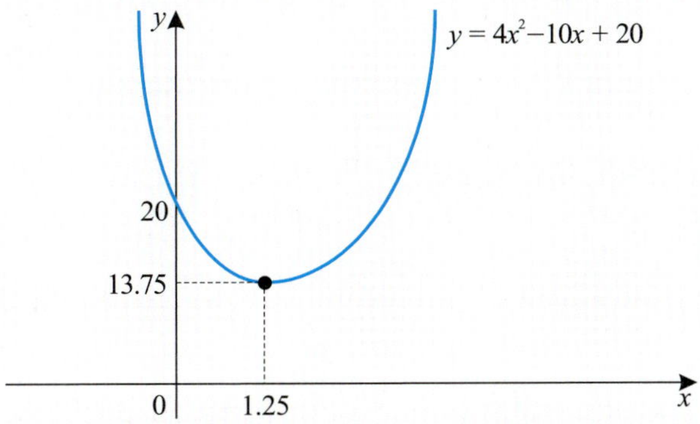

[그림 9.3] $y = 4x^2 - 10x + 20$의 극값

〈예시 9.2〉 독점기업의 생산량 결정

어느 독점기업이 직면하는 시장수요함수가 $Q = 100 - P$ ($Q =$ 수요량, $P =$ 시장가격)이고 이 기업의 비용함수는 $C = 20Q$ ($C =$ 비용)일 때, 독점기업의 이윤은 다음과 같다.

$$\pi = P \cdot Q - C = (100 - Q) \cdot Q - 20Q = 80Q - Q^2$$

이 기업이 이윤을 극대화하는 생산량을 Q^*라 하면 다음 1차필요조건을 충족한다.

$$\pi'(Q^*) = 80 - 2Q^* = 0 \text{ 또는 } Q^* = 40$$

이 때 이윤을 극대화하는 가격과 이윤의 크기는 각각 다음과 같다.

$$P^* = 100 - Q^* = 60$$
$$\pi^* = 60(40) - 20(40) = 1{,}600$$

독점기업의 이윤(= 총수익 − 총비용)을 Q의 함수로 일반적으로 나타내면 다음과 같다.

$$\pi(Q) = R(Q) - C(Q)$$

여기서 $R(Q) = PQ$ (가격×판매량)로 총수익을 나타낸다. 이윤극대화의 1차필요조건은

$$\pi'(Q^*) = R'(Q^*) - C'(Q^*) = 0 \quad \text{또는} \quad R'(Q^*) = C'(Q^*)$$

즉, 한계수익이 한계비용과 같을 때 이윤이 극대화된다. 위 예에 이를 적용하면 총수익은

$$R(Q) = PQ = (100 - Q)Q = 100Q - Q^2$$

한계수익은 총수익을 Q로 미분한 것이다.

$$R'(Q) = 100 - 2Q$$

한계비용은

$$C'(Q) = 20$$

따라서 이윤 극대화의 조건은

$$100 - 2Q = 20$$

즉, $Q^* = 40$이 된다.

[그림 9.4]는 한계수익과 한계비용이 같아지는 지점에서 이윤극대화의 가격과 수량이 결정됨을 보여준다.

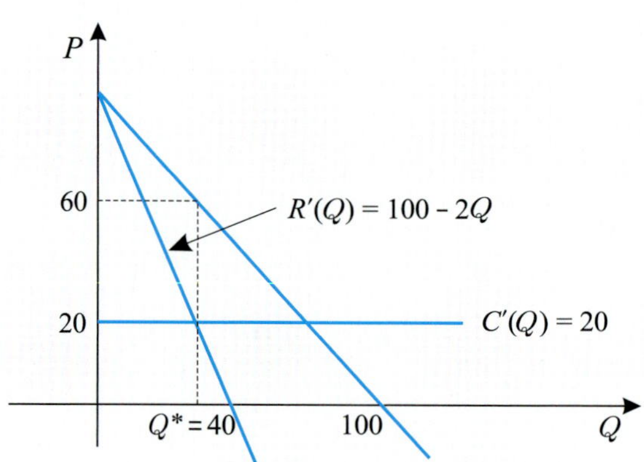

[그림 9.4] 독점기업의 이윤극대화

[정리 9.2]

만일 함수 f가 폐구간 $[a,b]$에서 연속이고 개구간 (a,b)에서 미분가능하며 $f(a)=f(b)$이면, 적어도 $f'(c)=0$을 만족하는 하나의 점 $c\in(a,b)$가 존재한다.

정리 9.2는 Rolle의 정리라 하고, [그림 9.5]는 이것이 성립함을 보여주고 있다.

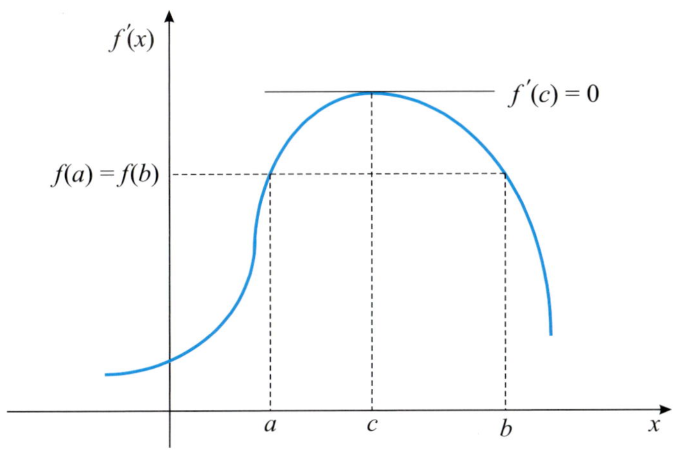

[그림 9.5] Rolle의 정리

9.2 2차충분조건

9.1절에서 $f'(x^*)=0$이라는 조건만으로는 x^*에서 극대값, 극소값 또는 변곡점을 가지는지 판별할 수 없음을 알 수 있었다. 이제 함수의 2차도함수를 사용하여 3가지 정류점을 구분하는 2차조건에 대해 알아보자.

[그림 9.6]은 3개의 가능한 정류점을 보여준다. 각 함수 f의 그래프 바로 아래쪽은 정류점 근방에서의 1차도함수 f'의 그래프를 보여준다. 함수 f의 곡선의 형태에 따라 1차도함수 f'의 기울기가 결정된다.

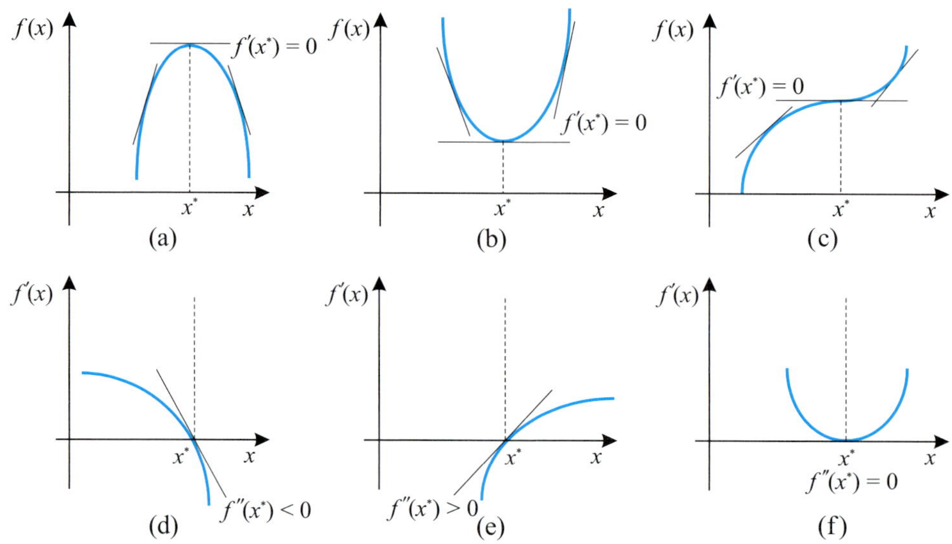

[그림 9.6] 2차충분조건의 기하학적 의미

[그림 9.6]의 (a)에서 함수는 x^*의 근방에서 강 오목(strictly concave)하며, (d)에서 x가 x^*보다 작을 때 $f'(x) > 0$, x가 x^*보다 클 때 $f'(x) < 0$임을 의미한다. f'의 기울기는 2차도함수 $f''(x)$이고, $f''(x^*) < 0$이며 이 때 x^*에서 함수는 극대값을 갖는다.

[그림 9.6]의 (b)에서 함수는 x^*의 근방에서 강 볼록(strictly convex)하며, (e)에서 x가 x^*보다 작을 때 $f'(x) < 0$, x가 x^*보다 클 때 $f'(x) > 0$임을 의미한다. f'의 기울기는 2차도함수 $f''(x)$이고, $f''(x^*) > 0$이며 이 때 x^*에서 함수는 극소값을 갖는다.

[그림 9.6]의 (c)에서 함수는 x^*의 근방에서 오목에서 볼록으로 변하며 (f)에서 x^*점을 제외하고 모든 지점에서 $f'(x) > 0$이다. x^*에서 $f'(x)$의 기울기 $f''(x^*) = 0$이며 이 때 x^*는 변곡점을 갖는다. 변곡점의 경우 반대로 [그림 9.7]에서 보는 바와 같이 x^*에서만 $f'(x)$의 기울기가 0이고, x^* 근방의 다른 모든 점에서는 $f'(x) < 0$인 경우도 존재한다.

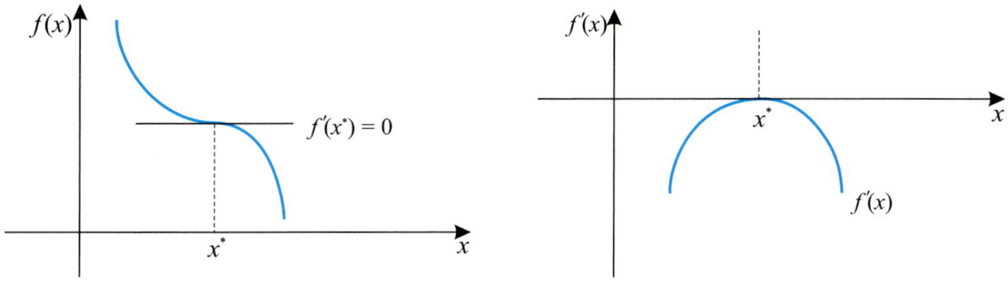

[그림 9.7] 변곡점

[정리 9.3]

만일 $f'(x^*)=0$이고 $\begin{Bmatrix} f''(x^*)<0 \\ f''(x^*)>0 \\ f''(x^*)=0 \end{Bmatrix}$이면 f는 x^*에서 $\begin{Bmatrix} \text{극대값} \\ \text{극소값} \\ \text{변곡점} \end{Bmatrix}$을 갖는다.

〈예시 9.3〉

2차조건을 사용해서 〈예시 9.1〉의 극값을 구하라.

[풀이]

함수 $y=4x^2-10x+20$가 극값을 가질 1차필요조건 $f'(x)=8x-10=0$으로부터 정류점 $x^*=1.25$이다. $f''(x)=8>0$이므로 극소값을 가지며, 극소값은 $f(1.25)=13.75$이다.

$f'(x^*)=0$인 점 x^* 근방의 작은 구간에서의 어느 점 x를 $\hat{x}$라고 할 때 테일러급수 전개는 두 점 사이에 놓여있는 임의의 점 ζ에 대해 다음과 같이 쓸 수 있도록 한다.

$$f(\hat{x}) = f(x^*) + \frac{f'(x^*)(\hat{x}-x^*)}{1!} + \frac{f''(\zeta)(\hat{x}-x^*)^2}{2!}$$

$f'(x^*)=0$이기 때문에 만일 $f''(\zeta)<0$이면 $f(\hat{x})-f(x^*)<0$ 또는 $f(\hat{x})<f(x^*)$이 되어 x^*는 극대값을 갖는다. 만일 $f''(\zeta)>0$이면 $f(\hat{x})>f(x^*)$이 되어 x^*는 극소값을 갖는다.

$f''(\zeta)=0$이면 함수가 x^*에서 극대 또는 극소가 되는지를 알기 위해서는 테일러급수를 2차항 이상으로 전개해야 한다. 그러나 테일러급수의 다음 항이 되

는 3차 항 $f'''(\zeta)(\hat{x}-x)^3/3!$에서 $(\hat{x}-x^*)^3$의 부호는 양(+)이 될 수도 음(−)이 될 수도 있기 때문에 $f'''(\zeta)$의 부호만으로 x^*에서 극대 또는 극소를 갖는지 확인할 수 없다. 그러나 $f'(x^*)=f''(x^*)=.....=f^{(n-1)}(x^*)=0$이고 $f^{(n)}(\zeta)\neq 0$일 때 함수를 테일러급수로 전개하면

$$f(\hat{x}) = f(x^*) + \frac{f^{(n)}(\zeta)(\hat{x}-x^*)^n}{n!}$$

만일 n이 짝수라면 $(\hat{x}-x^*)^n > 0$이기 때문에 $f^{(n)}$의 부호만으로 극대와 극소를 판별할 수 있다. 즉, $f^{(n)}(\zeta) < 0$이면 x^*에서 극대값, $f^{(n)}(\zeta) > 0$이면 x^*에서 극소값을 갖는다. 이를 극대 또는 극소에 대한 n차도함수 검증이라 한다.

〈예시 9.4〉

함수 $f(x) = 2x^2 + 8$이라고 하면

$$f'(x) = 4x,\ f''(x) = 4$$

$x^* = 0$에서 $f'(x) = 0$이고 모든 지점에서 $f''(x) > 0$이므로 $x^* = 0$에서 극소값이 $f(x^*) = 8$이 된다. $x^* = 0$에서 테일러급수 전개를 하면

$$f(\hat{x}) = f(0) + f'(0)(\hat{x}) + \frac{f''(\zeta)\hat{x}^2}{2!}$$
$$f(\hat{x}) = 8 + \frac{4\hat{x}^2}{2} = 8 + 2\hat{x}^2$$

명백히 $f(\hat{x}) > f(0) = 8$이므로 $x^* = 0$에서 극소값을 갖는다. 특히 모든 x값에 대해 $f''(x) > 0$이기 때문에 이 경우 $x^* = 0$에서 전역적 극소값을 갖는다.

〈예시 9.5〉

함수 $f(x) = x^3$이라고 하면

$$f'(x) = 3x^2,\ f''(x) = 6x,\ f'''(x) = 6$$

$x^* = 0$에서 $f'(x) = f''(x) = 0$이며 이 점에서 테일러급수 전개를 하면

$$f(\hat{x}) = f(0) + \frac{f'''(\zeta)(\hat{x})^3}{3!}$$
$$= f(0) + \hat{x}^3$$

$\hat{x} < 0$에 대해 $f(\hat{x}) < f(0)$, $\hat{x} > 0$에 대해 $f(\hat{x}) > f(0)$이기 때문에 $x^* = 0$에서 극대값이나 극소값을 가지지 않는다(변곡점이 된다).

〈예시 9.6〉

함수 $f(x) = x^6 + 10$이라고 하면

$$f'(x) = 6x^5$$
$$f''(x) = 30x^4$$
$$f'''(x) = 120x^3$$
$$f^{(4)}(x) = 360x^2$$
$$f^{(5)}(x) = 720x$$
$$f^{(6)}(x) = 720$$

$x^* = 0$에서 $f'(x) = f''(x) = f'''(x) = f^{(4)}(x) = f^{(5)}(x) = 0$이며 이 점에서 테일러 급수 전개를 하면

$$f(\hat{x}) = f(0) + \frac{f^{(6)}(\zeta)(\hat{x})^6}{6!}$$
$$= f(0) + \hat{x}^6$$

$\hat{x} \neq 0$인 모든 x의 값에 대해 $(\hat{x})^6 > 0$이기 때문에 $f(\hat{x}) > f(0)$이고, $x^* = 0$에서 극소값 10을 갖는다.

9.3 다변수 함수의 최적화

9.3.1 1차필요조건

본 절에서는 단일변수 함수의 최적화 방법을 2변수 이상의 함수로 확장하여 $\mathbb{R}^n$의 정의역 어느 점에서든 해가 가능하도록 허용되는 제약이 없는 최적화문제에 대해 알아본다.

[정의 9.2]

함수 $y = f(x) = f(x_1, x_2, \ldots, x_n)$가 점 $x^* = (x_1^*, \ldots, x_n^*)$에서 $dy = 0$ 이면(즉, 모든 $i = 1, 2, \ldots, n$에 대해 $f_i(x^*) = 0$) y는 x^*에서 정류점(stationary point)을 갖는다.

정의 9.2는 극값이 존재하기 위한 1차필요조건(first-order necessary condition)이다. 충분조건이 될 수 없는 것은 단일변수 함수의 경우에서처럼 정류점이 변곡점일 가능성이 존재하며, 일부 x변수의 변화에 대해서는 극대값을 가지면서 다른 x변수의 변화에 대해서는 극소값을 가지는 안장점(saddle point)이 될 수 있기 때문이다.

2변수 함수 $y = f(x_1, x_2)$에서 (x_1^*, x_2^*)가 정류점이 될 조건은 다음과 같다.

$$f_1(x_1^*, x_2^*) = 0$$
$$f_2(x_1^*, x_2^*) = 0$$

[그림 9.8]은 정류점 조건을 만족시키지만 이것이 반드시 극소나 극대의 조건을 만족하는 것이 아님을 보여준다. (c)와 (d)의 경우는 안장점이며 (a)의 경우에는 극소, (b)의 경우는 극대로 (a)와 (b)의 경우만 극값을 갖는다. 따라서 안장점과 극값을 구분하기 위해서는 단일변수 함수에서 설명한 것과 마찬가지로 2차조건이 필요하다. 그러나 [그림 9.8] (a)의 극소값을 가지는 경우에서 보는 것처럼 (x_1^*, x_2^*)에서 x_1이나 x_2 어느 방향으로 변화하든 함수의 값을 감소시킬 수 없기 때문에 이 점에서 편도함수들은 0이 되어야 한다. 마찬가지로 (b)의 극대값을

가지는 경우에도 (x_1^*, x_2^*)에서 x_1이나 x_2 어느 방향으로 변화하든 함수의 값을 증가시킬 수 없기 때문에 이 점에서 편도함수들은 0이 되어야 한다.

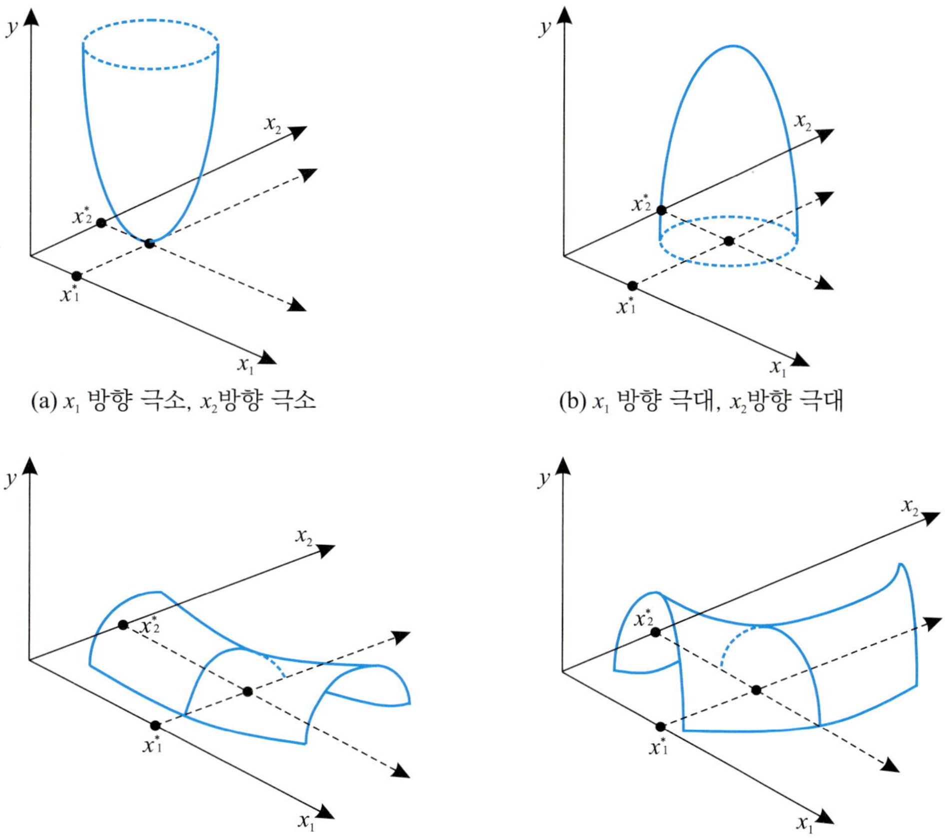

(a) x_1 방향 극소, x_2방향 극소

(b) x_1 방향 극대, x_2방향 극대

(c) x_1 방향 극소, x_2방향 극대

(d) x_1 방향 극대, x_2방향 극소

[그림 9.8] $y = f(x_1, x_2)$의 가능한 정류값

[정리 9.4]

만일 점 $x^* = (x_1^*, x_2^*, \ldots, x_n^*)$ 근방의 모든 x에 대하여 함수 $y = f(x)$가 $f(x_1^*, x_2^*, \ldots, x_n^*) - f(x_1, x_2, \ldots, x_n) \begin{Bmatrix} \geq \\ \leq \end{Bmatrix} 0$가 되어 $\begin{Bmatrix} \text{극대(local maximum)} \\ \text{극소(local minimum)} \end{Bmatrix}$를 가지면 $\begin{Bmatrix} f_1(x_1^*, x_2^*, \ldots, x_n^*) = 0 \\ \cdots\cdots\cdots\cdots\cdots \\ f_n(x_1^*, x_2^*, \ldots, x_n^*) = 0 \end{Bmatrix}$가 동시에 성립한다.

정리 9.4가 성립하는 것을 보기 위해 함수 $f(x)$를 전미분하면

$$dy = f_1(x^*)dx_1 + f_2(x^*)dx_2 + \ldots\ldots + f_n(x^*)dx_n$$

만일 점 $x^* = (x_1^*, x_2^*, \ldots, x_n^*)$에서 편도함수의 어느 하나가 0이 아니면 함수값을 변화시킬 수 있다.

〈예시 9.7〉

다음 함수에 대해 정류점을 구하라.

(1) $y = 4x_1^2 - 2x_1x_2 + x_2^2 - x_1^3$

(2) $y = 2x_1^2 - x_2^2$

[풀이]

(1) 최적화의 1차조건은

$$8x_1 - 2x_2 - 3x_1^2 = 0$$
$$-2x_1 + 2x_2 = 0$$

두 번째 식에서

$$x_1 = x_2$$

이를 첫 번째 식에 대입하면

$$8x_1 - 2x_1 - 3x_1^2 = 0$$

이를 정리하면

$$x_1(2 - x_1) = 0$$

따라서 $(x_1^*, x_2^*) = (0, 0)$과 $(x_1^*, x_2^*) = (2, 2)$의 두 개의 정류점을 가진다.

(2) 최적화의 1차조건은

$$4x_1 = 0$$
$$-2x_2 = 0$$

따라서 정류점은 $(x_1^*, x_2^*) = (0, 0)$이다.

〈예시 9.8〉 복점시장에서 꾸르노(Cournot) 균형

같은 재화를 생산하는 두 기업이 직면한 시장수요함수가 다음과 같다고 가정하자.

$$p = 30 - (q_1 + q_2)$$

여기서 p는 가격, q_i는 두 기업 $i = 1, 2$의 생산량을 나타낸다. 각 기업의 재화 한 단위당 생산비용은 6이고, 고정비용은 없다고 가정한다. 각 기업은 이윤을 극대화하고자하며 이윤은 다음과 같다.

$$\pi_i = pq_i - 6q_i = 30q_i - (q_1 + q_2)q_i - 6q_i, \qquad i = 1, 2$$

재화의 시장가격이 두 기업의 생산량에 의존하기 때문에 각 기업의 이윤은 자신의 생산량뿐만 아니라 다른 기업의 생산량에 달려있다. 각 기업이 이윤을 극대화하는 생산량을 결정하는데 있어서 직면하는 어려움은 다른 기업이 얼마를 생산할 것인지를 산출해야한다는 점이다. 꾸르노 모형에 의하면 각 기업은 다른 기업의 생산량은 주어진 것으로 간주하고 이윤을 극대화하는 생산량을 결정하는 것으로 가정한다.
각 기업의 이윤 극대화를 위한 1차조건에 의해 다음 두 식을 얻는다.

$$\frac{\partial \pi_1}{\partial q_1} = 30 - 2q_1 - q_2 - 6 = 0$$

$$\frac{\partial \pi_1}{\partial q_1} = 30 - 2q_2 - q_1 - 6 = 0$$

위 두 식으로부터 각 기업의 생산량은

$$q_1 = q_2 = 8$$

재화의 시장가격은

$$p = 30 - 16 = 14$$

각 기업의 이윤은

$$\pi_1 = \pi_2 = 14(8) - 6(8) = 64$$

1차조건으로부터 다음의 두 식을 얻게 되는데 이것은 다른 기업의 각 가능한 생산량 수준에 대해 이윤을 극대화하는 최적의 생산량 계획을 나타내기 때문에 (최상의) 반응함수(best response functions or reaction functions)라고 한다.

$$q_1 = 12 - \frac{1}{2}q_2$$

$$q_2 = 12 - \frac{1}{2}q_1$$

[그림 9.9]는 반응함수가 교차하는 점에서 꾸르노 모형의 해가 된다는 것을 보여준다.

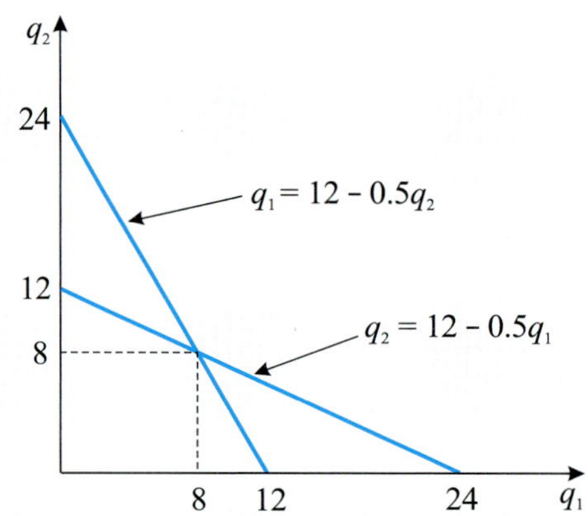

[그림 9.9] **꾸르노 균형**

9.3.2 2차충분조건

1차필요조건만으로는 극대값, 극소값, 변곡점 및 안장점을 구분할 수 없기 때문에 1차조건을 만족하는 점이 극대 또는 극소인지를 판별할 수 있는 2차조건이 필요하다.

직관적으로 말하면 $(x_1^*, x_2^*, \ldots, x_n^*)$이 함수 f의 정류점이라고 하면 이 점에서 어느 방향으로든 x 벡터의 작은 변화가 함수값을 감소시키면 f는 극대값을 가지며, 반대로 함수값을 증가시키면 f는 극소값을 갖는다. 정류점 $(x_1^*, x_2^*, \ldots, x_n^*)$에서 이것의 전미분 $dy = df(x_1^*, x_2^*, \ldots, x_n^*) = 0$이기 때문에 이 점에서의 약간의 편차 dy가 음(양)이 되도록 하면 함수가 감소(증가)하고 있다는 것을 의미하고 $(x_1^*, x_2^*, \ldots, x_n^*)$에서 극대값(극소값)를 갖는다. 따라서 극대값 또는 극소값을 가지기 위한 충분조건은 $(x_1^*, x_2^*, \ldots, x_n^*)$에서 어느 방향으로든 편차가 생길 때 dy가 어떻게 변화할 것인지 즉, 2차전미분 d^2y의 부호가 어떻게 될 것인지로 표현할 수 있다.

먼저 2변수 함수 $y = f(x_1, x_2)$에 대해 2차충분조건을 알아보자. 함수를 전미분하면 $dy = f_1 dx_1 + f_2 dx_2$가 되며, 2차전미분 d^2y은 y의 변화량인 dy에 대한 변화량으로 해석할 수 있다.

$$\begin{aligned} d^2y \equiv d(dy) &= \frac{\partial}{\partial x_1}(f_1 dx_1 + f_2 dx_2)dx_1 + \frac{\partial}{\partial x_2}(f_1 dx_1 + f_2 dx_2)dx_2 \\ &= (f_{11}dx_1 + f_{21}dx_2)dx_1 + (f_{12}dx_1 + f_{22}dx_2)dx_2 \\ &= f_{11}dx_1^2 + 2f_{12}dx_1 dx_2 + f_{22}dx_1^2 \end{aligned}$$

어떤 조건에서 d^2y가 언제나 양(+) 또는 음(−)인지를 살펴보기 위해 위 식을 2차형식으로 나타내면 다음과 같다.

$$\begin{aligned} d^2y &= f_{11}(dx_1^2 + 2\frac{f_{12}}{f_{11}}dx_1 dx_2) + f_{22}dx_2^2 \\ &= f_{11}(dx_1 + \frac{f_{12}}{f_{11}}dx_2)^2 - \frac{f_{12}^2 dx_2^2}{f_{11}} + f_{22}dx_2^2 \\ &= f_{11}(dx_1 + \frac{f_{12}}{f_{11}}dx_2)^2 + (\frac{f_{11}f_{22} - f_{12}^2}{f_{11}})dx_2^2 \end{aligned}$$

d^2y가 항상 양(+)이기 위해서는 다음을 만족해야한다.

$$f_{11} > 0, \ f_{11}f_{22} - f_{12}^2 > 0$$

또한 위 조건이 만족되려면 당연히 $f_{22} > 0$이어야 한다. 반대로 d^2y가 항상 음(−)이기 위해서는 다음 조건을 만족해야하고 $f_{22} < 0$이어야 한다.

$$f_{11} < 0, \ f_{11}f_{22} - f_{12}^2 > 0$$

따라서 함수 $y = f(x_1, x_2)$가 정류점 $(x_1{}^*, x_2{}^*)$에서 극값을 가지기 위한 조건은

다음과 같이 정리할 수 있다.

(ⅰ) 극대값

1차필요조건: $f_1 = f_2 = 0$

2차충분조건: $f_{11} < 0, f_{22} < 0$ 및 $f_{11}f_{22} - f_{12}^2 > 0$

(ⅱ) 극소값

1차필요조건: $f_1 = f_2 = 0$

2차충분조건: $f_{11} > 0, f_{22} > 0$ 및 $f_{11}f_{22} - f_{12}^2 > 0$

행렬을 사용하면 d^2y는 다음과 같이 나타낼 수 있다.

$$d^2y = [dx_1, dx_2]\begin{bmatrix} f_{11} & f_{12} \\ f_{21} & f_{22} \end{bmatrix}\begin{bmatrix} dx_1 \\ dx_2 \end{bmatrix}$$

우변의 가운데 행렬은 2차편도함수로 이루어진 행렬로 헤시안행렬(Hessian matrix) H라 하며, 이것의 행렬식인 헤시안행렬식 $|H|$는 다음과 같다.

$$|H| = \begin{vmatrix} f_{11} & f_{12} \\ f_{21} & f_{22} \end{vmatrix}$$

헤시안행렬식의 첫 번째 주소행렬식(principal minor) $|H_1|$과 두 번째 주소행렬식 $|H_2|$는 다음과 같다.

$$|H_1| = f_{11} \quad , \quad |H_2| = |H| = \begin{vmatrix} f_{11} & f_{12} \\ f_{21} & f_{22} \end{vmatrix}$$

따라서 함수 $y = f(x_1, x_2)$가 정류점 (x_1^*, x_2^*)에서

극대값을 가지기 위한 충분조건은 $|H_1| < 0$, $|H_2| = |H| > 0$
극소값을 가지기 위한 충분조건은 $|H_1| > 0$, $|H_2| = |H| > 0$

결과적으로 극대값을 가지기 위한 충분조건은 제7장 정리 7.8의 함수가 음의 정부호($d^2y < 0$)를 가지기 위한 조건과 동일하고 극소값을 가지기 위한 충분조건은 양(+)의 정부호($d^2y > 0$)을 가지기 위한 조건과 동일하다.

3변수 함수 $y = f(x_1, x_2, x_3)$의 2차 충분조건에 대해 알아보자. 함수를 전미분하면 $dy = f_1dx_1 + f_2dx_2 + f_3dx_3$가 되고 2차전미분 d^2y은 다음과 같다.

$$\begin{aligned} d^2y &= f_{11}dx_1^2 + f_{22}dx_2^2 + f_{33}dx_3^2 \\ &\quad + 2f_{12}dx_1dx_2 + 2f_{13}dx_1dx_3 + 2f_{23}dx_2dx_3 \\ &= \begin{bmatrix} dx_1, dx_2, dx_3 \end{bmatrix} \begin{bmatrix} f_{11} & f_{12} & f_{13} \\ f_{21} & f_{22} & f_{23} \\ f_{31} & f_{32} & f_{33} \end{bmatrix} \begin{bmatrix} dx_1 \\ dx_2 \\ dx_3 \end{bmatrix} \end{aligned}$$

헤시안행렬식은

$$|H| = \begin{vmatrix} f_{11} & f_{12} & f_{13} \\ f_{21} & f_{22} & f_{23} \\ f_{31} & f_{32} & f_{33} \end{vmatrix}$$

첫 번째 주소행렬식 $|H_1|$, 두 번째 주소행렬식 $|H_2|$, 세 번째 주소행렬식은 다음과 같이 정의된다.

$$|H_1| = f_{11}, \quad |H_2| = \begin{vmatrix} f_{11} & f_{12} \\ f_{21} & f_{22} \end{vmatrix}, \quad |H_3| = |H| = \begin{vmatrix} f_{11} & f_{12} & f_{13} \\ f_{21} & f_{22} & f_{23} \\ f_{31} & f_{32} & f_{33} \end{vmatrix}$$

정리 7.8에 의하면 $y = f(x_1, x_2, x_3)$가 정류점 (x_1^*, x_2^*, x_3^*)에서

극대값을 가지기 위한 충분조건은 $|H_1| < 0$, $|H_2| > 0$, $|H_3| < 0$
극소값을 가지기 위한 충분조건은 $|H_1| > 0$, $|H_2| > 0$, $|H_3| > 0$

n변수 함수 $y = f(x_1, x_2, \dots, x_n)$로 일반화하면 헤시안행렬식은

$$|H| = \begin{vmatrix} f_{11} \ f_{12} \cdots\cdots f_{1n} \\ f_{21} \ f_{22} \cdots\cdots f_{2n} \\ \cdots\cdots \ \cdots\cdots \ \cdots\cdots\cdots\cdots \\ f_{n1} \ f_{n2} \cdots\cdots f_{nn} \end{vmatrix}$$

따라서 함수 $y = f(x_1, x_2, \ldots, x_n)$가 정류점 $(x_1{}^*, x_2{}^*, \ldots, x_n{}^*)$에서 극대값을 가지기 위한 충분조건은

$$|H_1| < 0, \ |H_2| > 0, \ |H_3| < 0, \ \ldots, \ (-1)^n |H_n| > 0$$

극소값을 가지기 위한 충분조건은

$$|H_1| > 0, \ |H_2| > 0, \ |H_3| > 0, \ \ldots, \ |H_n| > 0$$

〈예시 9.9〉

함수 $y = 2x_1^2 + x_1x_2 + 4x_2^2 + x_1x_3 + x_3^2 + 2$가 극값을 가지기 위한 1차필요조건은

$$f_1 = 4x_1 + x_2 + x_3 = 0$$
$$f_2 = x_1 + 8x_2 = 0$$
$$f_3 = x_1 + 2x_3 = 0$$

위 세 개의 식을 풀면 정류점은 $x_1{}^* = x_2{}^* = x_3{}^* = 0$이다.

2차 편미분을 해서 얻은 헤시안행렬식은

$$|H| = \begin{vmatrix} f_{11} & f_{12} & f_{13} \\ f_{21} & f_{22} & f_{23} \\ f_{31} & f_{32} & f_{33} \end{vmatrix} = \begin{vmatrix} 4 & 1 & 1 \\ 1 & 8 & 0 \\ 1 & 0 & 2 \end{vmatrix}$$

주소행렬식은

$$|H_1| = 4 > 0, \ \ |H_2| = \begin{vmatrix} 4 & 1 \\ 1 & 8 \end{vmatrix} = 31 > 0, \ \ |H| = 54 > 0$$

따라서 $x_1{}^* = x_2{}^* = x_3{}^* = 0$에서 극소값을 가지며, 극소값은 2이다.

〈예시 9.10〉 경쟁기업의 이윤극대화를 위한 생산요소 선택

노동 L과 자본 K를 사용해서 재화 y를 생산하는 경쟁기업을 가정하자. 단위당 재화의 가격은 p, 노동의 가격은 w, 자본의 가격은 r이고 재화의 생산함수는 $y = AL^{\alpha}K^{\beta}$라 할 때 기업은 다음과 같이 이윤을 극대화하는 L과 K를 선택하여야한다.

$$\pi = py - wL - rK = pAL^{\alpha}K^{\beta} - wL - rK$$

이윤극대화의 1차필요조건은

$$\frac{\partial \pi}{\partial L} = \alpha pAL^{\alpha-1}K^{\beta} - w = 0$$

$$\frac{\partial \pi}{\partial K} = \beta pAL^{\alpha}K^{\beta-1} - r = 0$$

2차편미분으로 얻은 헤시안은

$$|H| = \begin{vmatrix} \alpha(\alpha-1)pAL^{\alpha-1}K^{\beta} & \alpha\beta pAL^{\alpha-1}K^{\beta-1} \\ \alpha\beta pAL^{\alpha-1}K^{\beta-1} & \beta(\beta-1)pAL^{\alpha}K^{\beta-2} \end{vmatrix}$$

첫 번째 주소행렬식은

$$|H_1| = \alpha(\alpha-1)pAL^{\alpha-2}K^{\beta}$$

따라서 $\alpha < 1$일 때 $|H_1| < 0$이다. 두 번째 주소행렬식은

$$\begin{aligned} |H| &= \alpha(\alpha-1)\beta(\beta-1)p^2A^2L^{2\alpha-2}K^{2\beta-2} - \alpha^2\beta^2p^2A^2L^{2\alpha-2}K^{2\beta-2} \\ &= \alpha\beta(1-\alpha-\beta)p^2A^2L^{2\alpha-2}K^{2\beta-2} \end{aligned}$$

극대값을 가지려면 $|H| > 0$이어야 하는데 이것은 $\alpha + \beta < 1$일 때에 성립한다.

경 영 경 제 수 학

MATHEMATICAL ECONOMICS

제10장 제약조건하의 최적화

10.1 구간에서의 최적화
10.2 등식제약조건하의 최적화
10.3 부등식제약조건하의 최적화

제10장 | 제약조건하의 최적화

10.1 구간에서의 최적화

제9장에서는 문제의 해가 임의의 실수값을 가질 수 있는 제약이 없는 경우를 다루었다. 그러나 경제 및 경영 문제에서는 대부분 제약이 존재하게 된다. 예를 들어, 기업의 생산량 결정이나 소비자가 선택하는 재화의 경우 음(−)의 수량은 불가능하며, 생산시설규모에 대한 제약이 존재하게 된다.

일반적으로 $a \le x \le b$의 제약 하에서 함수 $f(x)$의 극대화문제에서 x^*가 극대점이라면(따라서 반드시 $a \le x^* \le b$) 다음 3가지 가능성이 있다.

(i) $x^* = a$: 이 경우 $f'(x^*) \le 0$이 되어야 한다.
함수의 미분 $dy = f'(a)dx$를 고려할 때 $x^* = a$이면 x의 허용가능한 변화는 $dx > 0$이어야 하고 $dy \le 0$이려면 $f'(a) \le 0$이어야 한다.

(ii) $a < x^* < b$: 이 경우 $f'(x^*) = 0$이 되어야 한다.
x^*가 내부점일 때 dx는 음(−)과 양(+)의 값 모두를 가질 수 있으며, dy가 양이 아니려면 $f'(x^*) = 0$이 되어야 한다.

(iii) $x^* = b$: 이 경우 $f'(x^*) \ge 0$이 되어야 한다.
미분 $dy = f'(b)dx$를 고려할 때 $x^* = b$이면 x의 허용가능한 변화는 $dx < 0$이어야 하고, $dy \le 0$이려면 $f'(b) \ge 0$이 되어야 한다.

이러한 결과는 다음과 같이 정리할 수 있다.

[정리 10.1]

만일 x^*가 $a \le x \le b$ 제약하에서 함수 $f(x)$의 극대화의 해라면 다음의 하나 또는 두 조건 모두를 만족한다.

$$f'(x^*) \le 0 \text{ 및 } (x^* - a)f'(x^*) = 0$$
$$f'(x^*) \ge 0 \text{ 및 } (b - x^*)f'(x^*) = 0$$

만일 위 두 조건을 모두 만족하고 $f'(a) \ne 0$ and $f'(b) \ne 0$이면 $a < x^* < b$이어야 한다.

정리 10.1은 x^*가 구간의 내부점이면 함수가 내부 해를 가지고 그것의 도함수가 0이 되어야 한다는 것을 의미한다.

[정리 10.2]

만일 x^*가 $a \le x \le b$ 제약 하에서 함수 $f(x)$의 극소화의 해라면 다음의 하나 또는 두 조건 모두를 만족한다.

$$f'(x^*) \ge 0 \text{ 및 } (x^* - a)f'(x^*) = 0$$
$$f'(x^*) \le 0 \text{ 및 } (b - x^*)f'(x^*) = 0$$

만일 위 두 조건을 모두 만족하고 $f'(a) \ne 0$ 및 $f'(b) \ne 0$이면 $a < x^* < b$이어야 한다.

〈예시 10.1〉

다음 구간제약이 있는 최적화 문제를 풀어라.

(1) $y = 3 - 2x$, $0 \le x \le 1.5$에서 최대값

(2) $y = 3x^2$, $-2 \le x \le 2$에서 최소값

[풀이]

(1) 선형함수이기 때문에 음의 기울기를 가지므로 내부해를 가지지 않는다. 함수를 미분하면

$$\frac{dy}{dx} = -2 \ne 0$$

이 문제는 $x^* = 0$에서 최대값 $y^* = 3$을 갖는다([그림 10.1] 참조).

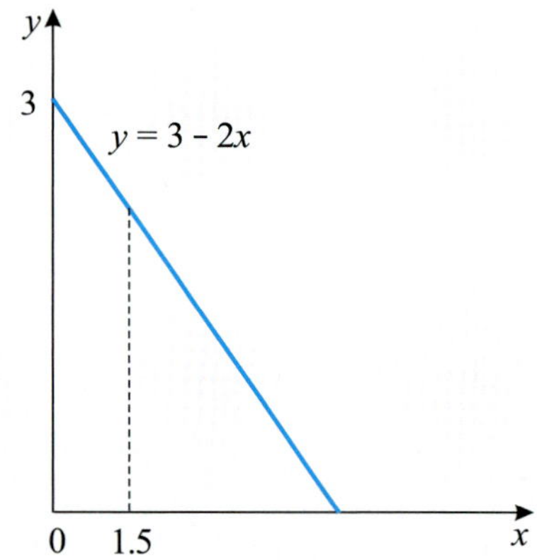

[그림 10.1] $y = 3 - 2x$의 그래프

(2) $y = 3x^2,\ -2 \le x \le 2$의 경우 1차도함수와 2차도함수를 구하면

$$\frac{dy}{dx} = 6x$$

$$\frac{d^2y}{dx^2} = 6 > 0$$

$x^* = 0$에서 $dy/dx = 0$이고 $-2 \le x^* \le 2$ 이므로 내부 해를 갖는다. 최소값은 $y^* = 0$이다([그림 10.2] 참조).

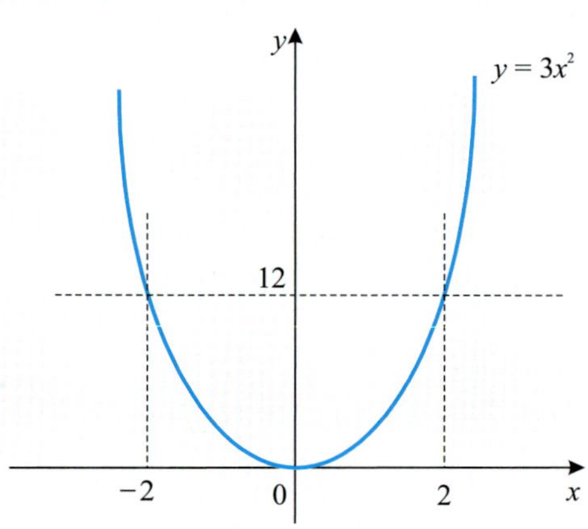

[그림 10.2] $y = 3x^2$의 그래프

10.2 등식제약조건하의 최적화

10.2.1 등식제약 문제의 해를 찾는 방법

다음 두 변수 함수의 극대화 문제를 생각해보자.

$$f(x_1, x_2) = 2x_1x_2 + 3x_1$$

$f_1 = 2x_2 + 3$과 $f_2 = 2x_1$은 x_1과 x_2가 양(+)일 때 양의 값을 가지기 때문에 아무런 제약이 없다면 x_1과 x_2이 무한대인 점에서 이 함수는 무한대의 극대값을 가진다. 이렇게 무한대의 해를 가지는 문제는 실제적으로는 아무런 의미가 없기 때문에 다음의 제약하에서의 함수 f의 극대화 문제로 변형을 해보자.

$$g(x_1, x_2) = x_1 + 2x_2 = 100$$

이렇게 단순한 형태의 제약하의 극대화문제는 새로운 해법이 없다고 해도 쉽게 해를 구할 수 있다. 제약조건으로부터

$$x_1 = 100 - 2x_2$$

이를 함수 f에 대입하면

$$\begin{aligned} f(x_1, x_2) &= 2(100 - 2x_2)x_2 + 3(100 - 2x_2) \\ &= 300 + 194x_2 - 4x_2^2 \end{aligned}$$

극값을 가지기 위한 1차조건은 다음과 같다.

$$\frac{df}{dx_2} = f_2 = 194 - 8x_2 = 0$$

따라서 $x_2^* = 24.5$이고, 이를 제약조건에 대입하면 $x_1^* = 100 - 2(24.5) = 51$이며 이 때 함수 f는 정류값(stationary value)으로 $f^* = 2(51)(24.5) + 3(51) = 2{,}652$을 갖는다. 2차도함수 $f_{22} = -8 < 0$ 이므로 정류값은 함수 f의 극대값이 된다.

제7장에서 설명한 레벨곡선의 개념을 적용해서 제약조건하의 극대화의 문제

를 다음 그림으로 살펴보자. x_1과 x_2가 비음인 영역에서 임의의 함수값 $\bar{f}$에 대한 레벨곡선 $\bar{f} = 2x_1x_2 + 3x_1$는 [그림 10.3]과 같다. 화살표 방향으로 레벨곡선이 옮겨감에 따라 $\bar{f}$의 값은 증가하고, 제약조건이 없는 경우 가장 높은 수준의 레벨곡선은 무한대의 $\bar{f}$에서 얻어진다.

[그림 10.4]는 제약식 $g(x_1, x_2) = x_1 + 2x_2 = 100$을 그림으로 나타낸 것이다.

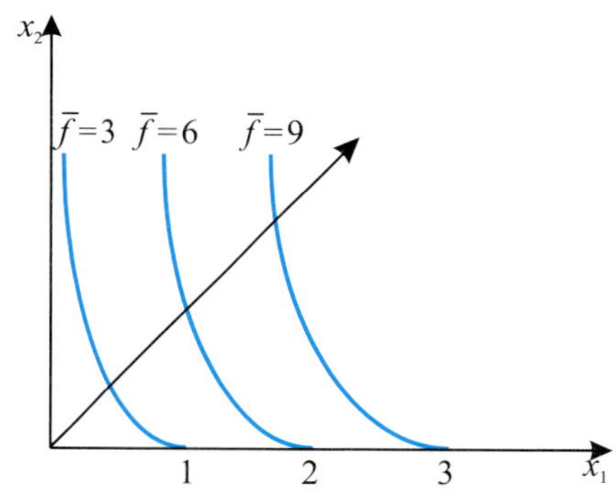

[그림 10.3] 함수 $2x_1x_2 + 3x_1$의 레벨곡선

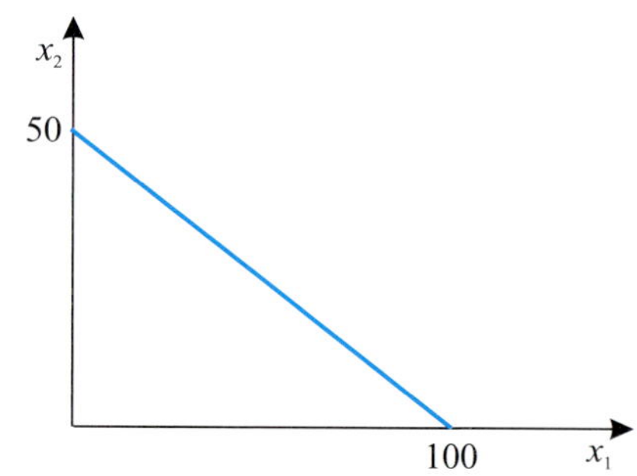

[그림 10.4] $x_1 + 2x_2 = 100$의 제약식

[그림 10.5]는 제약식과 레벨곡선을 결합하여 제약하의 정류점과 극대값을 보여준다. 그림에서 보는 바와 같이 등식제약하의 함수의 극대값은 레벨곡선과 제약식이 접하는 점에서 얻어지며, 이 점에서 레벨곡선의 접선의 기울기와 제약식의 기울기는 같다.

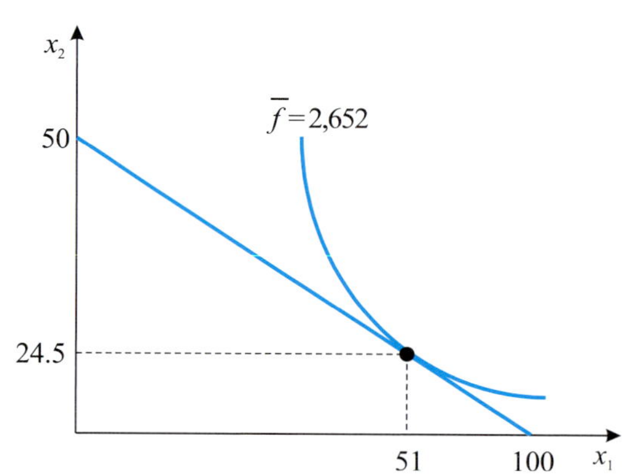

[그림 10.5] 제약하의 정류점과 극대값

제7장에서 일반적으로 함수 $f(x_1, x_2)$의 레벨곡선의 기울기는 다음과 같이 나타냄을 보였다.

$$\frac{dx_2}{dx_1} = -\frac{f_1(x_1, x_2)}{f_2(x_1, x_2)}$$

같은 방법으로 제약식 $g(x_1, x_2) = 0$의 기울기는

$$\frac{dx_2}{dx_1} = -\frac{g_1(x_1, x_2)}{g_2(x_1, x_2)}$$

레벨곡선과 제약식의 접점 $({x_1}^*, {x_2}^*)$에서 두 기울기는 같아져야 하므로

$$\frac{f_1({x_1}^*, {x_2}^*)}{f_2({x_1}^*, {x_2}^*)} = \frac{g_1({x_1}^*, {x_2}^*)}{g_2({x_1}^*, {x_2}^*)}$$

함수가 두 개의 미지수를 가지기 때문에 위 식 하나만으로는 ${x_1}^*$과 ${x_2}^*$의 값에 대한 해를 구할 수 없다. ${x_1}^*$과 ${x_2}^*$가 최적이 되기 위해서 두 번째 필요한 식은 다음과 같이 주어진다.

$$g({x_1}^*, {x_2}^*) = 0$$

[정리 10.3]

만일 ${x_1}^*$과 ${x_2}^*$가 $g(x_1, x_2) = 0$의 제약하에서의 함수 $f(x_1, x_2)$의 극대화 문제에 대한 접점의 해라고 하면 ${x_1}^*$과 ${x_2}^*$는 다음을 만족해야 한다.

(i) $\dfrac{f_1({x_1}^*, {x_2}^*)}{f_2({x_1}^*, {x_2}^*)} = \dfrac{g_1({x_1}^*, {x_2}^*)}{g_2({x_1}^*, {x_2}^*)}$

(ii) $g({x_1}^*, {x_2}^*) = 0$

제약하의 최적화 문제의 해를 구하는데 있어서 상기 방법과 동일한 결과를 얻을 수 있는 라그랑주 승수법을 적용해보자. 새로운 변수로 라그랑주 승수 λ를 도입하면 라그랑주 함수(Lagrange function) 또는 라그랑지안(Lagrangean)은 다음과 같이 형성된다.

$$L(x_1, x_2, \lambda) = f(x_1, x_2) + \lambda g(x_1, x_2)$$

이 때 함수 L이 극값을 갖기 위한 1차필요조건은

$$\frac{\partial L}{\partial x_1} = f_1(x_1^*, x_2^*) + \lambda^* g_1(x_1^*, x_2^*) = 0$$

$$\frac{\partial L}{\partial x_2} = f_2(x_1^*, x_2^*) + \lambda^* g_2(x_1^*, x_2^*) = 0$$

$$\frac{\partial L}{\partial \lambda} = g(x_1^*, x_2^*) = 0$$

이와 같이 3개의 미지수 x_1^*, x_2^*, λ^*에 대해 방정식이 3개 이므로 유일한 해를 구할 수 있다. 위 1차조건의 첫 번째와 두 번째 식으로부터

$$f_1(x_1^*, x_2^*) = -\lambda^* g_1(x_1^*, x_2^*)$$

$$f_2(x_1^*, x_2^*) = -\lambda^* g_2(x_1^*, x_2^*)$$

그리고 식의 좌변과 우변에 대해 각각 첫 번째 식을 두 번째 식으로 나누면

$$\frac{f_1(x_1^*, x_2^*)}{f_2(x_1^*, x_2^*)} = \frac{g_1(x_1^*, x_2^*)}{g_2(x_1^*, x_2^*)}$$

결과적으로 위 식은 앞에서 얻은 접선의 조건과 일치한다. 1차필요조건의 세 번째 식은 제약조건의 식과 같다.

등식제약하의 극소화 문제도 라그랑주 함수로 나타낼 수 있으며 제약이 없는

경우와 마찬가지로 1차조건은 극대화의 1차조건과 동일하다. 즉, $g(x_1, x_2) = 0$ 의 제약조건하의 함수 $f(x_1, x_2)$의 극소화(minimization: min) 문제에 대한 라그랑주 함수는

$$\min \ L(x_1, x_2, \lambda) = f(x_1, x_2) + \lambda g(x_1, x_2)$$

1차조건은 다음과 같다.

$$\frac{\partial L}{\partial x_1} = f_1(x_1{}^*, x_2{}^*) + \lambda^* g_1(x_1{}^*, x_2{}^*) = 0$$

$$\frac{\partial L}{\partial x_2} = f_2(x_1{}^*, x_2{}^*) + \lambda^* g_2(x_1{}^*, x_2{}^*) = 0$$

$$\frac{\partial L}{\partial \lambda} = g(x_1{}^*, x_2{}^*) = 0$$

라그랑주 승수 λ는 제약조건이 한 단위 변화했을 때 함수의 최적 값에 미치는 영향을 나타내는데 제11장에서 그 의미를 살펴볼 것이다.

〈예시 10.2〉

$x_1 + x_2 = 10$의 제약조건하에 $y = x_1^{0.5} x_2^{0.5}$의 극대값을 구하라.

[풀이]

라그랑주 함수는

$$L = x_1^{0.5} x_2^{0.5} + \lambda(10 - x_1 - x_2)$$

극대화의 1차조건은

$$0.5 x_1^{-0.5} x_2^{0.5} - \lambda = 0$$

$$0.5 x_1^{0.5} x_2^{-0.5} - \lambda = 0$$

$$10 - x_1 - x_2 = 0$$

첫 번째 및 두 번째 식으로부터

$$\frac{0.5x_1^{-0.5}x_2^{0.5}}{0.5x_1^{0.5}x_2^{-0.5}} = 1 \quad \Rightarrow \ x_1 = x_2$$

위 결과를 세 번째 식에 대입하면

$$x_1{}^* = x_2{}^* = 5$$

따라서

$$y^* = (5^{0.5})(5^{0.5}) = 5$$

〈예시 10.3〉 효용극대화와 지출최소화 문제

어느 소비자가 두 재화 x_1과 x_2에 예산을 전부 소비한다고 가정하자. 재화의 가격은 각각 p_1과 p_2이고 예산(또는 부(wealth))은 w라 가정하자. 소비자의 최선의 선택은 주어진 예산제약하에서 효용을 극대화하는 것이다. 소비자의 효용함수를 다음과 같다고 가정하자.

$$u = u(x_1, x_2) = x_1^2 x_2$$

이 때 효용극대화 문제는 다음과 같이 나타낼 수 있다.

$$\max \ u = x_1^2 x_2 \quad \text{s.t.} \quad p_1x_1 + p_2x_2 = w$$

여기서 'max'는 극대화(maximize)의 약자이며, s.t.는 'subject to'의 약자로 제약조건을 의미한다. 소비자문제를 라그랑주 함수로 나타내면

$$L = x_1^2 x_2 + \lambda(w - p_1x_1 - p_2x_2)$$

극대화의 1차조건은

$$\frac{\partial L}{\partial x_1} = 2x_1x_2 - p_1\lambda = 0$$

$$\frac{\partial L}{\partial x_2} = x_1^2 - p_2\lambda = 0$$

$$\frac{\partial L}{\partial \lambda} = w - p_1x_1 - p_2x_2 = 0$$

첫 번째와 두 번째 식으로부터

$$\frac{2x_1x_2}{x_1^2} = \frac{p_1}{p_2} \Rightarrow \frac{2x_2}{x_1} = \frac{p_1}{p_2}$$

위 식의 좌변은 u_1/u_2로 한계대체율(MRS)을 의미하며, 우변은 두 재화의 가격비율을 나타낸다. 즉, 효용을 극대화하기 위해서는 소비자의 두 재화에 대한 주관적 교환비율인 한계대체율과 두 재화의 시장에서의 교환비율인 가격비율이 같아야 함을 의미한다.
위 식과 1차조건의 세 번째 식인 예산제약을 연립해서 풀면

$$x_1 = \frac{2w}{3p_1}$$

$$x_2 = \frac{w}{3p_2}$$

이들을 각 재화에 대한 일반수요함수(ordinary demand function) 또는 마샬의 수요함수(Marshallian demand function)라 한다. 효용극대화의 해에서 얻어진 x_1과 x_2를 효용함수에 대입하면

$$u = \left(\frac{2w}{3p_1}\right)^2\left(\frac{w}{3p_2}\right) = \frac{4w^3}{27p_1^2p_2}$$

이를 간접효용함수(indirect utility function)라 한다.
이제 효용극대화 문제에 대한 쌍대(dual)문제로서 주어진 효용수준을 유지하면서 지출을 최소화하는 지출최소화 문제를 생각해보자. 지출최소화 문제는 다음과 같이 나타낼 수 있다.

$$\min\ p_1x_1 + p_2x_2 \quad \text{s.t.}\ \ x_1^2x_2 = \bar{u}$$

'min'은 극소화(minimize)를 의미한다. 라그랑주 함수로 쓰면

$$L = p_1x_1 + p_2x_2 + \mu(\overline{u} - x_1^2x_2)$$

여기서 μ는 라그랑주 승수를 나타낸다.
지출최소화의 1차조건은

$$\begin{aligned} p_1 - 2x_1x_2\mu &= 0 \\ p_2 - x_1^2\mu &= 0 \\ \overline{u} - x_1^2x_2 &= 0 \end{aligned}$$

첫 번째와 두 번째 식으로부터 다음을 얻는데 이는 효용극대화의 1차조건인 두 재화의 소비에 대한 한계대체율과 가격비율이 같다는 것과 동일하다.

$$\frac{p_1}{p_2} = \frac{2x_1x_2}{x_1^2}$$

1차조건의 세 번째 식과 연립해서 풀면

$$\begin{aligned} x_1 &= 2^{\frac{1}{3}}\overline{u}^{\frac{1}{3}}p_1^{-\frac{1}{3}}p_2^{\frac{1}{3}} \\ x_2 &= 2^{-\frac{2}{3}}\overline{u}^{\frac{1}{3}}p_1^{\frac{2}{3}}p_2^{-\frac{2}{3}} \end{aligned}$$

이들을 각 재화에 대한 보상수요함수(compensated demand function) 또는 힉스의 보상수요함수(Hicksian demand function)라 한다. 지출최소화의 해에서 얻어진 x_1과 x_2를 $p_1x_1 + p_2x_2$에 대입하면 다음과 같이 지출함수(expenditure function) e를 유도할 수 있다.

$$\begin{aligned} e &= p_1(2^{\frac{1}{3}}\overline{u}^{\frac{1}{3}}p_1^{-\frac{1}{3}}p_2^{\frac{1}{3}}) + p_2(2^{-\frac{2}{3}}\overline{u}^{\frac{1}{3}}p_1^{\frac{2}{3}}p_2^{-\frac{2}{3}}) \\ &= -\frac{2}{3}\overline{u}^{\frac{1}{3}}p_1^{\frac{2}{3}}p_2^{\frac{1}{3}} \end{aligned}$$

10.2.2 등식제약하의 최적화에 대한 2차조건

등식제약하의 문제에서 극대와 극소의 1차조건이 동일하기 때문에 극대인지 극소인지를 판별하기 위해서는 2차조건이 필요하게 된다. 제9장에서는 제약이 없는 최적화 문제의 2차조건을 헤시안행렬식의 주소행렬식의 부호로 표현할 수 있었는데 제약이 있는 경우에도 복잡하지만 유사한 방법으로 나타낼 수 있다.

다음과 같이 하나의 제약조건을 가진 2변수 함수의 극대화 문제를 살펴보자.

$$\max\ f(x_1, x_2) \quad \text{s.t.} \quad g(x_1, x_2) = 0$$

라그랑주 함수는

$$L(x_1, x_2, \lambda) = f(x_1, x_2) + \lambda g(x_1, x_2)$$

점 $(x_1{}^*,\ x_2{}^*,\ \lambda^*)$를 라그랑주 함수의 정류점이라고 하면 다음 식들을 만족한다.

$$\frac{\partial L}{\partial x_1} = f_1(x_1{}^*, x_2{}^*) + \lambda^* g_1(x_1{}^*, x_2{}^*) = 0$$

$$\frac{\partial L}{\partial x_2} = f_2(x_1{}^*, x_2{}^*) + \lambda^* g_2(x_1{}^*, x_2{}^*) = 0$$

$$\frac{\partial L}{\partial \lambda} = g(x_1{}^*, x_2{}^*) = 0$$

라그랑주 함수의 헤시안 행렬은 다음과 같이 유도된다.

$$H^* = \begin{bmatrix} L_{11} & L_{12} & L_{1\lambda} \\ L_{21} & L_{22} & L_{2\lambda} \\ L_{31} & L_{32} & L_{3\lambda} \end{bmatrix} = \begin{bmatrix} f_{11} + \lambda g_{11} & f_{12} + \lambda g_{12} & g_1 \\ f_{21} + \lambda g_{21} & f_{22} + \lambda g_{22} & g_2 \\ g_1 & g_2 & 0 \end{bmatrix}$$

위 행렬은 벡터 $[g_1\ \ g_2\ \ 0]$에 의해 테를 두른다는 점에서 제약이 없는 경우의 헤시안과 구분된다. 위 헤시안의 행렬식을 유계헤시안(Bordered Hessian) $|H^*|$이라고 한다. 테를 두른 함수 f의 1차도함수로 구성된 유계헤시안 $|\overline{H}|$와는 달리 $|H^*|$는 테를 두른 제약식의 1차도함수가 포함되었다는 점에서 구분된다.

[정리 10.4]

만일 $(x_1{}^*, x_2{}^*, \lambda^*)$에서 $L(x_1, x_2, \lambda) = f(x_1, x_2) + \lambda g(x_1, x_2)$가 정류값을 가질 때

(ⅰ) 유계헤시안 $|H^*| > 0$ 이면 정류값은 극대가 된다.

(ⅱ) 유계헤시안 $|H^*| < 0$ 이면 정류값은 극소가 된다.

〈예시 10.4〉 예산제약하의 효용극대화 문제에 대한 2차조건

예산제약하의 효용극대화 문제에 대한 라그랑주 함수는 다음과 같다.

$$L = u(x_1, x_2) + \lambda(w - p_1 x_1 - p_2 x_2)$$

효용극대화의 1차조건은

$$\begin{aligned} L_1 &= u_1 - p_1\lambda = 0 \\ L_2 &= u_2 - p_2\lambda = 0 \\ L_\lambda &= w - p_1 x_1 - p_2 x_2 = 0 \end{aligned}$$

효용극대화의 2차조건 즉, 유계헤시안의 조건은 다음과 같다.

$$\begin{aligned} |H^*| &= \begin{vmatrix} u_{11} & u_{12} & -p_1 \\ u_{21} & u_{22} & -p_2 \\ -p_1 & -p_2 & 0 \end{vmatrix} \\ &= 2p_1p_2u_{12} - p_1^2u_{22} - p_2^2u_{11} > 0 \end{aligned}$$

(여기서 $u_{12} = u_{21}$임을 이용함)

1차조건으로부터 구한 $p_1 = u_1/\lambda$, $p_2 = u_2/\lambda$를 위 식에 대입하면 극대화의 2차조건은 다음이 되어야 함을 의미한다.

$$\frac{2u_1u_2u_{12} - u_1^2u_{22} - u_2^2u_{11}}{\lambda^2} > 0$$

양변에 λ^2을 곱하면 7.4.2절에서 본 바와 같이 효용함수가 강 준오목(strongly quasi-concave)이 되는 조건과 동일하다.

$$2u_1u_2u_{12} - u_1^2u_{22} - u_2^2u_{11} > 0$$

따라서 효용함수가 강준오목일 때 즉, 무차별곡선이 원점에 강 볼록할 때 무차별곡선이 예산선에 접하는 점은 진정한 효용극대화의 점이 된다.

지금까지는 1개의 제약식과 두 변수 함수의 문제를 살펴봤는데 다음과 같이 n변수 함수의 극대화문제로 확장하여 정리 10.4를 적용해보자.

$$\max\ f(x_1, x_2, ..., x_n) \quad \text{s.t.}\ g(x_1, x_2, ..., x_n) = 0$$

라그랑주 함수는

$$L = f(x_1, x_2, ..., x_n) + \lambda g(x_1, x_2, ..., x_n)$$

관련 유계헤시안은

$$|H^*| = \begin{vmatrix} L_{11} & L_{12} & \cdots & L_{1n} & g_1 \\ L_{21} & L_{22} & \cdots & L_{2n} & g_2 \\ \cdot & \cdot & & \cdot & \cdot \\ \cdot & \cdot & & \cdot & \cdot \\ L_{n1} & L_{n2} & \cdots & L_{nn} & g_n \\ g_1 & g_2 & \cdots & g_n & 0 \end{vmatrix}$$

[정리 10.5]

만일 $(x_1{}^*, x_2{}^*, ..., x_n{}^*)$에서 $L = f(x_1, x_2, ..., x_n) + \lambda g(x_1, x_2, ..., x_n)$가 정류값을 가질 때

(i) 유계헤시안 $|H^*|$의 주소행렬식이 다음과 같이 부호가 교대로 나오면 정류값은 극대가 된다.

$$\begin{vmatrix} L_{11} & L_{12} & g_1 \\ L_{21} & L_{22} & g_2 \\ g_1 & g_2 & 0 \end{vmatrix} > 0\ , \quad \begin{vmatrix} L_{11} & L_{12} & L_{13} & g_1 \\ L_{21} & L_{22} & L_{23} & g_2 \\ L_{31} & L_{32} & L_{33} & g_3 \\ g_1 & g_2 & g_3 & 0 \end{vmatrix} < 0,\ \ldots$$

(ii) 유계헤시안 $|H^*|$의 주소행렬식이 모두 음이면 정류값은 극소가 된다.

여러 제약조건하에서의 최적화문제에서도 1차필요조건에서 구한 정류점이 극대인지 극소인지를 판별하기 위해서는 정리 10.5와 같은 2차충분조건이 필요하다. 주의해야 할 점은 정리 10.4와 정리 10.5는 최적 해에 대한 충분조건이지 필요조건이 아니라는 점이다. 즉, $(x_1^*, x_2^*, ..., x_n^*)$이 제약조건하의 문제에 대한 최적해가 되면서도 정리 10.4와 정리 10.5의 조건을 만족하지 않을 수 있다. 그러나 대부분의 경제학 문제에서는 이러한 충분조건이 성립하는 것으로 가정된다.

지금까지 라그랑주 승수법을 사용해서 제약조건하의 최적화 문제에 대한 해를 구하는 절차에 대해 알아봤지만 이러한 절차가 정당성을 가지는지, 가진다면 어떤 조건을 만족해야 하는지에 대한 근본적인 물음은 고려하지 않았다. 이러한 물음에 대한 답은 다음의 Weierstrass 정리에 의해 주어지는데 요약하면 일정한 조건이 충족되면 최적화 문제에 대한 해가 존재한다는 것이다.

[정리 10.6] Weierstrass 정리

만일 함수 f가 연속이고 X가 공집합이 아니고 닫혀있으며, 경계가 있는 집합이라면 f는 X에 대해 극대값과 극소값을 갖는다.

최적화 문제에 대한 해가 존재한다고 가정할 때 다음으로 중요한 것은 여러 제약조건이 있는 일반적인 최적화 문제를 라그랑주 승수법으로 해를 구할 수 있는지, 그러려면 어떠한 실제적 조건 하에서 가능할 것인가이다. 근본적으로 라그랑주 승수법은 라그랑주 승수에 대한 1차조건에 의해 해를 구할 수 있으며 다음 정리로 요약할 수 있다.

[정리 10.7]

극대화 문제, $\max f(x_1, x_2, \dots, x_n)$ s.t. $g^j(x_1, x_2, \dots, x_n) = 0,\ j = 1, 2, \dots, m$ (단, $m < n$)의 해가 $(x_1^*, x_2^*, \dots, x_n^*)$이고 $n \times m$ 행렬

$G = [\dfrac{\partial g^j(x_1^*, x_2^*, \dots, x_n^*)}{\partial x_i}],\ i = 1, \dots, n,\ j = 1, \dots, m$이 계수 m을 가진다면 $(x_1^*, x_2^*, \dots, x_n^*)$가 다음의 $n+m$ 조건을 충족하도록 하는 실수 $\lambda_1, \lambda_2, \dots, \lambda_m$이

존재한다.

$$f_i(x_1^*, x_2^*, \dots, x_n^*) + \sum_j \lambda_j \frac{\partial g^j(x_1^*, x_2^*, \dots, x_n^*)}{\partial x_i} = 0, \ i = 1,2,\dots,n$$

$$g^j(x_1^*, x_2^*, \dots, x_n^*) = 0, \ j = 1,2,\dots,m$$

라그랑주 승수가 존재한다고 할 때 라그랑주 문제에 대한 1차조건이 제약 문제의 최적해를 구하도록 하는 것은 쉽게 알 수 있다. 예를 들어, 점 $(x_1^*, x_2^*, \dots, x_n^*)$가 라그랑주 함수를 극대화한다면 모든 $(x_1, x_2, \dots, x_n)$에 대해 다음이 성립한다.

$$f(x_1^*, \dots, x_n^*) + \sum_{j=1}^{m} \lambda_j g^j(x_1^*, \dots, x_n^*) \geq f(x_1, \dots, x_n) + \sum_{j=1}^{m} \lambda_j g^j(x_1, \dots, x_n)$$

그런데 이 때 모든 실현가능한 $(x_1, \dots, x_n)$에 대해 $g^j(x_1, \dots, x_n) = 0$이 성립하고 1차조건에 의해 모든 j에 대해 $g^j(x_1^*, \dots, x_n^*) = 0$이기 때문에 모든 실현가능한 $(x_1, \dots, x_n)$에 대해 다음이 성립해야한다.

$$f(x_1^*, \dots, x_n^*) \geq f(x_1, \dots, x_n)$$

극소화 문제의 경우에도 동일한 방법으로 라그랑주 문제에 대한 1차조건이 제약 문제의 최적해를 가지도록 한다는 것을 나타낼 수 있다.

그러나 정리 10.3, 정리 10.4, 정리 10.5의 최적 조건들은 단지 국지적(local) 최적일 뿐 전역적(global) 최적이 아니다. 극대화의 1차 및 2차 조건을 만족하는 점이라고 하더라도 그것의 가까운 주변에서만 극대일 뿐 실현가능한 집합의 다른 점이 더 높은 함수의 값이 될 수 있다. [그림 10.6]의 k점은 극대화의 1차 및 2차 조건을 만족하고 있으나 제약을 따라 아래로 이동하면 더 큰 함수 값을 갖는 레벨곡선 f^2의 g점에 도달한다.

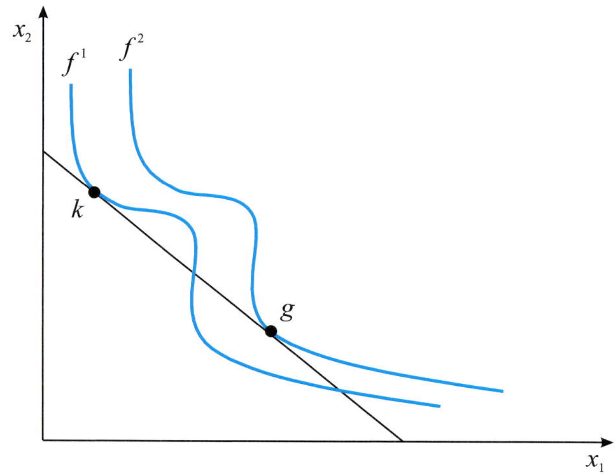

[그림 10.6] 국지적 극대이나 전역적 극대가 아닌 경우

국지적 극대가 동시에 전역적 극대가 되기 위해서는 목적 함수와 제약식이 특정한 조건을 가져야하며 이는 정리 10.8로 정리할 수 있다.

[정리 10.8]

만일 함수 f가 준오목이고 함수 $g^1, g^2, \dots, g^m$가 모두 준볼록이면 극대화문제 $\max\ f(x_1, x_2, \dots, x_n)$ s.t. $g^j(x_1, x_2, \dots, x_n) = 0,\ j = 1, 2, \dots, m$에 대한 임의의 국지적 최적해 또한 전역적 최적이다.

최적화 문제의 해를 구하는데 있어서 단지 국지적 최적이 전역적 최적이 된다는 것에서 더 나아가 어느 경우에는 유일한 국지적 및 전역적 해를 가지는지를 아는 것이 중요하다. [그림 10.7]의 (a)는 다수의 극대값을 가지는 경우를 나타내고, (b)는 하나의 극대값을 가지는 경우를 나타내며 정리 10.9는 유일한 최적해를 가지기 위한 조건을 제시한다.

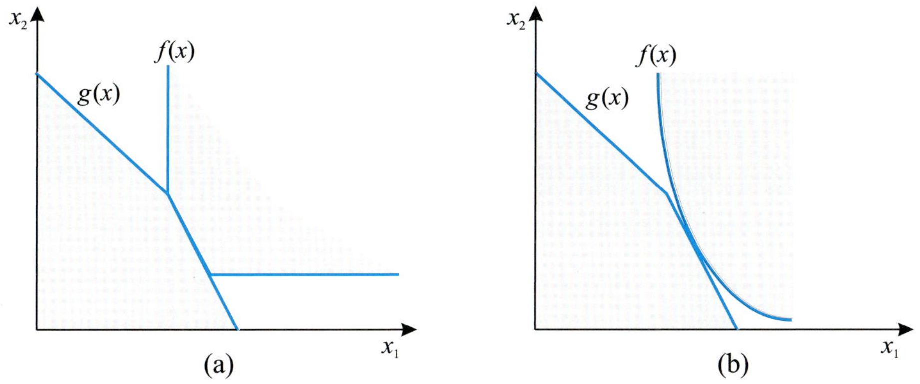

[그림 10.7] 다수의 극대값과 하나의 극대값 경우

[정리 10.9]

f와 g가 $(x_1, \dots, x_n)$의 증가함수이고 $g^j(x_1, x_2, \dots, x_n) = 0$ (단, $j = 1, 2, \dots, m$)의 제약조건하에 함수 $f(x_1, x_2, \dots, x_n)$를 극대화하는 문제가 다음 (i) 또는 (ii)의 조건을 만족하는 경우 국지적 최적해는 유일하고 동시에 전역적 최적이 된다.

(i) f가 강준오목이고 함수 g^j, $j = 1, 2, \dots, m$가 모두 준볼록

(ii) f가 준오목이고 함수 g^j, $j = 1, 2, \dots, m$가 모두 강준볼록

10.3 부등식제약조건하의 최적화

등식제약조건하의 최적화 문제를 고전적 최적화문제라고 하는데 경영학 및 경제학 문제에서는 부등식제약조건이 필요한 경우가 존재한다. $g(x_1, \cdots, x_n) \le c$와 같이 부등식으로 제약조건이 주어진 최적화 문제를 수리계획법이라 한다. 수리계획법은 선형계획법(linear programming)과 비선형계획법(non-linear programming)을 포함하는데 선형계획법은 목적함수와 제약조건이 모두 선형인 경우로 비선형계획법의 특수한 경우로 볼 수 있다. 고전적인 최적화문제에서 선택변수와 라그랑주 승수에 대해 라그랑주 함수의 1차도함수가 0이 되도록 하는 극대 또는 극소의 1차조건과 유사하게 비선형계획법도 쿤-터커 조건(Kuhn-Tucker condition)으로 알려진 1차조건이 존재한다.

쿤-터커 조건을 이해하기 위해 단일변수 함수 $f(x)$에 대해 $x \ge 0$인 단순한

제약이 있는 극대화 문제를 살펴보자.

$$\max\ f(x) \quad \text{s.t.} \quad x \geq 0$$

국지적 극대값을 가지는 모든 경우를 살펴보면 먼저 만일 극대값이 $x^* > 0$인 구간에 존재한다면 극대화의 1차조건은 $df/dx = f'(x^*) = 0$이 되어야한다. 만일 극대값이 $x^* = 0$에 존재한다면 $f'(x^*) = 0$ 이거나 $f'(x^*) < 0$이어야 한다. 이러한 세 가지 경우를 하나로 통합하면

$$f'(x^*) \leq 0, \quad x \geq 0 \quad \text{and} \quad xf'(x) = 0$$

세 번째 식은 x^*와 $f'(x^*)$의 값 중에서 적어도 하나는 0이 되어야한다는 것을 의미하는 것으로 이를 x^*와 $f'(x^*)$ 사이의 상보적 여분성(complementary slackness)이라 한다. 위 3개의 식이 선택변수가 비음인 조건하에서 극대화의 1차필요조건이 된다.

다음과 같이 n변수 함수의 극대화 문제로 확대해보자.

$$\max\ f(x_1, x_2, \ldots, x_n) \quad \text{s.t.} \quad x_i \geq 0, \ (i = 1, 2, \ldots, n)$$

동일한 추론에 따라 1차필요조건은 다음과 같다.

$$f_i \leq 0, \quad x_i \geq 0 \quad \text{and} \quad x_i f_i = 0 \quad (i = 1.2, \ldots, n)$$

여기서 f_i는 편도함수 $\partial f / \partial x_i$를 나타낸다.

이제 부등식제약조건이 주어진 경우 다음의 2변수 함수의 극대화문제를 살펴보자.

$$\max\ f(x_1, x_2) \quad \text{s.t.} \quad g(x_1, x_2) \leq r, \quad x_1, x_2 \geq 0$$

부등식제약조건의 부호와 변수의 비음조건을 무시하고 고전적 라그랑주 함수의 형태로 쓰면

$$L(x_1, x_2, \lambda) = f(x_1, x_2) + \lambda[r - g(x_1, x_2)]$$

위 라그랑주 함수에 대해 (i) 편도함수 $\partial L / \partial x_i \geq 0$과 $\partial L / \partial \lambda \leq 0$을 구하고

(ii) x_i와 λ에 대한 비음조건을 추가하고 (iii) 각 변수와 편도함수 사이의 상보적 여분성 조건을 추가하면 다음과 같은 1차조건 즉, 쿤-터커 조건이 된다.

$$\frac{\partial L}{\partial x_i} = f_i(x_1{}^*, x_2{}^*) - \lambda^* g_i(x_1{}^*, x_2{}^*) \leq 0,\ \ x_i{}^* \geq 0,\ \ x_i{}^* \frac{\partial L}{\partial x_i} = 0,\ \ (i = 1,2)$$

$$\frac{\partial L}{\partial \lambda} = r - g(x_1{}^*, x_2{}^*) \geq 0,\ \ \lambda^* \geq 0,\ \ \lambda^* \frac{\partial L}{\partial \lambda} = 0$$

제약조건에 대해 특정한 제약을 부과하는 제약자격(constraint qualification)을 충족하는 전제하에서만 쿤-터커 조건은 극대화의 필요조건이 된다(자세한 것은 Chiang and Wainwright, 2005의 13.2절 참조).

〈예시 10.5〉

예산제약하의 효용극대화 문제에서 소비자가 예산을 전부 소비하지 않으며, 소비량에 대한 비음조건이 있는 경우를 살펴보자.

$$\max\ u(x_1, x_2) \quad \text{s.t.} \quad p_1x_1 + p_2x_2 \leq w,\ \ x_1, x_2 \geq 0$$

라그랑주 함수는

$$L = u(x_1, x_2) + \lambda(w - p_1x_1 - p_2x_2)$$

쿤-터커 조건은

$$\frac{\partial L}{\partial x_i} = u_i - \lambda^* p_i \leq 0,\quad x_i{}^* \geq 0,\quad x_i{}^*(u_i - \lambda^* p_i) = 0,\ \ (i = 1,2)$$

$$\frac{\partial L}{\partial \lambda} = w - p_1x_1{}^* - p_2x_2{}^* \geq 0,\quad \lambda^* \geq 0,\quad \lambda^*(w - p_1x_1{}^* - p_2x_2{}^*) = 0$$

소비자이론에서는 항상 $u_i > 0$이라고 가정(국지적 불만족성(local non-satiation)이 가정)되기 때문에 부등식제약보다는 등식제약을 가지는 것으로 정당화되며 최적에서 적어도 두 재화의 수요량 중의 하나는 양(+)이 된다.

만일 $x_i{}^* > 0$이고 $u_i > 0$이면 $u_i - \lambda^* p_i = 0$이므로 $\lambda^* > 0$이기 때문에 등식예산제약 $w - p_1x_1{}^* - p_2x_2{}^* = 0$이 성립한다. 만일 $x_1{}^* > 0$, $x_2{}^* > 0$이면 쿤-터커 조건의 첫 번째 식에 의거

$$\frac{u_1}{u_2} = \frac{p_1}{p_2}$$

이 조건은 [그림 10.8]의 (a)에서와 같이 예산선이 무차별곡선에 접하는 것으로 무차별곡선의 접선의 기울기인 한계대체율과 예산선의 기울기인 가격비율이 같아짐을 의미한다. 이 경우 예산제약하의 효용극대화 문제가 내부해(interior solution)를 갖는다고 한다. 만일 $x_1^* > 0$, $x_2^* = 0$이면

$$u_1 = \lambda^* p_1$$
$$u_2 \leq \lambda^* p_2$$

따라서

$$\frac{u_1}{u_2} \geq \frac{p_1}{p_2}$$

이 경우 [그림 10.8]의 (b)에서와 같이 실선의 무차별곡선이 예산선의 오른쪽 끝인 x_1축과 만나는 점에서 해를 가지게 되는데 이를 구석해(corner solution)를 갖는다고 한다. 만일 $x_1^* = 0$, $x_2^* > 0$이면 위와 유사하게

$$\frac{u_1}{u_2} \leq \frac{p_1}{p_2}$$

이 경우 [그림 10.8]의 (b)에서와 같이 점선의 무차별곡선이 예산선의 왼쪽 끝인 x_2축과 만나는 점에서 해를 가지며 이 또한 구석해가 된다.

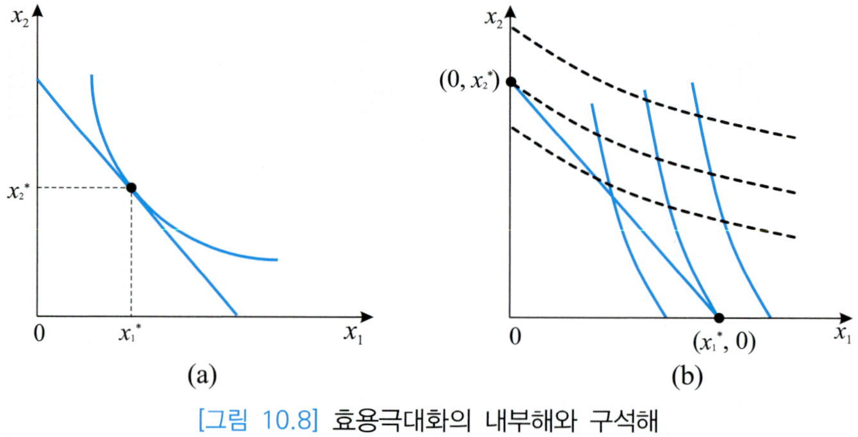

[그림 10.8] 효용극대화의 내부해와 구석해

지금까지는 2변수의 함수와 하나의 부등식제약조건을 가지는 경우의 극대화 문제를 살펴봤는데 이제 다수의 변수와 다수의 부등식제약조건을 가지는 경우로 확장해보자. n개의 변수와 m개의 제약식(단, $n > m$)을 가지는 경우의 극대화문제는 다음과 같이 쓸 수 있다.

$$\max\ f(x_1, x_2, \dots, x_n) \quad \text{s.t.} \quad g^j(x_1, x_2, \dots, x_n) \le r_j, \quad (j = 1, 2, \dots, m)$$
$$x_1, x_2, \dots, x_n \ge 0$$

라그랑주 함수는

$$L = f(x_1, x_2, \dots, x_n) + \sum_{j=1}^{m} \lambda_j [r_j - g^j(x_1, x_2, \dots, x_n)]$$

이 때 쿤-터커 조건은

$$\frac{\partial L}{\partial x_i} = f_i(x_1^*, x_2^*, \dots, x_n^*) - \sum_{j=1}^{m} \lambda_j^* g_i^j(x_1^*, x_2^*, \dots, x_n^*) \le 0, \quad x_i^* \ge 0$$
$$x_i \frac{\partial L}{\partial x_i} = x_i^*[f_i - \sum_{j=1}^{m} \lambda_j^* g_i^j] = 0, \quad (i = 1, 2, \dots, n)$$
$$\frac{\partial L}{\partial \lambda_j} = r_j - g^j(x_1^*, x_2^*, \dots, x_n^*) \ge 0, \quad \lambda_j^* \ge 0$$
$$\lambda_j \frac{\partial L}{\partial \lambda_j} = \lambda_j^*[r_j - g^j(x_1^*, x_2^*, \dots, x_n^*)] = 0, \quad (j = 1, 2, \dots, m)$$

극소화 문제의 경우에는 목적함수와 부등식제약조건에 -1을 곱해서 극대화 문제로 전환함으로써 해를 구할 수 있다. 그러나 이렇게 전환하는 대신 라그랑주 함수를 사용해서 직접적으로 쿤-터커의 극소화 조건을 적용할 수 있다.

$$\min\ f(x_1, x_2, \dots, x_n) \quad \text{s.t.} \quad g^j(x_1, x_2, \dots, x_n) \ge r_j, \quad (j = 1, 2, \dots, m)$$
$$x_1, x_2, \dots, x_n \ge 0$$

라그랑주 함수는

$$L = f(x_1, x_2, \dots, x_n) + \sum_{j=1}^{m} \lambda_j [r_j - g^j(x_1, x_2, \dots, x_n)]$$

극소화에 대한 쿤–터커 조건은

$$\frac{\partial L}{\partial x_i} = f_i(x_1{}^*, x_2{}^*, \dots, x_n{}^*) - \sum_{j=1}^{m} \lambda_j{}^* g_i^j(x_1{}^*, x_2{}^*, \dots, x_n{}^*) \ge 0, \quad x_i{}^* \ge 0$$

$$x_i \frac{\partial L}{\partial x_i} = x_i{}^*[f_i - \sum_{j=1}^{m} \lambda_j{}^* g_i^j] = 0, \quad (i = 1, 2, \dots, n)$$

$$\frac{\partial L}{\partial \lambda_j} = r_j - g^j(x_1{}^*, x_2{}^*, \dots, x_n{}^*) \le 0, \quad \lambda_j{}^* \ge 0$$

$$\lambda_j \frac{\partial L}{\partial \lambda_j} = \lambda_j{}^*[r_j - g^j(x_1{}^*, x_2{}^*, \dots, x_n{}^*)] = 0, \quad (j = 1, 2, \dots, m)$$

비선형계획법의 극대화 문제가 제약자격을 충족하고 다음 조건들을 만족하면 쿤–터커 조건은 충분조건이 된다.

(ⅰ) 목적함수 $f(x_1, x_2, \dots, x_n)$가 비음상한(1사분면)에서 미분가능하고 오목한 함수이다.

(ⅱ) 각 제약함수 $g^j(x_1, x_2, \dots, x_n)$가 비음상한에서 미분가능하고 볼록한 함수이다.

(ⅲ) 점 $(x_1{}^*, x_2{}^*, \dots, x_n{}^*)$가 쿤–터커 극대화 조건을 만족한다.

위 충분조건과 관련된 극대화문제를 보통 오목계획법(concave programming)이라고도 하는데 이는 쿤과 터커가 모든 제약식의 부등호를 $\le$가 아닌 $\ge$로 설정함으로써 상기 (ⅱ)의 조건에서 함수 g^j가 모두 오목이 되는 것을 필요로 하기 때문이다. 극대화 문제에서는 목적함수의 가장 높은 점에 대한 제약조건이 부과되는 것이 타당하기 때문에 여기에서는 제약조건의 공식을 $\le$로 변형하였고, 각 제약함수는 (ⅱ)에서와 같이 볼록조건을 만족해야 한다.

제 11 장 비교정태분석

11.1 단순 비교정태분석
11.2 일반 비교정태분석
11.3 포락 정리

제11장 | 비교정태분석

11.1 단순 비교정태분석

어떤 경제현상에 대한 모형은 내생변수(endogenous variables)와 외생변수(exogenous variables)의 두 가지 형태의 변수들로 구성되는데 내생변수는 모형 내부에서 설명되어야하는 것이고, 외생변수는 모형의 외부에서 주어진다. 내생변수의 해는 외생변수에 의존하게 되는데 외생변수의 변화에 따른 내생변수 해의 변화를 보여주는 것을 비교정태분석(comparative static analysis)라고 한다.

완전경쟁시장에서 시장균형의 변화를 살펴보자. 재화 x에 대한 수요함수는 재화 x의 가격 p_x와 소득(또는 부(wealth)) w의 함수로 다음과 같다고 가정하자.

$$Q_x^D = a - bp_x + cw, \quad a,b,c > 0$$

여기서 Q_x^D는 재화 x의 수요량이다. 재화 x의 공급함수는

$$Q_x^S = k + lp_x, \;\; k,l > 0; \;\; k < a + cw$$

여기서 Q_x^S는 재화 x의 공급량이다. 두 식을 연립해서 풀면 시장 균형가격 $p_x{}^*$는 다음과 같이 구해진다.

$$p_x{}^* = \frac{a - k + cw}{b + l}$$

소득 w가 변화하는 경우 균형가격 $p_x{}^*$에 미치는 효과는 $p_x{}^*$를 w로 미분하면 다음과 같다.

$$\frac{dp_x^*}{dw} = \frac{c}{b+l} > 0$$

따라서 c가 클수록 w의 변화가 $p_x{}^*$에 미치는 효과가 커지고, b와 l이 클수록 그 효과가 작아진다. 소득 변화의 효과를 [그림 11.1]로 보면 소득이 w^0에서 w^1으로 증가함에 따라 수요곡선은 우측으로 이동하고 균형가격은 p^*에서 p^{**}로 상승한다.

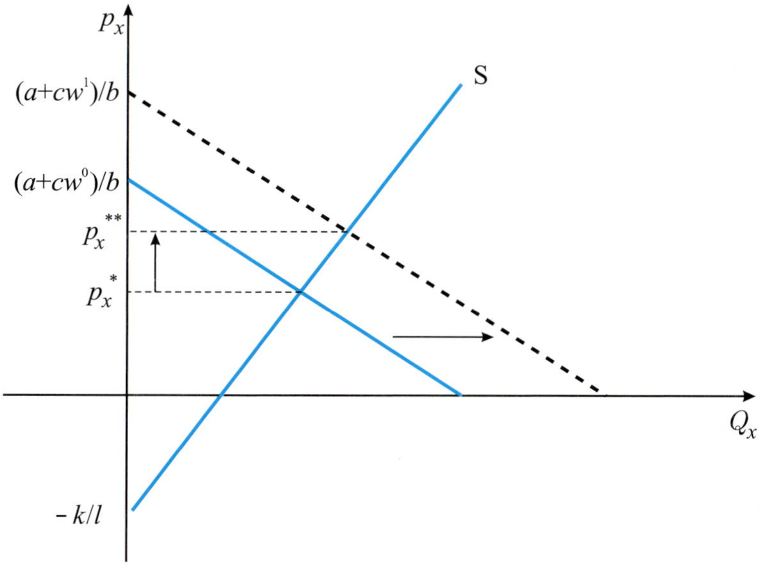

[그림 11.1] 소득변화에 따른 균형가격의 변화

민간부분만 있는 케인즈(Keynes)의 단순 국민소득결정 모형을 예로 들어보자. 계획된 지출(PE)은 소비(C)와 투자(I)로 구성되는데 투자는 외생적으로 I^0만큼 주어지며 소비는 총소득(Y)의 함수로 다음과 같다.

$$C = a + bY, \qquad 0 < b < 1$$

여기서 a는 $Y=0$일 때에도 필요로 하는 외생적인 소비액을 나타내고, b는 한계소비성향으로 소득의 한 단위 추가에 따른 소비의 증가분을 나타낸다. 계획된 지출이 실제 지출(E 또는 Y)과 같을 때 국민소득 균형이 이루어진다.

$$Y = C + I$$

소비함수 C를 위 식에 대입하면 균형 국민소득은

$$Y^* = \frac{a + I^0}{1 - b}$$

[그림 11.2]는 단순 케인즈 모형에 대한 균형을 보여준다.

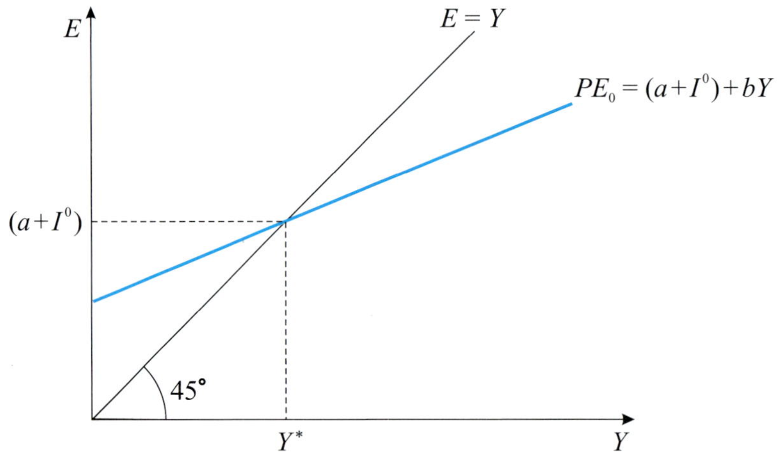

[그림 11.2] 케인즈의 균형국민소득 결정모형

이제 외생적인 투자지출이 I^0에서 I^1으로 증가하는 경우($I^0 < I^1$) 균형국민소득이 어떻게 변화하는가를 살펴보면 균형조건에 의하여 다음이 성립한다.

$$\frac{dY^*}{dI} = \frac{1}{1 - b} > 0$$

[그림 11.3]에서 보면 투자지출의 증가에 따라 균형국민소득은 $Y_0{}^*$에서 $Y_1{}^*$로

증가한다.

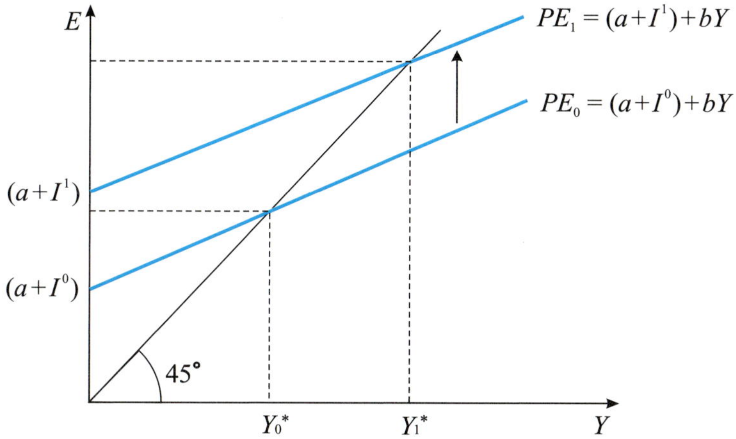

[그림 11.3] 투자지출 변화에 따른 균형국민소득의 변화

11.2 일반 비교정태분석

11.2.1 내생변수와 외생변수가 하나인 경우

이전의 분석을 일반화해서 하나의 외생변수(매개변수) α만이 변화할 때 내생변수인 x에 미치는 효과를 살펴보자. 균형조건이 다음과 같은 경제적 모형을 가진다고 가정한다.

$$f(x^*, \alpha) = 0$$

여기서 x^*는 내생변수의 균형값이다. 함수 f가 미분가능하고, $dx^*/d\alpha$가 존재하며, α의 미분가능함수로서 x^*에 대한 위 식의 해가 $x^*(\alpha)$로 존재한다고 가정하면 위 균형조건은 다음과 같이 쓸 수 있다.

$$f(x^*(\alpha), \alpha) = 0$$

상기 식을 α로 미분하면

$$f_x \frac{dx^*}{d\alpha} + f_\alpha = 0$$

여기서 $f_x \equiv \partial f / \partial x$, $f_\alpha \equiv \partial f / \partial \alpha$이다. $f_x = \partial f / \partial x \neq 0$이라고 하면

$$\frac{dx^*}{d\alpha} = -\frac{f_\alpha(x^*, \alpha)}{f_x(x^*, \alpha)}$$

완전경쟁시장에서 어느 재화에 대한 시장균형을 예로 들어보자. 이 재화에 대한 시장수요함수는 $Q^D(p, w)$로 재화의 가격 p와 소득 w의 함수이다. 시장공급함수는 $Q^S(p)$로 p의 함수이다. 다음과 같이 수요와 공급이 일치하는 수준에서 균형가격 p^*를 얻을 수 있다.

$$Q^D(p^*, w) - Q^S(p^*) = 0$$

위 함수는 $Q^D - Q^S$로 초과수요함수라고 할 수 있다. 소득 w의 변화가 균형가격 p^*에 미치는 효과는 초과수요함수를 w로 미분하여 다음과 같이 얻어진다.

$$Q_p^D \frac{dp^*}{dw} + Q_w^D - Q_p^S \frac{dp^*}{dw} = 0$$

여기서 $Q_p^D \equiv \partial Q^D / \partial p$, $Q_w^D \equiv \partial Q^D / \partial w$, $Q_p^S \equiv \partial Q^S / \partial p$ 이다. 따라서

$$\frac{dp^*}{dw} = -\frac{Q_w^D}{Q_p^D - Q_p^S}$$

공급의 법칙에 따라 $Q_p^S > 0$이다. 그러나 대부분 재화의 경우 $Q_p^D < 0$(가격이 증가하면 수요량이 감소)이지만 기펜재의 경우에는 $Q_p^D > 0$(가격이 증가하면 수요량이 증가)이며, 정상재의 경우에는 $Q_w^D > 0$(소득이 증가하면 수요량이 증가)

이지만 열등재의 경우에는 $Q_w^D < 0$(소득이 증가하면 수요량이 감소)이다. 그러므로 dp^*/dw의 부호는 추가적인 정보가 주어지지 않는다면 어떻게 될지 알 수 없다.

11.2.2 내생변수와 외생변수가 여러 개인 경우

내생변수와 외생변수가 2개인 경우로 확장하면 해는 다음 조건에 의해 결정된다.

$$f^1(x_1^*, x_2^*, \alpha_1, \alpha_2) = 0$$
$$f^2(x_1^*, x_2^*, \alpha_1, \alpha_2) = 0$$

α_1과 α_2의 미분가능함수로서 x_1^*과 x_2^*에 대해 위 등식을 $x_1^*(\alpha_1,\alpha_2)$과 $x_2^*(\alpha_1,\alpha_2)$로 푸는 것이 가능하다고 가정하면

$$f^1(x_1^*(\alpha_1,\alpha_2), x_2^*(\alpha_1,\alpha_2), \alpha_1, \alpha_2) = 0$$
$$f^2(x_1^*(\alpha_1,\alpha_2), x_2^*(\alpha_1,\alpha_2), \alpha_1, \alpha_2) = 0$$

α_1으로 위 식을 미분하면

$$f_1^1 \frac{\partial x_1^*}{\partial \alpha_1} + f_2^1 \frac{\partial x_2^*}{\partial \alpha_1} + \frac{\partial f^1}{\partial \alpha_1} = 0$$
$$f_1^2 \frac{\partial x_1^*}{\partial \alpha_1} + f_2^2 \frac{\partial x_2^*}{\partial \alpha_1} + \frac{\partial f^2}{\partial \alpha_1} = 0$$

선형연립방정식으로 정리하면

$$\begin{bmatrix} f_1^1 & f_2^1 \\ f_1^2 & f_2^2 \end{bmatrix} \begin{bmatrix} \partial x_1^*/\partial \alpha_1 \\ \partial x_2^*/\partial \alpha_1 \end{bmatrix} = \begin{bmatrix} -\partial f^1/\partial \alpha_1 \\ -\partial f^2/\partial \alpha_1 \end{bmatrix}$$

위 연립방정식이 해를 가지려면 다음의 행렬식이 비음이라는 조건을 충족해야 한다.

$$|D| = \begin{vmatrix} f_1^1 & f_2^1 \\ f_1^2 & f_2^2 \end{vmatrix} = f_1^1 f_2^2 - f_2^1 f_1^2 \neq 0$$

이러한 비음조건을 충족한다고 가정하면 크래머의 규칙을 적용하여 다음과 같이 해를 구할 수 있다.

$$\frac{\partial x_1{}^*}{\partial \alpha_1} = \frac{\begin{vmatrix} -\partial f^1/\partial \alpha_1 & f_2^1 \\ -\partial f^2/\partial \alpha_1 & f_2^2 \end{vmatrix}}{|D|} = \frac{-\dfrac{\partial f^1}{\partial \alpha_1} f_2^2 + \dfrac{\partial f^2}{\partial \alpha_1} f_2^1}{|D|}$$

$$\frac{\partial x_2{}^*}{\partial \alpha_1} = \frac{\begin{vmatrix} f_1^1 & -\partial f^1/\partial \alpha_1 \\ f_1^2 & -\partial f^2/\partial \alpha_1 \end{vmatrix}}{|D|} = \frac{-\dfrac{\partial f^2}{\partial \alpha_1} f_1^1 + \dfrac{\partial f^1}{\partial \alpha_1} f_1^2}{|D|}$$

위 결과의 부호가 어떻게 될 것인지를 알기 위해서는 모든 편도함수들의 부호를 알아야하고 분모와 분자가 두 항의 차이로 되어 있기 때문에 각 항의 상대적 크기도 알아야한다.

11.2.3 제약조건하의 최적화문제

제약조건하의 최적화문제에 대한 비교정태분석은 선택변수들에 추가해서 제약식에 대한 라그랑주승수가 내생변수가 되어 3개 이상의 1차조건을 가지기 때문에 제약조건이 없는 경우에 비해 복잡하다. 그러나 제약조건을 목적함수에 대입함으로써 제약조건이 없는 문제로 전환할 수 있기 때문에 비교정태분석을 하는 것이 충분히 가능하다. 여기에서는 두 개의 선택변수와 하나의 제약조건을 가진 예산제약하의 효용극대화문제를 사용해서 제약조건하의 최적화문제에 대한 비교정태분석을 살펴보기로 한다.

다음 효용극대화문제에서 내생변수는 x_1, x_2이고 외생변수는 p_1, p_2, w이다.

$$\max \quad u(x_1, x_2) \quad \text{s.t.} \quad p_1 x_1 + p_2 x_2 = w$$

라그랑주 방법을 적용하면 극대화의 1차조건은

$$u_1(x_1^*, x_2^*) - \lambda^* p_1 = 0$$
$$u_2(x_1^*, x_2^*) - \lambda^* p_2 = 0$$
$$w - p_1 x_1^* - p_2 x_2^* = 0$$

2차조건을 만족하면 상기 연립방정식은 암묵적으로 외생변수 p_1, p_2, w의 함수로서 x_1^*, x_2^*, λ^*에 대한 해를 정의할 수 있다.

$$x_1^* = x_1^*(p_1, p_2, w)$$
$$x_2^* = x_2^*(p_1, p_2, w)$$
$$\lambda^* = \lambda^*(p_1, p_2, w)$$

p_1의 변화가 두 재화의 최적 수요량에 미치는 효과를 보기위해 1차조건을 p_1으로 각각 미분하면

$$u_{11}\frac{\partial x_1^*}{\partial p_1} + u_{12}\frac{\partial x_2^*}{\partial p_1} - p_1\frac{\partial \lambda^*}{\partial p_1} = \lambda^*$$
$$u_{21}\frac{\partial x_1^*}{\partial p_1} + u_{22}\frac{\partial x_2^*}{\partial p_1} - p_2\frac{\partial \lambda^*}{\partial p_1} = 0$$
$$-p_1\frac{\partial x_1^*}{\partial p_1} - p_2\frac{\partial x_2^*}{\partial p_1} = x_1^*$$

따라서 선형연립방정식으로 정리하고 크래머의 규칙을 적용하면

$$\frac{\partial x_1^*}{\partial p_1} = \frac{\begin{vmatrix} \lambda^* & u_{12} & -p_1 \\ 0 & u_{22} & -p_2 \\ x_1^* & -p_2 & 0 \end{vmatrix}}{|D|} = -\frac{\lambda^* p_2^2}{|D|} + \frac{x_1^*(p_1 u_{22} - p_2 u_{12})}{|D|}$$

$$\frac{\partial x_2{}^*}{\partial p_1}=\frac{\begin{vmatrix} u_{11} & \lambda^* & -p_1 \\ u_{21} & 0 & -p_2 \\ -p_1 & x_1{}^* & 0 \end{vmatrix}}{|D|}=\frac{p_1p_2\lambda^*}{|D|}+\frac{x_1{}^*(p_2u_{11}-p_1u_{21})}{|D|}$$

여기서 행렬식 $|D|$는

$$|D|=\begin{vmatrix} u_{11} & u_{12} & -p_1 \\ u_{21} & u_{22} & -p_2 \\ -p_1 & -p_2 & 0 \end{vmatrix}$$

〈예시 10.4〉에서 제시된 바와 같이 이 문제에 대한 극대화의 2차조건은 유계헤시안 $|H^*|$가 양(+)의 값을 갖는다는 것이었는데 $|D|$가 $|H^*|$와 동일하기 때문에 $|D|>0$이다.

같은 방법으로 소득 w의 변화가 두 재화의 최적 수요량에 미치는 효과는 다음과 같이 얻어진다.

$$\frac{\partial x_1{}^*}{\partial w}=-\frac{(p_1u_{22}-p_2u_{12})}{|D|}$$

$$\frac{\partial x_2{}^*}{\partial w}=-\frac{(p_2u_{11}-p_1u_{21})}{|D|}$$

따라서 가격변화에 따른 수요량의 변화는 다음과 같이 쓸 수 있다.

$$\frac{\partial x_1{}^*}{\partial p_1}=-\frac{\lambda^*p_2^2}{|D|}-x_1{}^*\frac{\partial x_1{}^*}{\partial m}$$

$$\frac{\partial x_2{}^*}{\partial p_1}=\frac{p_1p_2\lambda^*}{|D|}-x_1{}^*\frac{\partial x_2{}^*}{\partial m}$$

위 식들을 슬러츠키 방정식(Slutsky equation)이라 하는데 식 $\partial x_1{}^*/\partial p_1$은 자신의 가격(own price)의 변화에 따른 효과로 우변의 첫 항인 대체효과(substitution effect)와 두 번째 항인 소득효과(income effect)로 분해할 수

있다는 것을 알 수 있다.

$|D| > 0$이고 $\lambda^* = u_1/p_1 = u_2/p_2 > 0$이기 때문에 대체효과는 음(−)이 되며, x_1이 정상재인 경우 $\partial x_1{}^*/\partial m > 0$이기 때문에 소득효과는 음(−)이 되어 가격효과 $\partial x_1{}^*/\partial p_1$도 음(−)이 된다. 그러나 x_1이 열등재일 경우에는 $\partial x_1{}^*/\partial m < 0$이 되어 소득효과는 양(+)이 되기 때문에 대체효과와 소득효과 중 어느 것이 큰 가에 따라 가격효과 $\partial x_1{}^*/\partial p_1$는 음(−)이 될 수도 있고 양(+)이 될 수도 있다. 기펜재(Giffen)는 열등재의 소득효과가 대체효과보다 크게 되어 $\partial x_1{}^*/\partial p_1 > 0$이 되는 재화를 말한다.

식 $\partial x_2{}^*/\partial p_1$은 가격의 변화에 의한 교차효과(cross price effect)로 우변의 첫 번째 항인 대체효과는 명확히 양(+)이고, 두 번째 항인 소득효과의 부호는 양(+) 또는 음(−)이 될 수 있다.

p_2의 변화가 수요량에 미치는 효과도 효용극대화의 1차조건을 p_2로 미분하고 동일한 절차에 따라 구할 수 있다.

11.3 포락 정리

11.3.1 제약조건이 없는 최적화의 포락 정리

일단 선택변수의 최적값을 원래의 목적함수에 대입하면 함수는 간접적으로 외생변수들만의 함수가 되는데 이를 가치함수(value function)라고 한다. 가치함수는 외생변수들의 변화에 따른 모든 목적함수의 최적값을 나타낸다. 따라서 가치함수는 외생변수가 변화함에 따라 생성되는 최적화된 목적함수들의 집합을 포락(envelope)한다.

예를 들어, 다음의 제약조건이 없는 두 개의 선택변수(내생변수) x_1, x_2와 하나의 매개변수(외생변수) α를 가진 극대화 문제를 고려하자.

$$\max \; f(x_1, x_2; \alpha)$$

극대화의 1차조건은

$$f_1(x_1^*, x_2^*; \alpha) = f_2(x_1^*, x_2^*; \alpha) = 0$$

2차조건을 충족하면 위 두 개의 식은 암묵적으로 다음의 해를 정의한다.

$$x_1^*(\alpha), \qquad x_2^*(\alpha)$$

이를 목적함수에 대입하면 다음의 가치함수가 얻어진다.

$$V(\alpha) = f(x_1^*(\alpha), x_2^*(\alpha); \alpha)$$

가치함수를 α로 미분하면

$$\frac{dV}{d\alpha} = f_1\frac{dx_1^*}{d\alpha} + f_2\frac{dx_2^*}{d\alpha} + f_\alpha$$

1차조건으로부터 $f_1 = f_2 = 0$임을 알기 때문에 결과적으로

$$\frac{dV}{d\alpha} = f_\alpha$$

이러한 결과는 α의 변화가 x_1^*과 x_2^*의 변화를 허용하면서 목적함수 f의 최적값에 미치는 효과는 x_1^*과 x_2^*를 고정된 것으로 처리하고, 가치함수를 α로 미분한 $dV/d\alpha$와 동일한 결과를 가져다준다는 것을 의미한다. 즉, 포락 정리(envelope theorem)는 외생변수가 내생변수에 대한 해의 일부로 간접적으로 가치함수에 들어가지만 외생변수의 변화에 의한 직접적인 효과만을 고려할 필요가 있다는 것을 말해준다.

〈예시 11.1〉 이윤함수

자본(k)과 노동(l)을 사용하여 재화를 생산하는 기업의 이윤함수가 다음과 같다고 하자.

$$\pi = pf(k, l) - p_l l - p_k k$$

여기서 p는 재화의 가격, p_l은 노동의 가격, p_k는 자본의 가격을 나타낸다. 이윤극대화의 1차조건은

$$\pi_l = pf_l(k^*, l^*) - p_l = 0$$
$$\pi_k = pf_k(k^*, l^*) - p_k = 0$$

위 방정식의 해로서 다음과 같이 요소 수요함수가 유도된다.

$$l^* = l^*(p, p_l, p_k)$$
$$k^* = k^*(p, p_l, p_k)$$

l^*과 k^*를 목적함수에 대입하면 이윤함수(가치함수)는 다음과 같이 주어진다.

$$\pi^*(p, p_l, p_k) = pf(k^*, l^*) - p_l l^* - p_k k^*$$

포락 정리를 적용하여 k^*와 l^*를 일정하게 고정하고 각 외생변수 p, p_l, p_k로 각각 미분하면

$$\frac{\partial \pi^*}{\partial p} = f(k^*, l^*)$$
$$\frac{\partial \pi^*}{\partial p_l} = -l^*(p, p_l, p_k)$$
$$\frac{\partial \pi^*}{\partial p_k} = -k^*(p, p_l, p_k)$$

위 식의 결과를 호텔링의 보조정리(Hotelling's lemma)라고 한다.

11.3.2 제약조건하의 최적화의 포락 정리

제약조건하의 최적화 문제에 대한 포락 정리를 다음과 같이 두 개의 내생변수 x_1, x_2와 하나의 외생변수 α, 하나의 제약조건을 가진 문제를 가지고 알아보자.

$$\max \quad f(x_1, x_2; \alpha) \quad \text{s.t.} \quad g(x_1, x_2; \alpha) = 0$$

이 문제에 대한 라그랑주 함수는

$$L = f(x_1, x_2; \alpha) + \lambda g(x_1, x_2; \alpha)$$

극대화의 1차조건은

$$L_1 = f_1(x_1{}^*, x_2{}^*; \alpha) + \lambda^* g_1(x_1{}^*, x_2{}^*; \alpha) = 0$$
$$L_2 = f_2(x_1{}^*, x_2{}^*; \alpha) + \lambda^* g_2(x_1{}^*, x_2{}^*; \alpha) = 0$$
$$g(x_1{}^*, x_2{}^*; \alpha) = 0$$

극대화의 2차조건을 만족하는 경우 연립방정식의 해 $x_1{}^*(\alpha)$과 $x_2{}^*(\alpha)$를 목적함수에 대입시키면 다음과 같이 가치함수가 얻어진다.

$$V(\alpha) = f(x_1{}^*(\alpha), x_2{}^*(\alpha); \alpha)$$

α의 변화가 가치함수 $V(\alpha)$에 미치는 효과를 살펴보기 위해 위 식을 α로 미분하면

$$\frac{dV}{d\alpha} = f_1 \frac{dx_1{}^*}{d\alpha} + f_2 \frac{dx_2{}^*}{d\alpha} + f_\alpha$$

$x_1{}^*(\alpha)$과 $x_2{}^*(\alpha)$를 제약식에 대입하면

$$g(x_1{}^*(\alpha), x_2{}^*(\alpha); \alpha) = 0$$

이를 α로 미분하면

$$g_1 \frac{dx_1^*}{d\alpha} + g_2 \frac{dx_2^*}{d\alpha} + g_\alpha = 0$$

위 식에 λ^*를 곱하고 $dV/d\alpha$와 합하여 다시 정리하면

$$\frac{dV}{d\alpha} = (f_1 + \lambda^* g_1)\frac{dx_1^*}{d\alpha} + (f_2 + \lambda^* g_2)\frac{dx_2^*}{d\alpha} + f_\alpha + \lambda^* g_\alpha$$

극대화의 1차조건에 의해 $f_1 + \lambda^* g_1 = 0$이고 $f_2 + \lambda^* g_2 = 0$이므로 위 식은 다음과 같이 정리된다.

$$\frac{dV}{d\alpha} = f_\alpha + \lambda^* g_\alpha$$

극대화의 1차조건으로부터 구해진 최적해 x_1^*, x_2^*, λ^*를 라그랑주 함수에 대입한 다음 포락 정리에 의거 x_1^*과 x_2^*를 고정된 것으로 처리하고 $L^* = L(x_1^*, x_2^*, \lambda^*) = f(x_1^*, x_2^*; \alpha) + \lambda^* g(x_1^*, x_2^*; \alpha)$를 α로 미분하면 다음과 같이 위와 동일한 결과를 얻는다.

$$\frac{dV}{d\alpha} = \frac{dL^*}{d\alpha} = f_\alpha + \lambda^* g_\alpha$$

〈예시 11.2〉 예산제약하의 효용극대화 문제에 대한 포락 정리 적용

예산제약하의 효용극대화 문제에 대한 라그랑주 함수는

$$L = u(x_1, x_2) + \lambda(w - p_1 x_1 - p_2 x_2)$$

극대화의 1차조건은 다음과 같다.

$$u_1(x_1^*, x_2^*) - \lambda^* p_1 = 0$$

$$u_2(x_1^*, x_2^*) - \lambda^* p_2 = 0$$

$$w - p_1 x_1^* - p_2 x_2^* = 0$$

상기 연립방정식의 해는 p_1, p_2, w의 함수로 다음과 같다.

$$x_1^* = x_1^*(p_1,p_2,w)$$
$$x_2^* = x_2^*(p_1,p_2,w)$$
$$\lambda^* = \lambda^*(p_1,p_2,w)$$

해 x_1^*과 x_2^*는 일반수요함수이며, 효용함수 x_1, x_2에 이것을 대입시키면 다음과 같이 가치함수 또는 간접효용함수(indirect utility function)가 얻어진다.

$$u^* = u(x_1^*(p_1,p_2,w), x_2^*(p_1,p_2,w)) \equiv V(p_1, p_2, w)$$

외생변수 w, p_1 및 p_2의 변화가 가치함수에 미치는 효과는 가치함수를 각 외생변수로 미분하여 얻어지는데 포락 정리에 의해 이는 x_1^*과 x_2^*를 고정하고 $L^*(p_1, p_2, w)$ 또는 가치함수 $V(p_1, p_2, w)$를 미분하여 얻은 결과와 동일하다.
w로 가치함수를 미분하면

$$\frac{\partial V}{\partial w} = \frac{\partial L^*}{\partial w} = \lambda^*$$

위 결과는 라그랑주 승수는 소득 또는 부의 변화에 따른 목적함수의 값 즉, 효용의 변화를 측정하는 것으로 소득의 한계효용(marginal utility of income) 또는 w의 잠재가격(shadow price)이라고 한다.
p_1과 p_2로 각각 가치함수를 미분하면

$$\frac{\partial V}{\partial p_1} = \frac{\partial L^*}{\partial p_1} = -\lambda^* x_1^*$$
$$\frac{\partial V}{\partial p_2} = \frac{\partial L^*}{\partial p_2} = -\lambda^* x_2^*$$

가치함수를 p로 미분한 것을 w로 미분한 것으로 나누고 -1을 곱하면

$$-\frac{\partial V/\partial p_1}{\partial V/\partial w} = x_1^*(p_1,p_2,w)$$
$$-\frac{\partial V/\partial p_2}{\partial V/\partial w} = x_2^*(p_1,p_2,w)$$

위 결과를 로이의 항등식(Roy's identity)이라고 하는데 이는 간접효용함수 V를 $p_i\,(i=1,2)$로 미분한 것을 w로 미분한 것으로 나누고 -1을 곱하면 일반수요함수가 유도됨을 의미한다.

〈예시 11.3〉 쌍대문제: 지출최소화 문제에 대한 포락 정리

효용극대화 문제의 쌍대문제로 지출최소화 문제가 다음과 같이 주어졌다고 하자.

$$\min\ p_1x_1+p_2x_2 \quad \text{s.t.}\ \ \bar{u}=u(x_1,x_2)$$

라그랑주 함수는

$$L=p_1x_1+p_2x_2+\mu(\bar{u}-u(x_1,x_2))$$

극대화의 1차조건으로부터 다음의 해가 암묵적으로 정의된다.

$$\begin{aligned} x_1^h &= x_1^h(p_1,p_2,\bar{u}) \\ x_2^h &= x_2^h(p_1,p_2,\bar{u}) \\ \mu^h &= \mu^*(p_1,p_2,\bar{u}) \end{aligned}$$

해 x_1^h와 x_2^h는 보상수요함수 또는 힉스의 수요함수라고 하며 상기 해를 라그랑주 함수에 대입시키면 다음과 같은 지출함수를 얻을 수 있다.

$$e(p_1,p_2,\bar{u})=p_1x_1^h+p_2x_2^h$$

지출함수를 p_1과 p_2과 미분하면 포락 정리에 의거

$$\begin{aligned} \frac{\partial e}{\partial p_1} &= \frac{\partial L^*}{\partial p_1}=x_1^h \\ \frac{\partial e}{\partial p_2} &= \frac{\partial L^*}{\partial p_2}=x_2^h \end{aligned}$$

위 결과를 셰퍼드의 보조정리(Shephard's lemma)라 하는데 이는 각 재화의 보상수요함수는 지출함수를 각 재화의 가격으로 미분하여 구할 수 있다는 것을 의미한다.

경 영 경 제 수 학

MATHEMATICAL ECONOMICS

PART 5 동태분석

제12장 미분방정식과 차분방정식

제13장 최적제어이론

부　록 변분법과 오일러정리

경 영 경 제 수 학

MATHEMATICAL ECONOMICS

제 12 장 미분방정식과 차분방정식

12.1 동태분석 소개
12.2 미분방정식
12.3 차분방정식

제12장 | 미분방정식과 차분방정식

12.1 동태분석 소개

12.1.1 미분방정식과 차분방정식의 구분

정태분석(static analysis)은 특정 시점에서의 모형을 분석하는 것인 반면 동태분석(dynamic analysis)은 모형에 시간 차원을 추가하는 것으로 시간 변화에 따라 변수들이 어떻게 전개되는지를 분석한다.

동태 모형(dynamic model)에서는 시간을 구간으로 구분하거나 매 순간이 연속된 것으로 구분하든 변수들에 시점이 포함되어야 한다. 매 순간에 연속 시점변수로 모형화할 때 t시점에 연속변수(continuous variable) y의 값은 다음과 같이 쓸 수 있다.

$$y(t)$$

만일 정해진 시간마다 한 번씩 변수가 변화하는 것으로 모형화하는 경우 이산변수(discrete variable)로서 t 시점에 y의 값은 다음과 같이 쓸 수 있다.

$$y_t$$

미분방정식(differential equation)은 시간이 연속변수로 고려될 때 시간이 지남에 따라 어떻게 변수들이 변화하는지를 표현하는 것으로 미분 또는 도함수를 포함하는 식은 어느 것이든 미분방정식이라 한다. y의 변화는 연속적인 시간에 대한 y의 도함수 즉, dy/dt로 나타낸다. 변수에 대한 시간도함수(time derivative)의 기호를 사용하는 경우 y의 변화량은

$$\dot{y} \equiv \frac{dy}{dt}$$

예를 들어, t시점에 어느 경제의 자본스톡 $K(t)$의 변화량은 다음과 같이 설정된다.

$$\dot{K} = I(t) - \delta K(t)$$

여기서 I는 투자, $0 < \delta < 1$는 감가상각율을 나타낸다.

차분방정식은 이산적인 시점 사이의 변수 값 차이를 정의하는 것으로 두 시점 사이의 변수의 차이 또는 변화는 다음과 같이 설정할 수 있다.

$$\triangle y_t = y_{t+1} - y_t, \quad t = 0, 1, 2, ...$$

차분 $\triangle y_t$를 포함하는 식은 무엇이든 차분방정식이라 한다.

12.1.2 미분방정식의 분류

미분방정식은 크게 상미분방정식(ordinary differential equations)과 편미분방정식(partial differential equations)으로 구분되는데 본서에서는 상미분방정식에 대해서만 설명하기로 한다. 미분방정식은 계수(order), 자율성(autonomous) 여부, 선형여부에 따라 구분된다.

1. 계수

미분방정식의 계수(order)는 방정식에 포함된 도함수의 가장 높은 계수에 의해 결정된다. 1계 미분방정식은 함수의 1차도함수만 포함되고, 2계 미분방정식은 2차도함수가 포함되며, n계 미분방정식은 n차도함수가 포함된다. 예를 들어, 다음 식은 2계 미분방정식이 된다.

$$4\frac{d^2y}{dt^2} + \frac{dy}{dt} + y = 10$$

본서에서는 1계 미분방정식에 대해서만 설명하기로 한다.

2. 자율성

미분방정식이 명시적으로 시간에 의존하지 않으면 자율적(autonomous)이라고 하고, 시간에 의존하면 비자율적이라 한다. 다음 예에서 첫 번째 식은 자율적이고 두 번째 식은 비자율적이다.

$$\frac{dy}{dt} + 3y = 2$$

$$\frac{dy}{dt} + 3y = t$$

3. 선형 또는 비선형

y, dy/dt, d^2y/dt^2 등에 비선형 항이 포함되면 비선형(nonlinear) 미분방정식이 되고 모두 선형 항일 경우에는 선형(linear) 미분방정식이 된다. 다음 예에서 첫 번째 식은 선형 1계 미분방정식, 두 번째 식은 비선형 1계 미분방정식이다.

$$\frac{dy}{dt} + y = 3$$

$$\frac{dy}{dt} + y^2 = 3$$

12.1.3 차분방정식의 분류

차분방정식도 계수, 자율성여부, 선형여부에 따라 구분된다.

1. 계수

방정식에 포함된 차분의 가장 높은 계수에 의해 차분방정식의 계수가 결정된다. 예를 들어, 1계 차분방정식은 두 개의 연속적 시점 사이에서 변수에 대한 1차 차분 $(y_{t+1} - y_t)$만을 포함하고, 2계 차분방정식은 변수의 2차 차분 $(y_{t+2} - y_t)$을 포함한다. 즉, 다음 예처럼 1계 차분방정식은 하나의 시점만 차이가 있는 변수를 포함한다.

$$y_{t+1} = y_t + 2$$

2계 차분방정식은 다음 예처럼 두 개의 시점 차이의 변수를 포함하게 된다.

$$y_{t+2} = y_{t+1} + 2y_t + 3$$

또는

$$y_t \quad = y_{t-1} + 2y_{t-2} + 3$$

n 차분방정식은 n시점이 차이가 있는 변수를 포함한다. 본서에서는 1계 차분방정식만 설명하기로 한다.

2. 자율성

차분방정식이 명시적으로 시간에 의존하지 않으면 자율적, 시간에 의존하면 비자율적이라 한다. 다음 예에서 첫 번째 식은 자율적, 두 번째 식은 비자율적이다.

$$y_{t+1} = y_t + 2$$

$$y_{t+1} = y_t + 2t$$

3. 선형 또는 비선형

y_t, y_{t+1}, y_{t+2} 등 비선형 항을 포함하면 비선형, 모두 선형 항만을 포함하면 선형이다. 다음 예에서 첫 번째 식은 선형 차분방정식, 두 번째 식은 비선형 차분방정식이다.

$$y_{t+1} = 2y_t + 3$$

$$y_{t+1} = 2y_t^2 + 3$$

본서에서는 선형 차분방정식만 설명하기로 한다.

12.2 미분방정식

12.2.1 선형 1계 미분방정식

1. 자율 미분방정식

여기에서는 변수 t가 방정식에 포함되지 않는 선형 자율 1계 미분방정식의 해를 구하는 방법에 대해 알아본다.

[정의 12.1]

선형 자율 1계 미분방정식의 일반적 형태는 다음과 같다.

$$\frac{dy}{dt} + ay = b, \text{ 단 } a, b\text{는 상수}$$

도함수 dy/dt와 y가 1차이기 때문에 선형이며, 도함수의 계수가 1계이기 때문에 선형 1계 미분방정식이다. a와 b가 상수이기 때문에 자율적이며, 만일 a 또는 b가 t의 함수이면 비자율적이 된다.

미분방정식의 해를 구하는 과정은 미분방정식에서 $y(t)$를 구하는 것을 의미한다. 해를 구하기 위해 전체 미분방정식을 두 개의 문제로 나누어 하나는 $b=0$으로 놓은 동차형에 대한 일반해(general solution) y_h와 일반해에 특수해(patricular solution) y_p를 더해서 전체 미분방정식의 일반해를 구하는 방법을 사용한다.

[정의 12.2]

선형 자율적 1계 미분방정식의 동차형(homogeneous form)은 다음과 같다.

$$\frac{dy}{dt} + ay = 0$$

만일 $a=0$이면 직접 적분함으로써 쉽게 $y(t) = C$(단, C는 적분상수)로 구해진다. 일반적으로 $a \neq 0$인 경우에 대한 해를 구하기 위해 양변을 y로 나누고 정리하면 다음과 같다.

$$\frac{dy}{dt}\frac{1}{y} = -a$$

좌변을 적분하면

$$\int \frac{dy}{dt}\frac{1}{y}dt = \int \frac{1}{y}dy = \ln y + C_1$$

우변을 적분하면

$$-at + C_2$$

따라서 미분방정식의 양변을 적분한 결과는 다음과 같다.

$$\ln y + C_1 = -at + C_2$$

y에 대한 해를 구하기 위하여 양변에 역로그를 취하면

$$\begin{aligned} y &= e^{-at + C_2 - C_1} \\ &= e^{-at}e^{C_2 - C_1} \\ &= Ce^{-at} \quad (C = e^{C_2 - C_1}\text{는 임의의 적분상수}) \end{aligned}$$

[정리 12.1]

동차형 미분방정식 $dy/dt + ay = 0$의 일반해는 다음과 같다.

$$y(t) = Ce^{-at}$$

이제 전체 미분방정식에 대한 특수해를 찾아야하는데 y가 안정상태(steady-state)의 값을 가지는 경우는 dy/dt가 0이 되어 쉽게 특수해를 찾을 수 있다.

[정의 12.3]

미분방정식의 안정상태의 값 y^*는 $dy/dt = 0$의 조건에 의해 정의된다.

전체 미분방정식 $dy/dt+ay=b$ 에 대한 안정상태 조건은 다음과 같다.

$$0 + ay^* = b$$

이것을 풀면

$$y^* = \frac{b}{a}$$

따라서 동차형 미분방정식의 일반해와 안정상태 조건의 특수해를 합한 전체 미분방정식의 일반해는 다음과 같다.

$$y(t) = Ce^{-at} + \frac{b}{a}$$

〈예시 12.1〉

미분방정식 $\frac{dy}{dt}=2y+5$의 일반해를 구하라.

[풀이]

동차형으로 쓰면

$$\frac{dy}{dt}-2y=0$$

양변을 y로 나누면

$$\frac{dy}{dt}\frac{1}{y}=2$$

양변을 t로 적분하면

$$lny+C_1=2t+C_2$$

따라서 동차형의 일반해는

$$y(t)=Ce^{2t}$$

y의 안정상태의 값 y^*는 다음과 같이 구해진다.

$$0 - 2y^{*} = 5 \Rightarrow y^{*} = -2.5$$

그러므로 전체 미분방정식의 일반해는

$$y(t) = Ce^{2t} - 2.5$$

적분상수 C에 따라 미분방정식의 해는 무수히 많이 존재한다. 따라서 적분상수 C가 일정한 값을 갖는 해를 가지기 위해서는 미분방정식에 제약조건 즉, 초기조건(initial condition)이 필요하다. 〈예시 12.1〉에서 만일 $y(0) = 4.5$라면

$$y(0) = C - 2.5 \quad \Rightarrow \quad C = 7$$

따라서 주어진 초기조건에서 미분방정식의 유일한 해는 다음과 같다.

$$y(t) = 7e^{2t} - 2.5$$

2. 비자율적 미분방정식

선형미분방정식에서 상수 a 또는 b가 시간 t의 함수인 경우 방정식은 비자율적이다.

[정의 12.4]

선형 비자율 1계 미분방정식의 일반적 형태는 다음과 같다.

$$\frac{dy}{dt} + P(t)y = Q(t)$$

여기서 $P(t)$와 $Q(t)$는 t의 알려진 연속함수이다.

일반적인 경우 선형 1계 미분방정식의 해를 구하는 방법은 자율적인 경우에 적용했던 절차를 따르면 된다. 그러나 미분방정식의 계수인 $P(x)$나 $Q(x)$가 상수가 아니면 안정상태 조건 $dy/dt = 0$을 사용해서 특수해를 구하기가 어렵다. 이때 미분방정식의 해를 구하는 다른 방법으로 선형 1계 미분방정식을 직접 적분할 수 있는 식으로 전환하도록 하는 적분인자(integrating factor)를 사용한다.

[정리 12.2]

선형 1계 미분방정식에 대한 적분인자의 일반적 형태는 다음과 같다.

$$e^{A(t)}$$

여기서 $A(t) = \int P(t)dt$이며 만일 $P(t) = a$로 상수라면 적분인자는 e^{at}이다.

선형 1계 미분방정식의 일반해를 구하는 기본적인 방법은 적분인자를 방정식의 양변에 곱해서 적분할 수 있는 방정식 형태로 전환하는 것이다.

$$e^{A(t)}[\frac{dy}{dt} + P(t)y] = e^{A(t)}Q(t) \quad \cdots\cdots\cdots\cdots\cdots\cdots\cdots\cdots\cdots \text{(A)}$$

함수 $e^{A(t)}y(t)$을 t로 미분하면

$$\begin{aligned} \frac{d}{dt}\left[e^{A(t)}y(t)\right] &= e^{A(t)}\left[\frac{dA(t)}{dt}y(t) + \frac{dy}{dt}\right] \\ &= e^{A(t)}\left[P(t)y(t) + \frac{dy}{dt}\right] \quad \cdots\cdots\cdots\cdots\cdots\cdots \text{(B)} \end{aligned}$$

(A)의 좌변과 (B)의 우변은 같기 때문에 $dy/dt + P(t)y = Q(t)$의 미분방정식은 다음과 같이 나타낼 수 있다.

$$\frac{d}{dt}[e^{A(t)}y(t)] = e^{A(t)}Q(t)$$

위 식의 양변을 t로 적분하면

$$e^{A(t)}y(t) = \int e^{A(t)}Q(t)dt + C$$

따라서 양변을 $e^{A(t)}$로 나누면 미분방정식의 일반해는 다음과 같다.

$$y(t) = e^{-A(t)}\left[\int e^{A(t)}Q(t)dt + C\right]$$

[정리 12.3]

임의의 선형 1계 미분방정식에 대한 일반해는 다음과 같다.

$$y(t) = e^{-A(t)}\left[\int e^{A(t)}Q(t)dt + C\right]$$

여기서 $A(t) = \int P(t)dt$이다.

〈예시 12.2〉

미분방정식 $\frac{dy}{dt} - 3ty = 5t$를 풀어라.

[풀이]

$P(t) = -3t$이기 때문에 다음이 성립한다.

$$A(t) = -\int 3tdt = -\frac{3}{2}t^2$$

미분방정식의 양변에 적분인자 $e^{-3t^2/2}$를 곱하면

$$e^{-3t^2/2}\left[\frac{dy}{dt} - 3ty\right] = e^{-3t^2/2}(5t)$$

이를 다시 정리하면

$$\frac{d}{dt}(e^{-3t^2/2}y) = e^{-3t^2/2}(5t)$$

양변을 적분하면

$$e^{-3t^2/2}y = \int e^{-3t^2/2}(5t)dt + C$$

따라서 미분방정식의 일반해는 다음과 같다.

$$y = e^{3t^2/2}[5\int e^{-3t^2/2}tdt + C]$$

$$= e^{3t^2/2}[-\frac{5e^{-3t^2/2}}{3}+C]$$
$$= -\frac{5}{3} + Ce^{3t^2/2}$$

12.2.2 비선형 1계 미분방정식

여기에서는 명시적으로 해를 구할 수 있는 비자율 비선형 1계 미분방정식의 두 가지 특수한 형태만 설명하기로 한다.

[정의 12.5]

비자율 1계 미분방정식의 일반적 형태는 다음과 같다.

$$\frac{dy}{dt} = f(t, y)$$

일반적 형태에서 방정식은 t와 y의 비선형함수가 될 수 있다.

1. 변수분리형 미분방정식

만일 미분방정식을 다음과 같은 형태로 분리할 수 있으면 변수분리형(variables separable case)이라고 한다.

$$\frac{dy}{dt} = h(t)g(y)$$

위 방정식은 다음과 같이 쓸 수 있다.

$$h(t)dt = \frac{1}{g(y)}dy$$

위 식의 좌변을 t, 우변을 y에 관하여 각각 적분하면 일반해를 구할 수 있다.

$$\int h(t)dt = \int \frac{1}{g(y)}dy + C$$

〈예시 12.3〉

다음 미분방정식의 해를 구하라.

(1) $t^2\frac{dy}{dt}+y=0$

(2) $(t^2+1)\frac{dy}{dt}+2ty^2=0,\ y(0)=1$

[풀이]

(1) $y\neq 0$이라면 $\frac{1}{y}dy=-\frac{1}{t^2}dt$가 성립하므로 변수분리형 미분방정식이 된다. 따라서 양변을 적분하면 일반해는 다음과 같다.

$$\int\frac{1}{y}dy=\int-\frac{1}{t^2}dt+C \ \Rightarrow\ lny=\frac{1}{t}+C$$

$$\Rightarrow\ y=Ce^{\frac{1}{t}}$$

(2) 양변을 이항하여 정리하면 다음과 같다.

$$\frac{dy}{y^2}=-\frac{2tdt}{t^2+1}$$

따라서 변수분리형 미분방정식이 되기 때문에 양변을 적분하면 일반해는 다음과 같다.

$$\frac{1}{y}=ln(t^2+1)+C \quad 또는 \quad y(t)=\frac{1}{ln(t^2+1)+C}$$

초기조건 $y(0)=1$을 대입하여 특수해를 구하면 $C=1$이기 때문에

$$y(t)=\frac{1}{ln(t^2+1)+1}$$

2. 베르누이형 미분방정식

미분방정식 $dy/dt=f(t,y)$가 다음과 같은 형태를 갖는 경우 베르누이형 (Bernoulli) 미분방정식이라 한다.

$$\frac{dy}{dt}+P(t)y=Q(t)y^n,\ 단\ n\neq 0, n\neq 1$$

위 식에서 $n=0$이면 선형미분방정식이 되며, $n=1$이면 변수분리형 미분방정식이 된다. $y \neq 0$이면 상기 방정식의 양변을 y^n으로 나누고, $(1-n)$을 곱하면

$$(1-n)y^{-n}\frac{dy}{dt}+(1-n)y^{1-n}P(t) = (1-n)Q(t) \quad \cdots\cdots \text{(G)}$$

$x=y^{1-n}$이라 하면

$$\frac{dx}{dt} = (1-n)y^{-n}\frac{dy}{dt} \quad \cdots\cdots \text{(H)}$$

(H)를 (G)에 대입하여 정리하면 다음과 같이 선형미분방정식 형태가 된다.

$$\frac{dx}{dt}+(1-n)xP(t) = (1-n)Q(t)$$

따라서 미분방정식의 일반해는

$$x=e^{-\int(1-n)P(t)dt}\left[\int(1-n)Q(t)e^{\int(1-n)P(t)dt}dt + C\right]$$

위 식에 $x=y^{1-n}$을 대입하면 미분방정식의 해를 구할 수 있다.

〈예시 12.4〉

미분방정식 $\frac{dy}{dt}-y=ty^2$의 해를 구하라.

[풀이]

양변을 y^2으로 나누고 -1을 곱하면 다음 식이 된다.

$$-y^{-2}\frac{dy}{dt}+y^{-1} = -t$$

$x=y^{-1}$라 하면 $dx/dt = -y^{-2}(dy/dt)$이므로 위 식을 다음과 같이 쓸 수 있다.

$$\frac{dx}{dt}+x = -t$$

따라서 x에 대한 미분방정식의 일반해는 다음과 같다.

$$\begin{aligned} x &= e^{-\int dt}\left[-\int te^{\int dt}dt + C\right] \\ &= e^{-t}\left[-\int te^{t}dt + C\right] \\ &= e^{-t}\left[-\left(te^{t} - \int e^{t}dt\right) + C\right] \\ &= e^{-t}(e^{t} - te^{t} + C) \\ &= Ce^{-t} - t + 1 \end{aligned}$$

$x = y^{-1}$을 대입하면 미분방정식의 해는 다음과 같다.

$$y = \frac{1}{Ce^{-t} - t + 1}$$

12.3 차분방정식

12.3.1 선형 자율 1계 차분방정식

선형 자율 1계 차분방정식은 다음과 같이 정의된다.

[정의 12.6]

선형 자율 1계 차분방정식의 일반적 형태는 다음과 같다.

$$y_{t+1} = ay_t + b,\ t = 0, 1, 2, \dots \quad \text{단, } a, b\text{는 상수}$$

식에 나타난 가장 큰 차분이 한 기간의 차분이므로 1계 차분방정식이고, y_{t+1}과 y_t항이 1차이므로 선형이며, a와 b가 상수이므로 자율적이다.

$ky_{t+1} = ly_t + m$ 형태의 방정식은 $k \neq 0$일 때 k로 양변을 나누어 정의 12.6의 형태로 전환할 수 있다.

1. 유일해

차분방정식의 해를 구하는 것은 그것을 생성하는 근본적인 시간의 함수 y_t를 찾는 것이다. 초기조건 y_0가 알려져 있다고 하면 $t = 0$에 차분방정식은 다음을 의미한다.

$$y_1 = ay_0 + b$$

$t = 1$에는

$$\begin{aligned} y_2 &= ay_1 + b \\ &= a(ay_0 + b) + b \\ &= a^2 y_0 + b(a+1) \end{aligned}$$

$t = 2$에는

$$\begin{aligned} y_3 &= ay_2 + b \\ &= a(a^2 y_0 + b(a+1)) + b \\ &= a^3 y_0 + b(a^2 + a + 1) \end{aligned}$$

이러한 과정을 계속하면 y_t의 해는 다음과 같이 추정할 수 있다.

$$\begin{aligned} y_t &= a^t y_0 + b(a^{t-1} + a^{t-2} + ... + a + 1) \\ &= \begin{cases} a^t y_0 + b\left(\dfrac{1-a^t}{1-a}\right), & a \neq 1;\ t = 0, 1, 2... \\ y_0 + bt &, \quad a = 1 \end{cases} \end{aligned}$$

위 결과가 차분방정식 $y_{t+1} = ay_t + b$이 되는지를 검증해보자.
$a = 1$이면

$$\begin{aligned} y_{t+1} &= y_0 + b(t+1) \\ &= y_0 + bt + b \\ &= y_t + b \end{aligned}$$

$a \neq 1$이면

$$y_{t+1} = a^{t+1}y_0 + b\left(\frac{1-a^{t+1}}{1-a}\right)$$

우변에 $ab(1-a^t)/(1-a)$를 더하고 빼면

$$\begin{aligned} y_{t+1} &= a^{t+1}y_0 + \frac{ab(1-a^t)}{1-a} - \frac{ab(1-a^t)}{1-a} + b\left(\frac{1-a^{t+1}}{1-a}\right) \\ &= a\left[a^t y_0 + b\left(\frac{1-a^t}{1-a}\right)\right] + \frac{b}{1-a}\left[1-a^{t+1}-a(1-a^t)\right] \\ &= ay_t + b \end{aligned}$$

〈예시 12.5〉

$t=0$부터 시작해서 매년 초에 100만원을 연 이자율 5%에 저축한다고 가정할 때 t년 초에 저축계좌는 얼마인가?

[풀이]

$t+1$년도에 이전 년도보다 100만원씩 계좌가 증가하게 되고 이전 년도 증액에 대해 5% 이자가 가산되므로

$$y_{t+1} = 1.05y_t + 100$$

차분방정식 $y_{t+1} = ay_t + b$의 매개변수 $a = 1.05$, $b = 100$이기 때문에 해는

$$y_t = 100(1.05)^t + 100\left(\frac{1-(1.05)^t}{1-1.05}\right)$$

2. 일반해

y의 초기값이 알려진 경우에 선형 비자율적 1계 차분방정식의 유일한 해를 구했지만 초기값을 모르는 경우에는 일반적으로 무수한 해가 존재한다. 다음 차분방정식을 예로 들어보자.

$$y_{t+1} = ay_t,\ t = 0,\ 1,\ 2,\ \ldots$$

위 차분방정식의 해의 하나는 다음과 같다.

$$y_t = a^t$$

이것이 해가 맞는지를 검증하기 위해 $t+1$에서 위 결과를 전개하면

$$y_{t+1} = a^{t+1}$$

상기 식을 단순화시키면 차분방정식을 충족한다.

$$y_{t+1} = a(a^t) = ay_t$$

그러나 다음 식도 차분방정식의 또 다른 해가 될 수 있다.

$$y_t = 2a^t$$

이는 다음과 같이 검증된다.

$$y_{t+1} = 2a^{t+1} = a(2a^t) = ay_t$$

차분방정식 $y_{t+1} = ay_t$에 대해 무수히 많은 수의 해가 존재하며, 이러한 해를 일반적으로 다음과 같이 나타낼 수 있다.

$$y_t = Ca^t$$

여기서 C는 임의의 상수이다. 이러한 결과는 선형 비자율적 1계 차분방정식에 대한 일반해에 대해 다음과 같이 정리할 수 있다.

[정리 12.4]

선형 비자율적 1계 차분방정식의 해를 다음과 같이 표현할 수 있도록 하는 상수 C가 존재한다.

$$y_t = \begin{cases} a \neq 1 \text{이면} \ \ Ca^t + b\left(\dfrac{1-a^t}{1-a}\right) \\ a = 1 \text{이면} \ \ C + bt \end{cases}, \ t = 0,1,2...$$

〈예시 12.6〉

차분방정식 $y_{t+1} = 0.3y_t + 5$의 일반해를 구하라.

[풀이]

정리 12.4를 적용하면

$$y_t = C(0.3)^t + 5\left(\frac{1-(0.3)^t}{1-0.3}\right)$$

3. 안정상태와 수렴

안정상태는 시간변화에 따라 동적경로를 따라 움직이는 변수 y의 값이 변화가 없이 안정된 상태에 이르게 됨을 의미한다. 선형 자율적 1계 차분방정식에서 안정상태는 $y_{t+1} = y_t$가 됨을 의미한다. $y_{t+1} = y_t = y^*$라 하면 안정상태에서 차분방정식 $y_{t+1} = ay_t + b$는

$$y^* = ay^* + b$$

y^*에 대해 풀면

$$y^* = \frac{b}{1-a}, \ \ a \neq 1$$

만일 $a = 1$이면 안정상태의 해는 존재하지 않는다.

초기값 y_0가 알려진 경우의 차분방정식의 해를 재정리하면

$$\begin{aligned} y_t &= a^t y_0 + b\left(\frac{1-a^t}{1-a}\right) \\ &= a^t\left(y_0 - \frac{b}{1-a}\right) + \frac{b}{1-a}, \ \ (\text{단}, \ a \neq 1; t = 0,1,2,\ldots) \end{aligned}$$

위 식에서 a^t만이 t에 의존하기 때문에 $y^* = b/(1-a)$로 수렴(convergence) 또는 발산(divergence) 여부는 전적으로 a^t에 달려있다.
만일 $|a| < 1$이면 $t \to \infty$일 때 $a^t \to 0$이 되어 y_t는 안정상태 $b/(1-a)$로 수렴한다. 만일 $|a| > 1$이면 y_t는 시간이 경과함에 따라 발산한다.

〈예시 12.17〉 가격조정의 거미집모형

거미집모형(Cobweb model)이란 경제학에서 수요와 공급의 동태적 변화를 분석하는 기본모형으로 다음과 같은 방정식으로 구성된다.

$$\text{수요함수: } q_t^d = a + bp_t \quad (b < 0)$$
$$\text{공급함수: } q_t^s = c + dp_{t-1} (d > 0)$$
$$\text{균형조건: } q_t^d = q_t^s$$

즉, 당기의 수요는 당기의 가격에 의해 영향을 받지만 당기의 공급은 기업 의사결정의 시간차이로 인하여 전기의 가격에 따라 결정된다는 것을 의미한다. 균형조건에 의하여 p_t를 구하면 다음과 같은 선형 자율형 1계 차분방정식이 된다.

$$p_t = \frac{d}{b} p_{t-1} + \frac{c-a}{b}, \quad \left(\frac{d}{b} < 0\right)$$

초기가격이 p_0일 때 선형 자율형 1계 차분방정식의 해는

$$\begin{aligned} p_t &= \left(p_0 - \frac{\frac{c-a}{b}}{1-\frac{d}{b}} \right) \left(\frac{d}{b}\right)^t + \frac{\frac{c-a}{b}}{1-\frac{d}{b}} \\ &= \left(p_0 - \frac{a-c}{d-b}\right)\left(\frac{d}{b}\right)^t + \frac{a-c}{d-b} \end{aligned}$$

안정상태에서 $p_t = p_{t-1} = p^*$이므로

$$p^* = \frac{a-c}{d-b}$$

이 조건을 차분방정식의 해에 대입하면 다음이 성립한다.

$$p_t = (p_0 - p^*)\left(\frac{d}{b}\right)^t + p^*$$

p_t의 변화의 의미를 살펴보면 다음과 같다.

첫째, 만일 $|d| < |b|$이면 즉, 수요함수 기울기의 절대 값이 공급함수 기울기의 절대 값보다 더 큰 경우에는 $\lim_{t\to 0}|d/b|^t = 0$이므로 p_t는 p^*로 진동 수렴하게 된다([그림 12.1] 참조).

둘째, 만일 $|d| > |b|$ 즉, 수요함수 기울기의 절대 값이 공급함수 기울기의 절대 값보다 작은 경우에는 $|d/b| > 1$이므로 $(d/b)^t$는 발산하게 되고, p_t는 p^*를 중심으로 진동 발산한다.

셋째, $|d| = |b|$ 즉, 수요함수와 공급함수 기울기의 절대 값이 같다면 $d/b = -1$이므로 p_t는 초기가격 p_0와 $(2p^* - p_0)$의 값으로 진동한다.

따라서 첫 번째 경우와 같이 가격의 변화가 균형가격으로 수렴하는 균형상태를 안정상태라 하며, $|d| < |b|$는 안정조건(stability condition)이 된다.

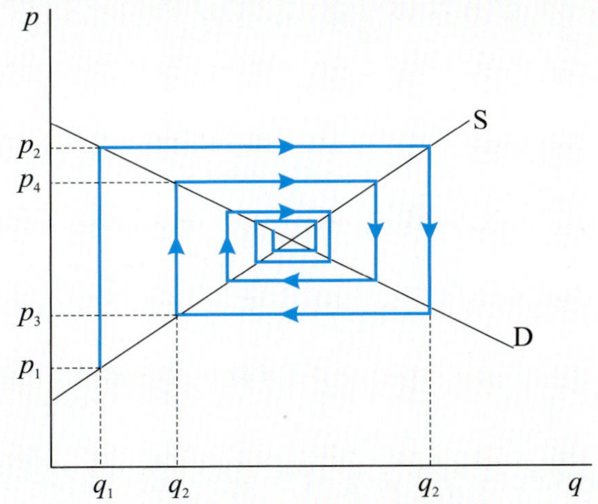

[그림 12.1] 거미집모형에서 가격조정(수렴하는 경우)

12.3.2 일반 선형 1계 차분방정식

만일 선형차분방정식에서 시간이 경과함에 따라 a와 b가 변화하면 비자율적 차분방정식이 된다. 자율적 차분방정식을 포함해서 다른 모든 것들은 비자율적 차분방정식의 특수한 경우이기 때문에 비자율 선형 차분방정식을 일반 차분방정식이라 부른다.

[정의 12.7]

선형 비자율 1계 차분방정식의 일반적 형태는 다음과 같다.

$$y_{t+1} = a_t y_t + b_t,\ t = 0,1,2,\ldots$$

여기서 a_t와 b_t는 $t = 0,1,2,\ldots$에 대해 정의된 함수이다.

만일 y_0가 주어졌다면 위 차분방정식은 직접 풀 수 있다. a_0와 b_0가 알려져 있기 때문에

$$y_1 = a_0 y_0 + b_0$$

이제 y_1이 결정되고 a_1과 b_1이 알져져 있기 때문에 y_2는 다음과 같이 주어진다.

$$\begin{aligned} y_2 &= a_1 y_1 + b_1 \\ &= a_1 a_0 y_0 + a_1 b_0 + b_1 \end{aligned}$$

a_2와 b_2가 알려져 있으므로 y_3는

$$\begin{aligned} y_3 &= a_2 y_2 + b_2 \\ &= a_2 a_1 a_0 y_0 + a_2 a_1 b_0 + a_2 b_1 + b_2 \end{aligned}$$

이러한 과정을 계속하는 경우 y_t에 대한 해는 다음과 같이 추정할 수 있다.

$$\begin{aligned} y_t = {} & (a_{t-1} a_{t-2} \cdots a_0) y_0 + (a_{t-1} a_{t-2} \cdots a_1) b_0 \\ & + (a_{t-1} a_{t-2} \cdots a_2) b_1 + \ldots + a_{t-1} b_{t-2} + b_{t-1} \end{aligned}$$

곱의 기호 $\prod$를 사용하여 해를 보다 단순하게 표현하면 다음과 같다.

$$y_t = \prod_{i=0}^{t-1} a_i y_0 + b_0 \prod_{i=0}^{t-1} \frac{a_i}{a_0} + b_1 \prod_{i=1}^{t-1} \frac{a_i}{a_1} + \dots + b_k \prod_{i=k}^{t-1} \frac{a_i}{a_k} + \dots + b_{t-1} \prod_{i=t-1}^{t-1} \frac{a_i}{a_{t-1}}$$
$$= \prod_{i=0}^{t-1} a_i y_0 + \sum_{k=0}^{t-1} b_k \prod_{i=k}^{t-1} \frac{a_i}{a_k}, \quad t = 0, 1, 2, \dots.$$

세 가지의 특수한 경우가 존재할 수 있다.

(i) $a_t = a$이고, b_t가 변하는 경우

이 경우 y_t에 대한 해는

$$y_t = a^t y_0 + \sum_{k=0}^{t-1} b_k a^{t-k-1}$$

(ii) $b_t = b$이고, a_t가 변하는 경우

이 경우 y_t에 대한 해는

$$y_t = \prod_{i=0}^{t-1} a_i y_0 + b \sum_{k=0}^{t-1} \prod_{i=k}^{t-1} \frac{a_i}{a_k}$$

(iii) $a_t = a$이고, $b_t = b$인 경우 즉, a와 b가 모두 상수인 경우

이 경우 y_t에 대한 해는

$$y_t = a^t y_0 + b \sum_{k=0}^{t-1} a^{t-k-1}$$
$$= a^t y_0 + b \sum_{k=0}^{t-1} a^k$$
$$(\because \sum_{k=0}^{t-1} a^{t-k-1} = a^{t-1} + a^{t-2} + \dots + a^0 = \sum_{k=0}^{t-1} a^k)$$

따라서 위 식은 선형 자율 1계차분방정식의 해와 동일하다.

〈예시 12.8〉

차분방정식 $y_{t+1}=(t+1)y_t+5^t$의 해를 구하라.

[풀이]

$a_t=(t+1)$, $b_t=5^t$라 하면 선형 비자율적 1계 차분방정식의 해는

$$\begin{aligned} y_t &= \prod_{i=0}^{t-1}(i+1)\left[y_0+\sum_{k=0}^{t-1}\frac{5^k}{(0+1)(1+1)(2+1)\cdots(t-1+1)}\right] \\ &= t!\left[y_0+\sum_{k=0}^{t-1}\frac{5^k}{k!}\right]. \end{aligned}$$

〈예시 12.9〉 **거시경제의 승수효과**

t기의 총소비가 다음과 같다고 가정하자.

$$C_t=a+cY_{t-1},\ \ 0<c<1$$

여기서 C는 소비, Y는 소득, c는 한계소비성향을 나타낸다. 정부가 없는 폐쇄경제를 가정하여 국민소득 Y_t는 투자(I_t)와 소비(C_t)의 합이라고 하면

$$Y_t=C_t+I_t$$

투자는 매기 외생적 기술진보율이 g만큼 성장한다고 가정한다.

$$I_t=(1+g)^t,\quad g>0$$

국민소득 항등식에 소비와 투자액을 대입하면 다음과 같은 1계 선형 차분방정식이 된다.

$$Y_t=a+cY_{t-1}+(1+g)^t$$

일반형 차분방정식의 특수한 형태로 $a_t=c$로 상수이고, $b_t=a+(1+g)^t$가 되어 해는 다음과 같다.

$$Y_t=c^tY_0+\sum_{k=0}^{t-1}\left[a+(1+g)^k\right]c^{t-1-k}$$

$0<c<1$이기 때문에 우변의 첫 번째 항은 $t\to\infty$일 때 0에 접근하게 된다. 결과적으로 Y_t는 $t\to\infty$일 때 두 번째 항에 수렴하게 되며, 두 번째 항은 국민소득에 대한 장기성장경로(long-run growth path)가 된다.

제 13 장 최적제어이론

13.1 기본개념
13.2 극대화원리
13.3 할인이 포함된 동태최적화문제
13.4 부등식제약이 있는 동태최적화 문제

제13장 | 최적제어이론

13.1 기본개념

이 장에서는 시간 변화에 따른 최적화문제를 소개한다. 동태최적화는 기업이 시간 변화에 따라 발생하는 이윤의 할인총액을 극대화하는 투자지출의 시간경로의 선택, 개인들이 평생 동안 얻는 효용의 합계를 극대화하는 소비와 저축의 선택, 지하자원을 채굴해감에 따라 발생되는 이윤의 할인총액을 극대화하는 채굴량의 결정 경로의 선택 등 경제학과 경영학에서 자주 직면하는 문제이다. 이러한 동태최적화문제의 해를 구하는데 이용되는 방법을 최적제어이론(optimal control theory)이라 한다.

예를 들어, 투자문제를 이용하여 정태적 최적화와 동태적 최적화의 차이점을 알아보자. 기업이 생산하는 재화의 생산량이 자본(k)만의 함수라고 가정하면 생산함수는 다음과 같다.

$$q = f(k)$$

여기서 q는 재화의 생산량, k는 투입된 자본의 양이다. 기업에게 자본의 투입이 무한하게 가능하다고 가정하고, 자본의 가격이 r, 재화의 가격을 p라고 하면 기업의 이익(또는 이윤) $\pi(k)$는 다음과 같다.

$$\pi(k) = pf(k) - rk$$

당기 이익을 극대화하는 자본량은 다음의 1차조건에 의해 주어진다.

$$\pi'(k) = pf'(k) - r = 0$$

이익극대화의 1차조건은 자본의 한계수입생산 $pf'(k)$가 자본의 한계지출액 또는 자본의 가격(r)과 같아져야 함을 의미한다.

그러나 기업이 당기의 이익만을 극대화하기 보다는 장기적 관점에서 기업의 미래이익을 극대화하는 의사결정을 추구한다고 가정하는 것이 보다 더 현실적이다. 따라서 기업의 목적은 현재시점($t=0$)에서부터 일정한 미래 시간대(T)에 걸쳐 할인한 이익총액(discounted sum of profits)을 극대화한다고 가정하는 것이 타당하며, $\pi(k)$를 극대화하기 위해 하나의 k를 선택하는 정태적 최적화와는 달리 시간의 함수인 $k(t)$ 즉, 시간경로에 따른 최적투자액을 결정해야 한다. $k(t)$를 할인한 이익총액에 대응하는 함수 형(functional)을 $M[k(t)]$라 하면 이를 극대화하는 동태최적화 문제는 다음과 같이 나타낼 수 있다.

$$\max \;\; M[k(t)] = \int_0^T e^{-\rho t}\pi[k(t)]dt$$

여기서 ρ는 할인율, $e^{-\rho t}$는 연속적 시간할인계수를 나타낸다. 어느 변수 하나의 값이 다른 변수 하나의 값에 대응되는 관계인 함수(function)와 구분하기 위해 함수 형(functional)이라는 용어가 사용되었다.

특정 시점에 투입된 자본은 당기에만 이용되는 것이 아니라 장기간 지속되기 때문에 특정시점의 선택은 당기 이익뿐만 아니라 미래 이익에도 영향을 준다고 보는 것이 타당하다. t시점에 투자되는 자본의 양을 $i(t)$라 하고 시간경과에 따라 자본은 δ의 비율로 감가상각된다고 하면 자본의 양은 다음의 미분방정식에 따라 변화한다.

$$\dot{k} = i(t) - \delta k(t)$$

여기서 $k(t)$는 t시점의 자본의 양을 말하며, 시간의 변화에 따른 자본의 변화량은 $\dot{k} = dk/dt$이다. t시점에 투자되는 자본구입에 소요되는 비용함수를 $c[i(t)]$라 하면 t시점의 이익 $\pi[k(t), i(t)]$는

$$\pi[k(t), i(t)] = pq[k(t)] - c[i(t)]$$

각 시점에 기업이 직면하는 문제는 자본을 얼마나 투자할 것인가를 결정하는 것이다. 만일 기업의 목적이 0시점부터 T시점까지 할인된 이익총액을 극대화하는

것이라고 가정하면 다음이 성립한다.

$$\max \ M[k(t)] = \int_0^T e^{-\rho t}\pi[k(t), i(t)]\,dt$$
$$\text{s.t.} \qquad \dot{k} = i(t) - \delta k$$
$$k(0) = k_0$$

일단 $i(t)$에 대한 경로가 결정되면 자본량에 대한 초기조건 k_0가 주어졌기 때문에 $k(t)$에 대한 경로도 함께 결정된다. 따라서 함수 형 M은 정해진 $i(t)$의 경로를 따라 결정된다.

(ⅰ) $i(t) = \delta k_0$와 같이 초기투자수준을 유지하도록 감가상각된 자본수준만큼 일정하게 유지하거나 (ii) $i(t) = 0$과 같이 전혀 투자하지 않거나 (iii) $i(t) = Ae^{\alpha t}$와 같이 $\alpha > 0$이면 시간변화에 따라 투자가 증가하도록 하고 (iv) $\alpha < 0$이면 감소하도록 하는 등 수많은 투자경로가 존재한다. 최적제어이론은 최적인 경로가 되는 함수를 찾아내는 방법이라고 할 수 있다.

13.2 극대화원리

최적제어이론은 오로지 최적경로만을 가지는 필요조건의 집합에 해당하는 극대화원리(maximum principle)에 의존하게 된다. 필요조건은 미적분과 미분방정식을 이용한 것으로 동태최적화문제를 해결할 수 있다.

[정의 13.1]

연속적 시간모형에서 시간대가 유한(finite time horizon)하고, 끝점 제약이 없는 경우(free endpoint) 동태최적화문제의 일반형은 다음과 같다.

$$\max \ M = \int_0^T f[x(t), y(t), t]\,dt$$
$$\text{s.t.} \quad \dot{x} = g[x(t), y(t), t]$$
$$x(0) = x_0 > 0$$

끝점제약이 없다는 것은 최종 시점(T)에서 $x(T)$에 대한 제약이 없다는 것을 의미하며, 제약이 없이 자유스럽게 최적을 선택할 수 있다는 것을 말한다. 일반적으로 M은 극대화되는 함수 형의 값 $x(t)$는 상태변수(state variable), $y(t)$는 통제변수(control variable)를 나타낸다. 통제변수는 직접적으로 선택되거나 통제될 수 있는 변수이며, 통제변수와 상태변수가 주어진 미분방정식에 의해 연계되어 있기 때문에 상태변수는 통제변수의 선택에 의하여 간접적으로 영향을 받게 된다. 끝점제약이 존재하는 경우(fixed endpoint)에는 상태변수의 마지막 값 $x(T)$가 등식에 의한 제약조건을 만족해야 한다.

13.1절에서 소개된 기업의 예시에서 상태변수는 기업이 보유하고 있는 자본량을 나타내고, 통제변수는 기업이 결정하는 투자액을 나타낸다. 끝점제약이 없다는 조건은 자본의 마지막 양에 대한 제약이 없다는 것을 의미한다. 피적분함수 $f[x(t), y(t), t]$는 $\pi[k(t), i(t)]e^{-\rho t}$가 되고, 상태변수 $g[x(t), y(t), t]$에 대한 미분방정식은 $i(t) - \delta k(t)$가 된다.

정의 13.1의 동태최적화문제에 대한 해가 유일하게 존재한다고 가정하면 해는 통제변수 $y(t)$에 대한 경로가 된다. 통제변수가 결정되면 초기조건과 결합된 미분방정식을 통하여 상태변수에 대한 경로도 자동적으로 결정된다. 통제변수를 상태변수와 동일하게 연속적인 시간의 함수라고 가정하면 제약조건하의 최적화문제에서의 라그랑주 함수처럼 정의 13.2의 해밀토니안(Hamiltonian) 함수에 의하여 극대화원리의 필요조건을 구할 수 있다.

[정의 13.2]

동태최적화문제의 해밀토니안 함수(H)는 다음과 같다.

$$H[x(t), y(t), \lambda(t), t] = f[x(t), y(t), t] + \lambda(t) g[x(t), y(t), t]$$

여기서 $\lambda(t)$는 라그랑주 승수와 유사한 공유상태(costate) 변수를 나타낸다.

해밀토니안 함수는 피적분함수 $f(\cdot)$와 $\dot{x}$에 대한 방정식 $g(\cdot)$에 불특정시간 함수 $\lambda(t)$를 곱하여 합한 것으로 형성되며, 필요조건은 다음과 같이 정리할 수 있다.

[정리 13.1]

동태최적화문제에 대한 통제변수 $y(t)$의 최적해 경로는 다음 필요조건을 만족하여야 한다.

(i) 통제변수는 각 시점에서 H를 극대화하는 $y(t)$를 결정한다. 즉, $y(t)$는 $H[x(t), y(t), \lambda(t), t\,]$를 극대화하는 것이다.

$$\frac{\partial H}{\partial y} = 0$$

(ii) 상태변수 $x(t)$와 공유상태변수 $\lambda(t)$에 대한 경로는 다음 연립 미분방정식의 해에 의하여 결정된다.

$$\dot{\lambda} = -\frac{\partial H}{\partial x}$$

$$\dot{x} = g[x(t), y(t), t]$$

(iii) 연립미분방정식의 해를 구하는데 이용하는 경계조건은 다음과 같다.

$$x(0) = x_0, \quad \lambda(T) = 0$$

조건 (i)에서 해밀토니안 함수는 y에 대해 강 오목함수(strictly concave)를 가정하였다. 이 가정은 y에 관한 H의 극대값은 각 시점에서 y에 대한 H의 도함수가 0이 되는 내부해를 가진다는 것을 의미한다. 조건 (ii)에서 첫 번째 식은 상태변수 x에 관한 해밀토니안 함수의 도함수를 구한 것이며, 두 번째 식은 공유상태변수 λ의 도함수($\dot{\lambda}$)에 음(−)의 값을 취한 것으로 최적화문제에서 주어진 상태변수에 대한 미분방정식을 의미한다. 조건 (iii)은 경계조건(boundary condition)을 나타내는 것으로 끝점제약이 없는 문제에서는 초기조건 $x(0)$와 횡단면조건(transversality condition)으로 불리는 $\lambda(T)=0$의 두 개가 경계조건으로 주어진다. 횡단면조건은 $x(T)$가 자유롭게 최적으로 선택될 때 $x(T)$의 최적값을 결정하는 필요조건을 의미한다.

극대화원리는 최적 해를 구하기 위한 1차필요조건이며, 동태최적화문제의 2차충분조건은 다음과 같이 정리된다.

[정리 13.2]

정리 13.1의 필요조건이 다음 조건을 만족하면 [정의 13.2]의 동태최적화문제 M의 극대화를 위한 충분조건이 된다.

(i) $f(x, y, t)$는 x와 y에 대하여 미분가능하고 오목한 함수이다.

(ii) 제약조건 $g(x, y, t)$는 다음 중 하나를 만족한다.

① $g(x, y, t)$는 (x, y)에 대해 선형

② $g(x, y, t)$는 (x, y)에 대해 오목하면 $t \in (0, T)$에서 $\lambda(t) \geq 0$

③ $g(x, y, t)$는 (x, y)에 대해 볼록하면 $t \in (0, T)$에서 $\lambda(t) \leq 0$

공유상태 변수 $\lambda(t)$는 라그랑주 승수로서 상태변수 $x(t)$에 대한 한계내재가치 또는 잠재가격(shadow price)으로 해석할 수 있다. 즉, $\lambda(0)$는 $t=0$ 시점에 상태변수의 초기 값 $x(0)$가 한 단위 증가하면 최대가치함수 M^*가 얼마나 증가하는가를 측정하며, $t=0$ 시점에 상태변수의 증가에 대한 최대지불금액을 의미한다. 이를 확장하면 $\lambda(t)$는 임의의 시점 t에 상태변수의 잠재가격 또는 내재가치로 해석할 수 있다.

〈예시 13.1〉

다음 동태최적화문제의 해를 구하라.

$$\max_{u(t)} V = \int_0^2 (2x + 3u - 0.5u^2)dt$$

$$\text{s.t. } \dot{x}(t) = x + u$$

$$x(0) = 5,\ x(2)\ free$$

[풀이]

해밀토니안은

$$H = 2x + 3u - 0.5u^2 + \lambda(x+u)$$

극대화의 1차조건은

$$H_u = 3 - u + \lambda = 0$$

$$H_x = 2 + \lambda = -\dot{\lambda}$$

1차조건의 첫 번째 식으로부터 $u = 3 + \lambda$이고, 두 번째 식인 미분방정식으로부터 $\dot{\lambda} + \lambda + 2 = 0$의 해를 구하면 다음과 같다.

$$\lambda(t) = C_1 e^{-t} - 2$$

횡단면조건 $\lambda(2) = 0$에 의하여

$$C_1 = 2e^2$$

따라서

$$u^*(t) = 3 - 2 + 2e^2 e^{-t} = 1 + 2e^2 e^{-t}$$

또한 $\dot{x} = x + 1 + 2e^2 e^{-t}$가 되고, 이 미분방정식의 해는

$$x(t) = C_2 e^t - 1 - 2e^2 e^{-t}$$

초기조건 $x(0) = 5$을 대입하면

$$5 = C_2 - 1 - 2e^2 \text{ 또는 } C_2 = 6 + 2e^2$$

따라서 최적값 $x^*(t)$는

$$x^*(t) = (6 + 2e^2)e^t - 2e^2 e^{-1} - 1$$

13.3 할인이 포함된 동태최적화문제

동태최적화문제에서 시간경과에 대한 요인을 반영하는 할인(discounting)은 핵심적인 요소이며, 할인을 포함하는 경우 목적함수에서 시간에 대한 할인요소는 $e^{-\rho t}$항으로 나타나게 된다. 이렇게 시간이 명시적으로 동태최적화문제에 포함되는 유일한 방법이라면 미분방정식 체계는 자율적(autonomous)이다. 피적분함수의 일반적 형태인 $f(x, y, t)$는 $u(x, y)e^{-\rho t}$과 같이 할인계수 $e^{-\rho t}$항에 x와 y의 함수를 곱한 형태로 축소된다.

할인이 포함된 극대화문제는 다음과 같이 정의된다.

$$\max \int_0^T e^{-\rho t} u[x(t), y(t)]dt$$
$$\text{s.t. } \dot{x} = g[x(t), y(t)]$$
$$x(0) = x_0 > 0$$

할인이 포함된 극대화문제에 대한 해밀토니안은 미래가치를 현재시점 $t_0 = 0$에서 할인한 값을 나타내기 때문에 현재가치(present-value) 해밀토니안(H)이라 하며 다음과 같다.

$$H = e^{-\rho t}u[x(t), y(t)] + \lambda(t)g[x(t), y(t)]$$

[정리 13.3]

자율적 최적화문제에 대한 현재가치 해밀토니안 H의 극대화의 1차조건은 다음과 같다.

(i) $\dfrac{\partial H}{\partial y} = u_y(x, y)e^{-\rho t} + \lambda g_y(x, y) = 0$

(ii) $\dot{\lambda} = -\dfrac{\partial H}{\partial x} = -e^{-\rho t}u_x(x, y) - \lambda g_x(x, y)$

$\dot{x} = g[x(t), y(t)]$

(iii) $x(0) = x_0, \quad \lambda(T) = 0$

조건 (i)의 양변에 $e^{\rho t}$를 곱하면 조건 (i)은 다음과 같이 쓸 수 있다.

$$u_y(x, y) + \lambda e^{\rho t}g_y(x, y) = 0$$

암묵적으로 y는 x와 $e^{\rho t}$의 함수로 예를 들어, $\phi(x, \lambda e^{\rho t})$로 나타낼 수 있다.

조건 (ii)의 첫 번째 식 양변에 $e^{\rho t}$를 곱하고 두 식에 $y = \phi(x, \lambda e^{\rho t})$를 대입하면 조건 (ii)는 다음 2개의 미분방정식으로 나타낼 수 있다.

$$\begin{aligned}\dot{\lambda}e^{\rho t} &= -u_x(x, y) - \lambda e^{\rho t}g_x(x, y) \\ &= -u_x[x, \phi(x, \lambda e^{\rho t})] - \lambda e^{\rho t}g_x[x, \phi(x, \lambda e^{\rho t})]\end{aligned}$$

$$\dot{x} = g[x, \phi(x, \lambda e^{\rho t}]$$

위와 같이 일반적 미분방정식 형태를 유도했지만 두 식은 t의 함수이기 때문에 비자율적이다. 그러나 변수의 단순한 변화를 통해 자율적 형태로 쉽게 전환할 수 있다. 새로운 변수 $\mu(t)$를 다음과 같이 정의하자.

$$\mu(t) = \lambda(t)e^{\rho t}$$

$\mu(t)$는 현재가치 공유상태변수(present-valued costate variable) $\lambda(t)$에 $e^{\rho t}$를 곱해서 현행가치 공유상태변수(current-valued costate variable)로 전환한 것이라 할 수 있다.

양변을 t로 미분하면

$$\dot{\mu} = \rho\lambda e^{\rho t} + \dot{\lambda}e^{\rho t} = \rho\mu + \dot{\lambda}e^{\rho t}$$

$\lambda e^{\rho t}$와 $\dot{\lambda}e^{\rho t}$를 상기 미분방정식에 대입하면 다음과 같이 2변수 x와 μ로 구성된 자율적 연립 미분방정식으로 전환할 수 있다.

$$\begin{aligned}\dot{\mu} &= \rho\mu - u_x[x,\phi(x,\mu)] - \mu g_x[x,\phi(x,\mu)]\\ \dot{x} &= g[x,\phi(x,\mu]\end{aligned}$$

시점 t에 대한 미래 가치를 나타내는 현행가치(current-value) 해밀토니안 ($\hat{H}$)은 현재가치 해밀토니안에 미래가치 계수 $e^{\rho t}$를 곱한 것으로 다음과 같다.

$$\hat{H} = He^{\rho t} = u[x(t),y(t)] + \mu(t)g[x(t),y(t)]$$

여기서 $\mu(t) = \lambda(t)e^{\rho t}$이다. 역으로 현행가치 해밀토니안 $\hat{H}$에 $e^{-\rho t}$를 곱하면 현재가치 해밀토니안이 된다.

$$H = \hat{H}e^{-\rho t}$$

현행가치 해밀토니안에 대해 극대화원리를 적용하면 다음과 같다.

[정리 13.4]

자율적 최적화문제에 대한 현행가치 해밀토니안 $\hat{H}$ 의 극대화의 1차조건은 다음과 같다.

(i) $\dfrac{\partial \hat{H}}{\partial y} = 0$

(ii) $\dot{\mu} - \rho\mu = -\dfrac{\partial \hat{H}}{\partial x}$

$\dot{x} = g[x(t), y(t)]$

(iii) $x(0) = x_0, \quad \mu(T)e^{-\rho T} = 0$

현재가치 해밀토니안의 극대화와 현행가치 해밀토니안의 극대화를 비교하면 통제변수 y에 대한 극대화이기 때문에 $e^{-\rho t}$는 상수항이 된다.

$$\frac{\partial H}{\partial y} = \frac{\partial \hat{H}}{\partial y}e^{-\rho t} = 0 \quad \Rightarrow \quad \frac{\partial \hat{H}}{\partial y} = 0$$

공유상태변수에 대한 극대화 원리를 적용하면

$$\dot{\lambda} = -\frac{\partial H}{\partial x} = -\frac{\partial \hat{H}}{\partial x}e^{-\rho t}$$

$\lambda = \mu e^{-\rho t}$이기 때문에

$$\dot{\lambda} = -\rho\mu e^{-\rho t} + \dot{\mu}e^{-\rho t}$$

따라서

$$-\rho\mu e^{-\rho t} + \dot{\mu}e^{-\rho t} = -\frac{\partial \hat{H}}{\partial x}e^{-\rho t} \quad \Rightarrow \quad \dot{\mu} - \rho\mu = -\frac{\partial \hat{H}}{\partial x}$$

〈예시 13.2〉 **성장모형**

동태최적화 문제의 해를 구하는 방법은 경제성장모형의 해를 구하는 도구로 이용할 수 있다. 성장모형의 가정은 가계와 기업으로 구성되고, 단순화를 위하여 가계가 직접 생산활동을 수행한다고 가정한다. 각 가계는 시점 t에 다음과 같은 평생소득에 대한 효용의 현재가치를 극대화하는 소비수준을 선택한다.

$$\max \quad U=\int_0^{\infty} U[c(t)]e^{nt}e^{-\rho t}dt$$

$$\text{s.t.} \quad \dot{k}(t)=f[k(t)]-c(t)-(n+\delta)k(t)$$

$$k(0)=k_0>0$$

제약조건은 동태적 예산제약을 의미하고, c는 유효노동력 단위당 소비액, k는 유효노동력 단위당 자본량, $f(k)=F(K, L)$는 생산함수, n은 인구성장률, ρ는 미래 효용에 대한 할인율, δ는 감가상각율을 나타낸다.

따라서 효용함수에서 $c(t)$는 1인당 소비액, e^{nt}는 비율 n에 의한 인구성장비율을 의미하고, 동태적 예산제약조건은 유효노동 단위당 자본량의 변화($\dot{k}$)는 산출물($f(k)$)에서 소비액($c(t)$)과 감가상각 및 인구 증가에 의한 자본상각을 나타내는 $(n+\delta)k(t)$를 차감한 것을 의미한다. 동태최적화문제로서 c는 통제변수가 되고, k는 상태변수가 된다. 따라서 현재가치 해밀토니안은 다음과 같다.

$$H=U[c(t)]e^{nt}e^{-\rho t}+\lambda(t)\{f[k(t)]-c(t)-(n+\delta)k(t)\}$$

1차조건은 다음과 같다.

$$\frac{\partial H}{\partial c}=\frac{\partial U(c)}{\partial c}e^{nt}e^{-\rho t}=\frac{\partial U(c)}{\partial c}e^{-(\rho-n)t}=\lambda$$

$$\frac{\partial H}{\partial k}=\lambda[f'(k)-(n+\delta)]=-\dot{\lambda}$$

1차조건에서 만일 $\rho<n$이라면 적분 값은 경계를 갖지 않기 때문에 $\rho-n>0$(즉, $\rho>n$)이라고 가정할 수 있다. 따라서 현행가치 해밀토니안으로 변환하면 1차조건은 다음과 같다.

$$\frac{\partial \hat{H}}{\partial c}=U'(c)-\lambda=0$$

$$\dot{\lambda}-(\rho-n)\lambda=-\frac{\partial \hat{H}}{\partial k}=-\lambda[f'(k)-(n+\delta)]$$

1차조건의 첫 번째 조건에서 c는 λ의 함수 즉, 소비 $c=\psi(\lambda)$라 하면 다음과 같은 연립미분방정식을 얻게 된다.

$$\dot{\lambda} = \lambda[\rho+n-f'(k)]$$
$$\dot{k} = f(k)-\psi(\lambda)-(\delta+n)k$$

초기조건 $k(0)=k_0$와 횡단면조건 $\lim_{t\to\infty}k(t)\to\bar{k}$을 충족하여야 연립미분방정식을 분석할 수 있다.

(k,λ)의 함수를 (k,c)의 함수로 나타내기 위하여 $\frac{\partial\hat{H}}{\partial c}=0$의 조건을 미분하면 다음과 같다.

$$U''(c)\dot{c}=\dot{\lambda}$$

이 결과를 연립미분방정식에 대입하면 다음과 같은 자율 비선형 연립미분방정식이 된다.

$$\dot{c} = \frac{U'(c)}{U''(c)}[\rho+\delta-f'(k)]$$
$$\dot{k} = f(k)-c-(\delta+n)k$$

1차조건의 첫 번째 조건에서 λ를 소거하면 소비에 대한 성장률의 함수를 찾을 수 있다.

13.4 부등식제약이 있는 동태최적화 문제

동태최적화 문제에서 제약조건이 부등식이라면 다음과 같은 형태가 된다.

$$\max_{y(t)} \quad V=\int_0^T f[x(t),y(t),t]\,dt$$
$$\text{s.t.} \quad \dot{x}(t)=g[x(t),y(t),t]$$
$$h(t,x,y)\geq 0$$
$$x(0)=x_0>0$$

부등식 제약이 있는 경우 1차조건과 해를 구하는 절차는 다음과 같다.

(i) 1단계: 해밀토니안을 구성한다.

$$H = f(x, y, t) + \lambda(t)g(x, y, t) + \mu(t)h(t, x, y)$$

여기서 $\lambda(t)$와 $\mu(t)$는 라그랑주 승수이다.

(ii) 2단계: 해밀토니안을 통제변수 $y(t)$에 대하여 미분하고 0으로 놓는다.

$$\frac{\partial H}{\partial y} = 0$$

(iii) 3단계: 상태변수에 대하여 미분한 라그랑주승수 $\dot{\lambda}$에 음(−)의 부호를 곱한다.

$$\frac{\partial H}{\partial x} = -\dot{\lambda}$$

(iv) 4단계: 상보적 여분성

$$\mu(t) \geq 0, \quad \mu(t)h(t, x, y) = 0$$

(v) 5단계: T가 유한한 경우 다음 횡단면 조건을 적용한다.

$$\lambda(t)x(t) = 0$$

〈예시 13.3〉 투자와 판매의사결정 문제

부등식 제약을 갖는 동태최적화문제로서 시점 t에서 기업은 판매하거나 생산시설을 확장하기 위하여 재투자할 수 있는 재화를 생산한다고 가정하자. 기업의 문제는 기간 $[0, T]$에 걸쳐 매출을 극대화하기 위하여 재투자해야 하는 산출물 $y(t)$의 일정 비율 $r(t)$를 선택하여야 한다. 이 문제를 식으로 나타내면 다음과 같다.

$$\begin{aligned}
&\max \int_0^T [1 - r(t)]y(t)dt \\
&\text{s.t.} \quad \dot{y}(t) = r(t)y(t) \\
&\qquad\quad y(0) = y_0 > 0 \\
&\qquad\quad 0 \leq r(t) \leq 1
\end{aligned}$$

$r(t)$는 통제변수이며, $y(t)$는 상태변수이다. 이 문제에 대한 해밀토니안을 구성하면 다음과 같다.

$$H = (1-r)y + \lambda ry + \mu_1(1-r) + \mu_2 r$$

최적해를 구하기 위한 1차조건은 다음과 같다.

$$\begin{aligned}
&\frac{\partial H}{\partial r} = (\lambda-1)y + \mu_2 - \mu_1 = 0 \\
&\dot{\lambda} = r - 1 - r\lambda \quad (\because \frac{\partial H}{\partial y} = -\dot{\lambda}) \\
&\mu_1 \geq 0,\ \mu_1(1-r) = 0 \\
&\mu_2 \geq 0,\ \mu_2 r = 0 \\
&\lambda(T) = 0
\end{aligned}$$

이 조건들을 정리하면 다음과 같다.

$$\begin{aligned}
&\lambda > 1, r = 1 \text{ 및 } \dot{\lambda} = -\lambda \ \cdots\cdots\cdots\cdots\text{(A)} \\
&\lambda < 1, r = 0 \text{ 및 } \dot{\lambda} = -1 \ \cdots\cdots\cdots\cdots\text{(B)}
\end{aligned}$$

따라서 $\lambda(t)$는 $[0, T]$에서 감소함수가 된다. $\lambda(t)$가 연속함수이기 때문에 구간 $[t^*, T]$의 임의의 t에 대하여 식 (B)를 만족하는 t^*가 존재한다. 따라서 $[t^*, T]$의 임의의 t에서 다음이 성립한다.

$$r(t) = 0,\ \lambda(t) = T - t,\ y(t) = y(t^*)$$

t^*는 $\lambda(t^*) = 1$을 만족해야하므로 만일 $T \geq 1$이라면 $t^* = T-1$가 되고, 만일 $T \leq 1$이라면 $t^* = 0$을 만족하여야 한다. 만일 $T > 1$이라면 $[0, T-1]$에서 임의의 t에 대하여 식 (A)가 성립하여야 한다. y가 $[0, T]$에서 연속 즉, $t^* = T-1$까지 연속이기 때문에 $[0, T-1]$의 임의의 t에 대하여 다음을 얻을 수 있다.

$$r(t) = 1,\ \lambda(t) = e^{T-t-1},\ y(t) = y_0 e^t$$

결과적으로 만일 $T > 1$이라면 $t = T-1$까지 모든 산출물을 전부 투자하고, 그 시점 이후에는 모든 산출물을 전부 판매하는 것이 최적이 된다. 만일 $T < 1$이라면 모든 산출물을 전부 판매하는 것이 최적이 된다.

부록 : 변분법과 오일러정리

변분법(calculus of variation)문제는 최적제어문제와 다르게 통제변수 $y(t)$가 존재하지 않기 때문에 목적함수 형(functional)은 상태변수 $x(t)$에 대한 최적경로를 발견하는 과정이 된다. 따라서 일반적으로 변분법 문제는 통제변수가 없는 다음과 같은 형태가 된다.

$$\max_{x(t)} \quad V = \int_0^T f\left[x(t), \dot{x}(t), t\right] dt$$

$$\text{s.t.} \quad x(0) = x_0$$

$$x(T) = x_T$$

변분법 문제는 오일러방정식(Euler equation)을 이용하여 해를 구하게 된다. 즉, 목적함수가 다음과 같이 도함수를 포함하고 있으며, 경계조건이 주어진 경우 극값을 구하는데 오일러방정식을 이용할 수 있다.

$$J = \int_{t_1}^{t_2} F[t, y(t), y'(t)]\, dt, \quad t \in [t_1, t_2] \quad (\text{단, } y'(t) = \frac{dy}{dt})$$

[정리 : 오일러방정식]

목적함수 J의 극값을 구하기 위한 오일러방정식은 다음과 같다.

$$\frac{\partial F}{\partial y} - \frac{d}{dt}\left(\frac{\partial F}{\partial y'}\right) = 0 \quad \text{또는} \quad \int F_y dt = F_{y'}$$

(오일러방정식의 증명은 Chiang(1992)의 Element of Dynamic Optimization, pp.32-34 참조)

오일러방정식의 세 변수(F_y, $F_{y'}$, $dF_{y'}/dt$)에 대하여 전미분하면

$$\frac{dF_{y'}}{dt} = \frac{\partial F_{y'}}{\partial t} + \frac{\partial F_{y'}}{\partial y}\frac{dy}{dt} + \frac{\partial F_{y'}}{\partial y'}\frac{dy'}{dt}$$

$$= F_{ty'} + F_{yy'}y'(t) + F_{y'y'}y''(t)$$

이 결과를 오일러방정식에 대입하면 다음의 2계 비선형 미분방정식을 얻을 수 있다.

$$F_{ty'} + F_{yy'}y'(t) + F_{y'y'}y''(t) - F_y = 0 \quad (\because \frac{\partial F}{\partial y} = \frac{d}{dt}\left(\frac{\partial F}{\partial y'}\right))$$

따라서 오일러방정식의 일반해는 두 개의 임의의 적분상수를 포함하게 된다.

〈예시 13A-1〉

다음 함수형의 극값을 구하라.

$$V(y) = \int_0^2 (12ty + y'^2)dt$$

$$\text{s.t } y(0) = 0,\ y(2) = 8$$

[풀이]

$F = 12ty + y'^2$이기 때문에 다음을 얻을 수 있다.

$$F_y = 12t,\ F_{y'} = 2y',\ F_{y'y'} = 2,\ F_{yy'} = F_{ty'} = 0$$

이 결과를 오일러방정식에 대입하면 다음과 같다.

$$2y''(t) - 12t = 0 \Rightarrow y''(t) = 6t$$

양변을 적분하면 일반해는 다음과 같다.

$$y'(t) = 3t^3 + C_1 \Rightarrow y^*(t) = t^3 + C_1 t + C_2$$

적분상수 C_1과 C_2를 경계조건을 이용하여 구하면 다음과 같다.

$$y(0) = 0 \Rightarrow C_2 = 0,$$
$$y(2) = 8 + 2C_1 \Rightarrow C_1 = 0$$

따라서 특수해는 다음과 같다.

$$y^*(t) = t^3$$

〈예시 13A-2〉

다음 함수형에 대한 극값을 구하라.

$$V(y) = \int_1^5 [3t + (y')^{1/2}]\,dt$$

$$\text{s.t.} \quad y(1) = 3, \; y(5) = 7$$

[풀이]

$F = 3t + (y')^{1/2}$이기 때문에 다음을 얻을 수 있다.

$$F_y = 0, \; F_{y'} = \frac{1}{2}(y')^{1/2}, \; F_{yy'} = -\frac{1}{4}(y')^{-3/2}, \; F_{yy'} = F_{ty'} = 0$$

오일러방정식은 다음과 같다.

$$-\frac{1}{4}(y')^{-3/2}y''(t) = 0$$

$y'' = 0$이 되기 위해서는 y'가 상수가 되어야 한다. 따라서 $y'(t) = C_1$이기 때문에 일반해는 다음과 같다.

$$y^*(t) = C_1 t + C_2$$

적분상수를 구하기 위하여 초기조건 $t = 1$이라면 $y(1) = C_1 + C_2 = 3$이 되고, 최종조건 $t = 5$에 의하여 $y(5) = 5C_1 + C_2 = 7$이 된다. 따라서 $C_1 = 1$, $C_2 = 2$이므로 특수해는 다음과 같다.

$$y^*(t) = t + 2$$

1차조건은 오일러방정식에 의하여 결정된다.

$$\frac{\partial f}{\partial x} - \frac{d}{dt}\left(\frac{\partial f}{\partial \dot{x}}\right) = 0 \quad (\text{단, } \dot{x} = dx/dt)$$

만일 최종 시점 T나 최종 상태 y_T가 주어지지 않는다면 오일러방정식에 다음과 같은 횡단면조건이 추가되어야 한다.

$$x_T\text{에 제약이 없는 경우} \Rightarrow \frac{\partial f}{\partial y'} = 0 \quad (\text{단, } t = T)$$

$$T\text{에 제약이 없는 경우} \Rightarrow \left(f - y'\frac{\partial f}{\partial y'}\right) = 0 \quad (\text{단, } t = T)$$

〈예시 13A-3〉

$\int_0^1 (ty + y'^2)dt$를 최적화하는 $y(t)$를 구하라. 단, 초기조건은 $y(0) = 0$, 최종 시점 $y(1)$은 제약이 없다고 가정한다.

[풀이]

오일러방정식은 $2y'' - t = 0$가 된다. t에 대하여 두 번 적분하면 다음을 얻을 수 있다.

$$y'(t) = \frac{1}{4}t^2 + C_1,$$

$$y(t) = \frac{1}{12}t^3 + C_1 t + C_2$$

초기조건 $x(0) = 0$에 의하여 $C_2 = 0$이 된다. 최종 시점 제약이 없기 때문에 적분 상수 C_1은 $t = 1$에서 횡단면 조건 $\frac{\partial f}{\partial y'} = 0$을 이용하여 $2y'(1) = 0$이 된다. $t = 1$에서 $y'(t) = \frac{1}{4}t^2 + C_1$이 $y'(1) = \frac{1}{4} + C_1$이기 때문에 $C_1 = -\frac{1}{4}$이 된다. 따라서 원 함수는 다음과 같다.

$$y(t) = \frac{1}{12}t^3 - \frac{1}{4}t$$

참고문헌

○ 국내문헌

김태용 & 신용호: 경영수학의 이해, 신영사(2015)

김형욱: 경영수학, 무역경영사(1993)

신준용: 경영학과 경제학을 위한 수학 3판, 학현사(1999)

정동명 & 조승제: 실해석학 개론, 이우출판사(1983)

Kreyszig저 공업수학(번역서) 김순자외 12명 공역. 범한서적(2007)

○ 외국문헌

Binmore. K. G., The Foundation of Analysis: A Straightforward Introduction : Book One; Logic, Sets and Numbers(1980) Cambridge University Press

Binmore. K. G., The Foundation of Analysis: A Straightforward Introduction: Book Two; Topological Ideas(1980) Cambridge University Press

Binmore. K. G., Mathematical Analysis: A Straightforward Approach(1981) Cambridge University Press

Binmore. K. G & J. Davis, Calculus(2001) Cambridge University Press

Chiang. C. Alpha., The Element of Dynamic Optimization(1992) McGraw- Hill

Chiang. C. Alpha & K. Wainwright, Fundamental Methods of Mathematical Economics, 4th(2005) McGraw-Hill

Groetsch. C. W & J. Thomas King, Matrix Methods & Applications(1988) Prentice-Hall

Hoy. Michael, Livernois, McKenna, Rees & Thanasis Stengos., Mathematics for Economics(2011) MIT Press

Kamien. M. I & Nancy L. Schwartz., Dynamic Optimization; The Calculus of Variation and Optimal Control in Economics and Management (1991) North-Holland

Klein. Erwin., Mathematical Methods in Theoretical Economics(1973) Academic Press

Ross, S. L., Differential Equation 3rd(1984) John-Wiley and Sons

Rudin. Walter., Principles of Mathematical Analysis(1976) McGraw-Hill

Simon. C. P & Lawrence Blume., Mathematics for Economists(1994) Norton & Company

Varian. Hal R., Microeconomic Theory(1992) Third ed. Norton & Company, Inc

Viatcheslav V. Vinogradov., Mathematics for Economists made simple(2010) Charles University in Prague Karolinum Press

경 영 경 제 수 학

MATHEMATICAL ECONOMICS

INDEX 찾아보기

경영경제수학

MATHEMATICAL ECONOMICS

찾아보기

(ㄱ)

간접효용함수(indirect utility function) ······ 237, 266
경계조건(boundary condition) ······ 300
계수(rank) ······ 115
고유방정식(characteristic equation) ······ 116
고유벡터 ······ 116
공역(codomain) ······ 36
공집합(empty set or null set) ······ 26
관계(relation) ······ 34
교집합(intersection) ······ 25
극대화원리(maximum principle) ······ 298
급수(series) ······ 50
기본행연산(elementary row operations) ······ 67
기울기벡터(gradient vector) ······ 149
기저(basis) ······ 111
기펜재(Giffen) ······ 261
꾸르노(Cournot) 균형 ······ 219

(ㄴ)

내생변수(endogenous variables) ······ 252
내적(inner product) ······ 104

(ㄷ)

다항함수(polynomial) ······ 40
단위벡터(unit vector) ······ 112
대각행렬(diagonal matrix) ······ 74
대체효과(substitution effect) ······ 260
대칭행렬(symmetric) ······ 79
동태분석(dynamic analysis) ······ 272

(ㄹ)

로그함수(logarithmic function) ······ 44
로이의 항등식(Roy's identity) ······ 267
리만적분(Riemann integral) ······ 181
리만합(Riemann sum) ······ 181

(ㅁ)

마샬의 수요함수 (Marshallian demand function) ······ 237
멱등(idempotent) ······ 79
멱집합(power set) ······ 28
멱함수(power function) ······ 42
무리수(irrational number) ······ 31
무차별곡선(indifference curve) ······ 158
미분방정식(differential equation) ······ 272
미분방정식의 동차형 (homogeneous form) ······ 276

(ㅂ)

반대칭(anti-symmetric) ······ 79
반응함수(best response functions or reaction functions) ······ 219
베르누이형(Bernoulli) ······ 283
변곡점(inflection point) ······ 208
변분법(calculus of variation) ······ 310
변수분리형(variables separable case) ··· 282
보상수요함수 (compensated demand function) ······ 238
볼록결합(convex combination) ······ 39
볼록성(convexity) ······ 165
볼록집합(convex set) ······ 33
부분적분법(integration by parts) ······ 196

부분집합(subset) ········ 24
부정적분(indefinite integral) ········ 179
분할(partition) ········ 27
비교정태분석(comparative static analysis) ········ 252
비선형계획법(non-linear programming) ········ 245

(ㅅ)

상미분방정식(ordinary differential equations) ········ 273
상보적 여분성(complementary slackness) ········ 246
선도주소행렬식(leading principal minors) ········ 123
선형 독립(linearly independent) ········ 109
선형 종속(linearly dependent) ········ 109
선형결합(linear combination) ········ 108
선형계획법(linear programming) ········ 245
선형형식(linear form) ········ 121
셰퍼드의 보조정리(Shephard's lemma) 267
소득효과(income effect) ········ 260
소수(prime number) ········ 31
소행렬식(minor) ········ 91
수반행렬(adjoint matrix) ········ 93
수열(sequence) ········ 48
순간변화율(instantaneous rate of change) ········ 134
순서쌍(ordered pair) ········ 31
슬러츠키 방정식(Slutsky equation) ········ 260
시간도함수(time derivative) ········ 272
쌍대(dual)문제 ········ 237

(ㅇ)

안장점(saddle point) ········ 216
안정조건(stability condition) ········ 291
양의 정부호(positive definite) ········ 169
양의 준정부호(positive semi-definite) · 169
양함수(explicit function) ········ 154
여인수(cofactor) ········ 91
여집합(complement) ········ 27
역도함수(anti-derivatives) ········ 178
역행렬(inverse matrix) ········ 84
열벡터(column vector) ········ 73, 104
영벡터(zero vector) ········ 109
영행렬(null matrix) ········ 74
오목계획법(concave programming) ········ 250
오목성(concavity) ········ 165
오일러방정식(Euler equation) ········ 310
외생변수(exogenous variables) ········ 252
유계헤시안(Bordered Hessian) ········ 239
유클리드 놈(Euclidean norm) ········ 106
유클리드 거리(Euclidean distance) ········ 118
음의 정부호(negative definite) ········ 169
음의 준정부호(negative semi-definite) ········ 169
음함수(implicit function) ········ 154
일반수요함수(ordinary demand function) ········ 237
일반해(general solution) ········ 276

(ㅈ)

자율성(autonomous) ········ 273
잠재가격(shadow price) ········ 266
장집합(field set) ········ 28
적분상수(constant integral) ········ 179
적분인자(integrating factor) ········ 279
전미분(total differential) ········ 134
접선(tangent line) ········ 132
정규직교기저(orthonormal basis) ········ 113

정류점(stationary point) …………………… 208
정방행렬(square matrix) …………………… 74
정의역(domain) ……………………………… 36
정적분(definite integral) …………… 181, 186
정칙행렬(nonsingular matrix) ……………… 84
정태분석(static analysis) ………………… 272
제약자격(constraint qualification) ……… 247
주소행렬식(principal minors) …………… 123
준볼록성(quasi-convexity) ………………… 172
준오목성(quasi-concavity) ………………… 172
지수함수(exponential function) …………… 43
지출함수(expenditure function) ………… 238
직교(orthogonal) ……………………… 79, 113
직교행렬(orthogonal matrix) …………… 120
진부분집합(proper subset) ………………… 24

(ㅊ)

차집합(difference) ………………………… 26
초기조건(initial condition) ……………… 279
최적제어이론(optimal control theory) · 296
축약된 행 사다리꼴
(reduced row-echelon form) ……………… 72
치역(range) ………………………………… 36

(ㅋ)

쿤-터커 조건(Kuhn-Tucker condition)
……………………………………………… 245
크래머의 규칙(Cramer's rule) …………… 98

(ㅌ)

테일러급수 전개(Taylor series expansion)
……………………………………………… 142
특수해(patricular solution) ……………… 276
특이행렬(singular matrix) ………………… 84

(ㅍ)

편도함수(partial derivative) …………… 146
편미분방정식(partial differential equations)
……………………………………………… 273
편역미분(partial anti-derivative) ……… 200
평행사변형(parallelogram) ……………… 106
포락 정리(envelope theorem) …………… 262
포락(envelope) …………………………… 261
표준기저(standard basis) ………………… 112
피적분함수(integrand) …………………… 179

(ㅎ)

한계기술대체율(MRTS: marginal rate of
technical substitution) ………………… 162
한계대체율(MRS: marginal rate of
substitution) ……………………………… 158
할선(secant line) ………………………… 133
함수 형(functional) ……………………… 297
함수의 연속성(continuity) ……………… 130
합성함수(composite function) …………… 37
합집합(union) ……………………………… 24
해밀토니안(Hamiltonian) ………………… 299
행렬 ………………………………………… 72
행렬식(determinant) ……………………… 87
행벡터(row vector) ……………… 73, 104
헤시안행렬식(Hessian determinant) …… 171
현재가치(present-value) 해밀토니안 …… 303
현행가치 공유상태변수 …………………… 304
현행가치(current-value) 해밀토니안 …… 304
호텔링의 보조정리(Hotelling's lemma) ·· 263
횡단면조건(transversality condition) …… 300
힉스의 보상수요함수(Hicksian demand
function) ………………………………… 238

저자 약력

천 도 정

- 고려대학교 경영대학 경영학과 학, 석, 박사(경영학)
- 미국 네브라스카주립대학 교환교수(1995년)
- 한국관리회계학회 부회장(2002년), 한국회계학회 부회장(2004년)
- 현재 전북대학교 경영학부 교수

홍 성 훈

- 서울대학교 학사
- 미국 오리건주립대학 경제학 박사
- 미국 오리건주립대학 교환교수(1998년)
- 미국 웨스트버지니아대학 교환교수(2005년, 2006년)
- 현재 전북대학교 경제학부 교수

경영경제수학

지은이 천도정, 홍성훈
펴낸이 이남호
펴낸곳 전북대학교출판문화원

초판 1쇄 인쇄 2015. 12. 25
초판 1쇄 발행 2015. 12. 30

전북대학교출판문화원 전북 전주시 완산구 어진길 32 (풍남동2가)
기획 송덕호
디자인 이소형, 이진영
회계 · 행정 이진주
전화 (063) 219-5321~2
FAX (063) 219-5323
출판등록 2012년 8월 20일 제465-2012-000021호

값 22,000원

ISBN 978-89-98534-74-5 93410

이 도서의 국립중앙도서관 출판예정도서목록(CIP)은 서지정보유통지원시스템 홈페이지(http://seoji.nl.go.kr)와 국가자료공동목록시스템(http://www.nl.go.kr/kolisnet)에서 이용하실 수 있습니다.(CIP제어번호: CIP2015034306)